远国的凤冠
——八位皇室新娘的画像

[英]迈克尔　著
亚太译联国际翻译公司　译

中山大学出版社
SUN YAT-SEN UNIVERSITY PRESS
·广州·

Crowned in a Far Country: Portraits of Eight Royal Brides
By HRH Princess Michael of Kent
Copyright © HRH Princess Michael of Kent
First published in Great Britain by George Weidenfeld and Nicholson Ltd.
HRH Princess Michael of Kent asserts the moral right to be identified as the author of this work.
through BIG APPLE AGENCY, LABUAN, MALAYSIA
Simplified Chinese edition copyright © 2018 GUANG ZHOU NAN SHA CULTURE ASSOCIATION（广州市南沙文化会）
All rights reserved, including the right of reproduction in whole or in part in any form.

图书在版编目（CIP）数据

远国的凤冠：八位皇室新娘的画像/迈克尔著；亚太译联国际翻译公司译. —广州：中山大学出版社，2018.1
书名原名：Crowned in a Far Country: Portraits of Eight Royal Brides
ISBN 978-7-306-06288-8

Ⅰ.①远… Ⅱ.①迈… ②亚… Ⅲ.①公主—传记—西方国家 Ⅳ.①K815.85

中国版本图书馆 CIP 数据核字（2018）第 010635 号

出版人：徐 劲	
策划编辑：熊锡源	责任校对：林彩云
责任编辑：熊锡源	责任技编：何雅涛
封面设计：林绵华	出版发行：中山大学出版社
电　　话：编辑部 020-84111997	
发行部 020-84111998，84111981，84111160	
地　　址：广州市新港西路 135 号	
邮　　编：510275　传　　真：020-84036565	
网　　址：http://www.zsup.com.cn　E-mail：zdcbs@mail.sysu.edu.cn	
印 刷 者：广州家联印刷有限公司	
规　　格：889mm×1194mm　1/32　10.25 印张　190 千字	
版次印次：2018 年 1 月第 1 版　2018 年 9 月第 2 次印刷	
定　　价：150.00 元	

如发现本书因印装质量影响阅读，请与出版社发行部联系调换

作者简介

肯特郡迈克尔王妃殿下闺名玛丽-克莉丝汀,生于波希米亚,曾受封为玛丽·克莉丝汀女男爵。祖上是古代欧洲贵族,她对自己的匈牙利血统感到非常自豪。她的母亲玛丽安·沙佩里女伯爵是沙佩里伯爵的女儿,沙佩里伯爵曾于1914年任奥匈帝国驻俄罗斯的大使。玛丽安·沙佩里女伯爵的母亲是奥地利人,因此,女伯爵成了第一批获准进入维也纳大学的女性之一;在1936年的柏林奥运会上,她还成为首批代表匈牙利参加滑雪竞赛的女运动员之一。

1978年,玛丽-克莉丝汀嫁给了女王的堂弟、肯特郡的迈克尔亲王殿下,成为肯特郡迈克尔王妃。1979年生下弗雷德里克勋爵,1981年生下加芙列拉勋爵。在从事慈善事业之余,王妃也开始写历史书,这些书很畅销,并被翻译成多国语言。1986年,经过5年的研究和写作,《远国的凤冠——八位皇室新娘的画像》被译为多种语言出版。2018年1月,该书将首次以中文出版。在《远国的凤冠——八位皇室新娘

的画像》完成五年后,她出版了《丘比特和国王——五个皇室情人》。她的第三本书《蛇与月亮》是黛安·德·波瓦捷尔的传记,将由奥斯卡最佳原创编剧奖获得者朱利安·费罗斯制作为电视剧。

在完成《蛇与月亮》之后,王妃花了十年时间创作了历史小说《安茹三部曲》——最近,经DNA分析,她的第二部历史小说的女主角并非如历史书所说的那样是死于衰老或疾病,而是死于中毒。这一发现令她2013年出版的《四国皇后》——这是《安茹三部曲》中的第一部——在《每日电讯报》畅销书排行榜上排名第三。随后即出版了讲述中毒的女主角的第二部《美丽的情妇》。第三部《水银》于2015年出版,恰逢1415年阿金库尔战役爆发600周年纪念——这场战役正是15世纪安茹家族传奇的核心故事。

迈克尔王妃的最新著作《猎豹的故事》讲述了她与猎豹这种濒危猫科动物的故事。故事开始于王妃十八九岁时,她曾在父亲的非洲农场饲养过一只猎豹幼崽,该书旨在引起人们对猎豹所处困境的关注。该书于2017年9月底出版。

迈克尔王妃因她的慈善工作获得了许多荣誉和勋章,在这些荣誉中,她最为自豪的是已故奥托·哈布斯堡博士的妻子瑞吉娜大公爵夫人授予她的星光十字勋章,这等同于授予给女士的金羊毛勋章。王妃殿下还拥有马耳他骑士团的贵妇

作者简介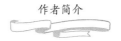

人称号。最近,迈克尔王妃当选伦敦林奈学会会员。

殿下和丈夫迈克尔亲王住在伦敦肯辛顿宫。

更多有关王妃殿下的资讯,请看王妃的官方网站:http://www.princessmichael.org.uk/

致　谢

本书作者希望对以下作者允许她复制版权材料表示由衷的感谢:

乔治娜·巴蒂斯康贝:《亚里山德拉王后》
爱德华·克兰克肖:《玛丽亚·特蕾西亚》及
贾思帕·里德利:《拿破仑三世和欧仁妮》

穿着加冕礼服的叶卡捷琳娜大帝（1729—1796）。她的王冠是由法国珠宝匠波吉耶临时打造的，上面共镶有将近 5000 颗钻石，正中间的红宝石重 414 克拉。镶嵌在她的权杖上的是奥尔洛夫钻石（194.75 克拉）。（Stefano Torelli 绘）

奥地利女大公玛丽·安托瓦内特（1755—1793），后来成为法国国王路易十六的王后。（Joseph Ducreux 绘）

玛丽亚·卡洛琳娜王后（1752—1814），凭借其"戴长白手套的铁手"控制费迪南多一世以及那不勒斯地区。（Anton Rafael Mengs 绘）

玛丽亚·利奥波丁娜（1797—1826），巴西皇帝佩德罗一世的皇后，玛丽·路易斯（法国皇帝拿破仑·波拿巴的皇后）的妹妹。

欧仁妮（1826—1920）是法国拿破仑三世的皇后，也是法国最后一位皇后。

维多利亚（昵称维姬）（1840—1901）是德国皇帝、普鲁士国王腓特烈三世的皇后。她是英国维多利亚女王和阿尔伯特亲王的长女（长公主），也是德国皇帝威廉二世（Kaiser Wilhelm II）的母亲。

亚历山德拉和明妮姐妹,父亲为丹麦国王克里斯蒂安九世。亚历山德拉(1844—1925)是英国国王爱德华七世的王后,明妮(1847—1928)原为丹麦达格玛公主,后嫁给俄国沙皇亚历山大三世,成为玛丽·费奥多罗芙娜皇后。

目　录

引言 / 1

叶卡捷琳娜大帝
　　安哈尔特·采尔布斯特公主/俄罗斯全境皇帝
　　（1729—1796）/ 8

玛丽·安托瓦内特
　　奥地利女大公/法国王后（1755—1793）/ 61

玛丽亚·卡洛琳娜
　　奥地利女大公/那不勒斯与两西西里王后
　　（1752—1814）/ 109

利奥波丁娜
　　奥地利女大公/巴西皇后（1797—1826）/ 137

欧仁妮

　　西班牙大公/法国皇后（1826—1920）/169

维姬

　　不列颠长公主/德意志皇后（1840—1901）/209

亚历山德拉和明妮

　　丹麦亚历山德拉公主/大不列颠王后（1844—1925）/250

　　丹麦达格玛公主/俄罗斯玛丽·费奥多罗芙娜皇后（1847—1928）/250

参考文献/288

引 言

像大多数孩子一样,我很敬仰我的母亲。她很有勇气,当德国占领波西米亚时,她一次又一次地因抵制纳粹而受审;她很有冲劲,1936年的奥运会上,她代表匈牙利队参加了滑雪比赛;但是,她最卓越的才华是讲故事。她精通6门语言,擅用最动人的词语给我们讲述故事,我们就坐在她的脚边学着倾听。她讲述英勇的马扎尔人在战争前夜吟唱愁思的悲伤故事、讲述描写瓦格纳英雄骑士精神的英雄史诗,还告诉我们关于地球是如何形成的各种传说(她说,如果我们不抓紧完成作业,地球将会毁灭)。母亲拥有普鲁斯特式(跳跃式)的记忆和历史学学位,这在当时的维也纳女性来说可是少有的;她凭借着充满诗意的思想、广阔的学识和由于异国背景而得知的奇闻趣事,将历史的画布填满色彩。那些历史中伟大却悲惨的男男女女,在她精巧的笔触下活灵活现,而我也在无数个夜晚体验着他们的一生。

我结婚后,毫不意外地对"冬日王后"感到好奇。伊丽

莎白·斯图亚特,查尔斯一世的姐姐,嫁给了选帝侯腓特烈五世,他曾短暂地当上了波西米亚的国王。他的敌人得意洋洋地说他最多只能支撑一个冬天,之后便会耻辱地败给哈布斯堡的军队。他们说中了,之后,三十年战争爆发了。在流亡到海牙后的四十年里,这位"冬日王后"继续为新教代言,以此维持生计。她忙于照料天资出众的孩子们,应对仰慕者,还天天和老鼠打交道——这些老鼠甚至咬坏了她的壁毯,那是她用来在贫穷中挽回一些尊严的东西。我出生在波西米亚,是无比尊贵的家族的后代,并成为英国天主教的王妃,因此,对这样一个成为波西米亚的新教王后的英国公主,我自然会特别感兴趣。

我决定写一个关于她的故事,并像她一样游历她去过的地方——尽管没有挂着淡蓝色天鹅绒的银驳船——沿内卡河顺流而下去海德尔堡,那里是她丈夫的国都。我试着想象,当这个十七岁的詹姆士一世时代的女孩抵达海德尔堡时,看着那玫红色的城墙会作何感想,看到神圣罗马帝国的第一选帝侯的王位又作何感想。她一定会想她的新家怎么会如此简朴,尽管她年轻的丈夫拥有不可估量的财富。她用的桌布是在德国出现的第一张桌布。而大学城的良好公民看到身穿低胸连衣裙、行为随意的选帝侯夫人和同行的英国夫人们时,也一定会震惊不已。莎士比亚为伊丽莎白的婚礼庆典创作了

引言

《暴风雨》,并且,由于对戏剧十分热爱,她还将她的剧团演员一同带到了这里。她的家具也是由伊尼哥·琼斯按照意大利风格做的,这位设计师还用经典且纯净的风格让她的宫殿羡煞全国。在伊丽莎白的哥哥威尔士王子亨利不幸去世后,她雇用了哥哥杰出的园林建筑师所罗门·德·科,这位建筑师建造了海德尔堡花园和人造石洞,其中有在水中嬉戏的雕像,他的作品被当世视为世界奇观。

带着对这个金发女郎高贵品德的仰慕之情,我来到了海牙。在这里,我遇到了一位研究波西米亚的放逐者和"冬日王后"的权威学者。我得知,如同在海德尔堡一样,很多人爱慕她,但她的英式作风和行为引起了诸多误解。我前往海牙,这里对她的评价也大致相同,但我收集了成箱的一手资料并决定澄清误解。期间,有伟大的历史学家参与了我的工作,而我则赶回伦敦做一个紧急手术。在慌乱中,我那几箱资料不知所踪,而"冬日王后"也像许多好的演员那样,不得不"息影",直到我重新找回追寻她的脚步并投入"流亡"的热情。在我的恢复期,我越来越沉迷于研究如下问题:一位来自异国的、具有不同文化背景的皇后,对她新的臣民们究竟会带来什么影响?当我没有时间继续伊丽莎白的研究时,我开始了本书的构想。我没有将"冬日王后"(她也被称为"多情王后")写进这本书里——要是写进来了,或许我可能再也不会写她了——然后,奇迹出现了,我找到了我

的研究材料。

为了使这本书简单易懂,我原本想挑选生活在同一个世纪内的公主,而当我选定了19世纪的公主时,我觉得我必须将玛丽·安托瓦内特加进去,叶卡捷琳娜大帝也基本符合条件。我想找寻她们相同的特征、品质和经历,却一无所获——她们的相貌美丑不一,智商高低不一,品位和着装也好坏不一。她们并不全是仇外思想的受害者——亚历山德拉王后很快就受到了人民的爱戴,她未曾因丹麦人的身份而遭受非议,而且她受国民爱戴,也并非是因为英国人的宽容——英国人民和社会对他们那些来自德国的皇室成员并没什么容忍力。利奥波丁娜完全认同她的人民的事业并赢得了巴西人民的敬爱和同情。她们的婚姻也并不都是政治联姻——拿破仑三世出于爱情而与欧仁妮结婚,在与西班牙的关系中没有得到任何利益。但是,大部分婚姻是以政治利益作为是否结成的标准的,当政局发生变化时,国内对这些作为人质的外国王后的态度也会发生转变。玛丽·安托瓦内特被诽谤为"奥地利婊子",欧仁妮被咒为"西班牙佬"。维姬被称为"英国佬",因为她曾被俾斯麦公开指控为英国的间谍;而叶卡捷琳娜则是将自己的德国血统深埋于心,以致最终,大家都以为她是俄罗斯人。

我将她们放在同一本书中的原因,是她们都具有与生俱

引 言

来的责任感并且真诚地希望这种责任感可以发挥作用。她们并没有与所能看到的命运抗争,只是争取实现她们的天命。她们中有的满腔热情,有的平静冷漠,有的是称职的妻子,有的是慈爱的母亲,但很奇怪,她们有一个共同点,那就是她们都非常喜欢动物,并且都会骑马。女性并不需要像男性一样担负学习骑马的社会或军队责任。年轻时的她们学会骑马只是出于机缘和爱好,而结婚后的她们仍继续保持骑马的爱好,甚至拥有比之前更高的热情,这其中一定有什么原因。原因包括骑马所带来的自由、挑战、肾上腺素的飙升、迎面而来然后穿过发丝的风、在运动中获得的巨大快乐和掌控一只强壮的动物所获得的心理快感,还有逃离宫廷礼仪和约束后的轻松。毋庸置疑,叶卡捷琳娜和安托瓦内特还十分享受在野外骑马飞奔,两人的另一共同点是她们都在结婚多年后依然保持处子之身。

安托瓦内特的肖像画师很善于掩饰她那达34英寸(约86厘米)的胸围,而她的腰围仅23英寸(约58厘米),这样的身材一定对骑马有不小的妨碍。亚历山德拉和欧仁妮被认为在生理需求方面十分冷淡,尽管欧仁妮继承了拉丁人的性情,但她的热情并没有延伸到闺房秘事中。利奥波丁娜的父亲有很强的性欲,他的四位妻子也都因此而去世。他是一个无比虔诚的教徒,因此他对王后们非常忠诚——这对她们而言真是件憾事。这位被称作"妻子杀手"的国王将他的宗

教虔诚和强烈的性欲一并遗传给了利奥波丁娜,而他的女儿一生都在试图寻找更高的思想寄托从而忽略身体的渴望。似乎只有明妮,美丽的玛丽亚·费奥多罗芙娜(亚里山德拉王后的妹妹)则完全享受与熊一样健壮的丈夫(亚历山大三世)的夫妻生活。

这些王后对动物的喜爱很好理解。动物们沉默、忠诚、护主并且不会引人注意,它们能给予这些思乡的新娘、失望的妻子或孤独的寡妇无声的安慰和感情寄托。

我刻意地忽略了政治方面的内容,将注意力放到她们生活中更琐屑的方面。我读这些著名女人的传记,其中却没有描写她们穿什么样的衣服、梳什么样的发型以及吃什么样的食物,尤其是在重大的日子时——这让我有种被欺骗的感觉,因为对我来说,这些细节才是完善她们形象的因素。我更关注她们通常读什么书、最喜欢的花是什么、最喜欢的颜色是什么、她们是否都像叶卡捷琳娜一样抽鼻烟,或是像明妮一样抽烟卷等类似的问题。明妮不喜欢被人知道她抽烟,因此,不速之客会吃惊地看到她背后升腾起一股烟雾,那是她试图将烟藏到背后。

如果有人问我更喜欢哪个人物,我的答案必然是有所保留的。欧仁妮是我的榜样,但我欣赏维姬的智慧和忍耐,也欣赏亚历山德拉和利奥波丁娜的善良以及对她们背叛婚姻的丈夫的宽容。如果做朋友,我会选安托瓦内特,她被误解得

引 言

很深,还有欧仁妮和明妮,因为她们两个很有趣。我最没有感觉却在性格方面和我最像的是叶卡捷琳娜……卡洛琳娜可能会恨我。

过去的两年里,在我阅读关于这些女士的资料后,我开始了解她们,喜爱她们并且深深地怀念她们。她们是催化剂,一度是她们所处环境的中心点。她们中的一些人对后世造成了很深远的影响,另一些人的影响则没那么深远,但她们的神秘和魅力依然如故,提到她们中的任何一位,都会让人在脑海中显现出华丽、迷人、激动、戏剧性和悲剧性的场景,即使我们并不知道原因何在。

玛丽-克里斯蒂

肯特郡迈克尔王妃

肯辛顿宫

1986年10月9日

叶卡捷琳娜大帝

安哈尔特·采尔布斯特公主/俄罗斯全境皇帝
(1729—1796)

"彼得大帝给予俄罗斯人身体,而叶卡捷琳娜大帝赋予俄罗斯人灵魂。"

——诗人 涅克拉索夫

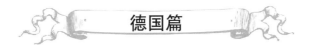

德国篇

1729年4月21日,普鲁士临波罗的海的海岸上,海风吹拂,港口卫戍部队指挥官年轻的妻子给他生下了一位千金。这名女婴,或者叫她索菲亚·弗雷德里卡·奥古斯特——这是她的受洗名,她出生时,并无任何异兆或迹象,预示这个孩子的未来,既有荣华富贵,亦有凶险困境。她加

冕后的名字更为人所知,她就是叶卡捷琳娜大帝。

叶卡捷琳娜大帝是一位野心勃勃、地位显赫的人物,在她的第二故乡——俄罗斯的历史上有着举足轻重的地位。叶卡捷琳娜大帝继承了彼得大帝的事业,且无论功过,她将俄罗斯的视野转向了西方,接受西方文化的影响。

索菲亚的父亲,克里斯蒂安·奥古斯特·安哈尔特-采尔布斯特,虽然是一位优秀的受人尊敬的军人,却也是一位落魄到没有封地、收入甚微的王子。他甚至乐于被派遣到什切青镇做镇长,索菲亚就在这里出生,并度过了整个童年时光。直到索菲亚十三岁的时候,她的人生轨迹才有了一丝小小的转变。索菲亚的父亲克里斯蒂安·奥古斯特继承了他堂兄的王位,成为安哈尔特-采尔布斯特的统治者。父亲的新头衔同样也让索菲亚拥有了王位继承权。

1742年,克丽斯蒂安·奥古斯特一家从什切青搬到了安哈尔特-采尔布斯特。然而,安哈尔特-采尔布斯特家族并不是按照长子继承制对家族遗产进行分配的,所以,克里斯蒂安·奥古斯特不得不与他的弟弟分享统治权。这一点,索菲亚在她很久以后的回忆录里详细地写道:"所有的安哈尔特王子们都有权获得分封,数量众多的王子们不断获得分封以至于最后没有什么值得分封的了。"虽然分封众多,疆域狭小,但安哈尔特还是一个历史悠久、繁荣昌盛的独立大公国。这里产的丝绸锦织,在纯丝底面上绣上金色或银色花

9

纹,闻名欧洲,被公认为欧洲最好的丝织品。采尔布斯特同样也因啤酒佳酿而出名。克里斯蒂安·奥古斯特是一位忠实可靠、具有军人气质的男人,他有着很强的纪律感、责任感以及规则意识。他生活节俭,虔诚又注重实用性,他为新子民们鞠躬尽瘁,一心为他们谋求福利。父亲身上的这些优秀统治者的品质,对索菲亚的未来产生了深刻久远的影响。

尽管人们总说,与她成名后的威名相比,索菲亚出身卑微,但她的背景却有一种独特的风格和魅力。八岁到十五岁这一段时间里,索菲亚和她的母亲每年总会花上三四个月和布伦瑞克-吕内堡公爵夫人待在一起,在那里,她们能参加各类活动。比如出席舞会、欣赏歌剧、狩猎、参加晚宴、会见不计其数的外国使臣。同时她也深入宫廷生活,学会了各种宫廷礼仪。这一切都要归功于索菲亚有一个出身名门望族的母亲。索菲亚的母亲是吕贝克路德教会主教的女儿,也是荷尔斯泰因公爵家族的较为年轻分支的成员。索菲亚的舅舅曾与俄罗斯彼得大帝的女儿大公爵夫人伊丽莎白定下了婚约。尽管索菲亚的舅舅在结婚之前就去世了,但伊丽莎白仍对她那高大而又英俊的未婚夫念念不忘。索菲亚的母亲当然要抓住一切机会和这位在 1740 年登基成为全俄罗斯女皇的女人搞好关系了。

这个时代的欧洲宫廷都争相向法国凡尔赛宫学习,索菲亚同样也接受了法国文化的教育,她有一位信仰胡格诺教派

的法国女教师芭贝特·卡德尔。卡德尔成功地激励了索菲亚,使她迷上了法语、法国戏剧和文学。即使日后索菲亚成为了俄罗斯女皇,她写信给狄德罗和伏尔泰时,仍自豪地署名为"卡德尔小姐的门徒"。她在回忆时说卡德尔小姐"德才兼备,学识渊博,很有耐心",是一位"灵魂生来高尚"的老师。所以后来,当索菲亚试图掩饰她的德国血统的时候,她便会对人们说法语。

小时候,索菲亚就表现出与其父亲相似的认真与可靠,也有着比她母亲更令人着迷的外表与魅力。她聪慧、活泼、快乐、淘气、喧闹、健康,也有点胆大放肆。难能可贵的是,她对学习这件事有着与生俱来的热爱与痴迷,如饥似渴地攫取新的知识。尽管小索菲亚总让人觉得身材瘦小,但她举止文雅,让人觉得她身材略显高挑。她自上而下流露出一种自然的风度与优雅,黑栗色的秀发,晶蓝色的眼眸,迷人的笑意下皓齿完美无瑕。当她回忆自己的女孩岁月时,她这么说道:"我从不是一个漂亮的姑娘,我只是讨人喜欢。"

没有人能对她非凡的未来未卜先知。普林茨恩男爵夫人曾是安哈尔特宫廷里的一位侍女,她见证了索菲亚的出生,看着她成长,并且成为索菲亚信任的友人。普林茨恩男爵夫人曾写道:"我从未想过她会像现在这样赫赫有名。"她还写道:"她只在自己的过失、轻率和反复无常中才表现出了她的与众不同、出类拔萃。"

"总而言之,"她直率地说道,"她(索菲亚)留给我的印象仅仅是一个平凡无奇的普通人。"但男爵夫人也察觉到了索菲亚的野心,很小时就表现出严谨、冷血与精于算计。而索菲亚本人在回忆这个阶段的时候,这么写道:"我曾经告诫自己要成为这个世界上的'某种人',拥有成为这个'这种人'的品质。让我们自己能够严肃认真地审视渺小的内心。我到底有没有这些品质呢?如果没有,那就去培养这些品质。"芭贝特·卡德尔认为她有一种乖戾的精神,一种来自外部的影响为她的思想成熟指明了方向。这个外部影响就是俄罗斯。

1744年元旦,一份注明"机密"的信件送抵采尔布斯特,信里装的是俄国沙皇伊丽莎白·彼得罗芙娜的邀请函,请约翰娜·伊丽莎白公主殿下及其女儿尽快前往俄罗斯。尽管信里没有说明任何理由,但是索菲亚的母亲很清楚其中的缘由:伊丽莎白女皇未婚,没有子嗣,她正在为自己的外甥、同时也是继承人选择一位新娘。随之而来的第二封信件证实了她的判断。第二封信是柏林的腓特烈国王写来的,信中督促约翰娜接受沙皇的邀请,因为这么做符合普鲁士的国家利益。

而索菲亚的父亲对这一系列的密谋毫不知情。作为一位

忠诚的臣子,他无法反对这个计划,最终他还是怀着极其伤感的心情,同意索菲亚离开——因为他并不希望自己的宝贝公主索菲亚重蹈过去那些远嫁俄罗斯的公主的命运。

公主和她的随从一路隐姓埋名,向深冬的俄罗斯行进。旅途的崎岖和无所事事让公主一行人吃尽了苦头。长达六周的旅程可谓是刻骨铭心,恶劣的环境让公主的双脚肿胀无比,以至于都需要有人抬着她上下马车。他们常常赶夜路,停下来歇脚的地方也不比乡下人的房子好到哪里去,少有温暖且毫无私密性可言。

他们到达俄罗斯境内后,噩梦般的旅程终于结束了。到达里加(今拉脱维亚首都)后,他们不再隐姓埋名,并接受了隆重的皇室欢迎仪式。女皇派遣了一支骑兵中队护送公主一行人,随行还有各大王公贵族。同时,也为她们在城堡里安排了豪华套房。但约翰娜·伊丽莎白似乎忘了这一切的荣耀都来自于她的女儿,并非她自己。这导致索菲亚陷入真正孤立无援的境地。在这么一个陌生的地方,她唯一熟知的人却把她忽视了,未来的叶卡捷琳娜大帝不得不自力更生,依靠自己内在的力量去面对重重险阻。她深知必须使自己毫不起眼,才能避开那些打扮得珠光宝气,试图向她谄媚的朝臣们。于是乎,索菲亚让自己变成了一个瘦小苍白、简装打扮的小姑娘,当她从人群中走过的时候,几乎没有人会注意到她的存在。

远国的凤冠

公主一行人乘坐皇室雪橇前往圣彼得堡，雪橇异常奢华，"深红色的外观饰以黄金，内衬则是由稀有的雪貂皮制成"。这种雪橇（由彼得大帝发明）由六匹马拉动，索菲亚和她的母亲可以全身舒展地躺在成堆的丝绸里，里面还有绸缎制成的靠垫和貂皮毛毯。比起首段旅程的艰苦，这一段旅途简直是天堂般的享受，索菲亚几乎立即倾心于俄罗斯的魅力——俄罗斯，一个她将要奉献余生的地方。

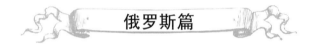

俄罗斯篇

索菲亚对圣彼得堡的第一印象是它是一座仍处于建设中的城市，城中仅有的大型石头建筑就是强大的堡垒。她所到之处全是脚手架、敲打声与噪音。然而尽管圣彼得堡看上去有着西式的外表，但它的骨子里流淌的还是俄罗斯的血液。圣彼得堡的风格与采尔布斯特截然不同，这里没有中世纪的市政厅与哥特式的教堂。索菲亚的余生更钟爱圣彼得堡而不是俄罗斯的古都莫斯科。但是此时的莫斯科，沙皇正等待着她们。在那里，在大公生日的前夜，索菲亚将要面临她人生的第一次"大考"——在伊丽莎白女皇的注视下，与自己的未婚夫见面。

当索菲亚和她的母亲抵达莫斯科时，整个莫斯科城都因为大公的生日庆典而张灯结彩，精心装饰；城内的一千座教堂的黄金圆顶也被中国灯笼和饰品照得闪闪发亮。这是一个高贵奢华与肮脏混乱并存的世界，这个世界里的价值观与尺度同索菲亚从小接受的严格的教导，即路德教会的价值观截然不同。流言蜚语、八卦丑闻、投机赌博，各种各样肮脏下流、伤风败俗的事情层出不穷，这些丑恶之事都被披上了虚假的外衣，打着虔诚的旗号，粉饰太平。但索菲亚已经对那个培育她的路德教会毫无兴趣了，她仍保留着一本留满红色墨迹的德文《圣经》，那些墨迹是年幼时的她用心背诵诗句而留下的笔记。索菲亚坚定不移地认为，马丁·路德只是一个胸无点墨的乡巴佬。索菲亚曾说："从马丁·路德那里学不到任何东西。"

还未等德国公主们梳妆打扮好，沙皇的外甥大公就已经迫不及待地来见他未来的新娘了。当十四岁的索菲亚看到面前的这位满脸丘疹、身体畸形的年轻人时，她惊呆了，但她并未行之于色。后来她记述这件事时，写道："我不太在乎大公到底是怎么样的，我真正关切的是如何成为一位女皇。"也许她觉得，在这个陌生而又野蛮的国度里，即将面对的是她毫不熟悉且布满阴谋诡计的宫廷迷宫，而大公则是能够指引她走出这片迷宫的人。

也许彼得·费奥多罗维奇未达到索菲亚的预期，但伊丽莎白女皇却没有让她失望。彼得大帝的女儿是一个在生活各个方面都近乎完美的女人。美丽、热情奔放、信仰虔诚，同

样也放肆风流。在俄罗斯人民的心中,伊丽莎白女皇就像一位母亲一样受人敬仰。女皇用她那闻名天下的迷人笑容和全身的魅力来迎接来自采尔布斯特的公主们,女皇将她们母女视为皇亲国戚,赏赐了她们许多礼物和荣誉。

尽管索菲亚有着德国血统,但是野心驱使着她想成为和伊丽莎白女皇一样的俄罗斯人。索菲亚着手学习俄国文化,不仅要学习俄文和东正教教义,甚至还要学习这个陌生国度的传统舞蹈。因为学习太过认真刻苦,索菲亚两周后就得了重感冒。俄国宫廷的条件与俄国社会上的其他地方一样简陋,尽管有火炉取暖,但刺骨的寒风仍会钻进未铺地毯的房间里,发出阵阵啸叫声。索菲亚蜷缩在冰冷的房间里,一边开夜车学习俄语,一边忍受着胸膜炎给她肉体带来的折磨。

索菲亚的救星不是那位沉迷于愚蠢的社交娱乐和政治争端的母亲,而是沙皇本人。女皇被小姑娘的钻研精神所感动,在索菲亚濒临死亡的那个月里,女皇亲自悉心照料。当然,索菲亚也是聪慧过人,即使一只脚已经踏进鬼门关了,她仍然精明地选择一位东正教神父而不是路德教派牧师来为她祷告祈福,借此博取女皇的关心与同情。

索菲亚直到自己15岁生日的那一天才再次出现在宫中。生病期间她长高了,疾病让她瘦骨嶙峋,不再那么美丽动人,但这同样也激起了女皇对索菲亚的保护欲望,更加爱护她。一系列的事情坚定了女王的想法。索菲亚必须要嫁给自己的外甥，以保证皇位后继有人，罗曼诺夫王朝江山永固。

1744年6月28日，索菲亚正式接受东正教洗礼，成为一名东正教徒，同时成为叶卡捷琳娜·阿列克谢耶芙娜女大公，女皇亲自为叶卡捷琳娜穿上一条和她当年一样的、镶有银丝花边的红色绫绸长裙。叶卡捷琳娜用字斟句酌的俄语宣布放弃她从前信仰的路德教，她那朴素自然的姿态和举止战胜了所有反对她的声音。很快，叶卡捷琳娜就与彼得大公订婚。

俄国宫廷也许是欧洲诸国中最为淫乱的宫廷了，而现在，叶卡捷琳娜已经成为这个淫乱宫廷里的一位主要成员。宫里每周二都要举行名曰"变装"的异装舞会。伊丽莎白喜欢化装；她双腿修长，身形硕长，穿上男装，看起来风流倜傥。而叶卡捷琳娜只能作为女皇的侍者参加晚会。宫中女士们体型硕大，男装也只能堪堪挤进去；位高权重的大臣与将军们则一个个身着带有裙环的女士裙子——而叶卡捷琳娜则身躯迷人又而孱弱，与之形成鲜明对照。"这是一个毫无交流的宫廷，错综复杂的阴谋诡计会被误认为机智聪明。这里的人们从不会关心像科学和艺术这样的话题，因为没有人懂；我敢打赌，宫里有一半的人不识字，读不了书，如果有超过三分之一的人真的会写字的话，我一定会惊诧不已。"叶卡捷琳娜如是说。叶卡捷琳娜开始对赌博上瘾，时常赠送奢侈贵重的礼物来笼络人心，寻找盟友。尽管女皇时常给予

她赏赐，让她收入颇丰，但是大量的花销与开支还是让她负债累累。

那一年的夏末，伊丽莎白女皇移驾基辅，开启宗教朝圣之旅，随行的有彼得大公、叶卡捷琳娜和她的母亲，以及一些宫中最受宠爱的人士。"从早到晚，"叶卡捷琳娜回忆道，"我们除了嬉笑、游戏和寻欢作乐之外无所事事。"

但伟大的女皇陛下还是给她留下了深刻的印象。女皇将自己打扮成一位下层农妇的样子，光着脚，身背十字架走在朝圣之路上，周围的攒动的人群和滚滚热浪，她似乎毫不在意。在基辅，叶卡捷琳娜真切地领悟到了东正教强大的感召力，她意识到宗教对她未来的事业至关重要。叶卡捷琳娜生平第一次看到这么多形形色色的人在帝国庞大的疆域里来来往往，也见识到了港口城市的喧闹与重要，会有来自不同文化背景的人们在这里交会。她也不会忽视低贱贫穷的人们所遭受的肮脏与痛苦，因为她深知，自己身处的恢宏壮丽与奢靡，是建立在剥削他们的基础上的。

回莫斯科的途中，彼得染上了天花。疾病不仅让他变得更为丑陋，几近毁容，还似乎对他虚弱的大脑造成了创伤。尽管种种噩耗和充满嫉妒的流言蜚语给叶卡捷琳娜带了数不尽的困扰，可婚礼已经提前开始准备了。女皇对当时法国的一切事物都有着无限的热情。女皇下令高薪聘请法国的木匠、室内装潢师、厨师、女装店主、裁缝们，要求他们全力

为婚礼做准备。伊丽莎白计划此次婚礼以近期法国王储的婚礼为模板,规模和细节等方面还要超越法国王储的。她命令大使们向当前欧洲各国宫廷取经,学习庆典仪式的规格与先例,并向她汇报。

1745年8月21日,彼得和叶卡捷琳娜正式结为夫妇。接下来则是一连九日的庆典,有不间断的舞会、化装舞会和国宴,还有观看意大利歌剧、法国戏剧以及烟火表演等活动。此时的叶卡捷琳娜年仅16岁,她的丈夫彼得长她一岁。尽管婚礼分外隆重,但叶卡捷琳娜的父亲未能受邀出席,让她十分难过。除了她母亲和一位十分粗鄙的舅舅之外,没有其他人代表她的家人出席婚礼。

年轻的大公夫人身着一件"全银丝边、极富厚重感的银色波纹裙"。女皇让她随意挑选她想戴的珠宝,无论是女皇的还是她自己的,一律应允。叶卡捷琳娜头上戴着一顶小而重的皇冠。女皇还曾为了新娘的发式与理发师有过一场激烈的争论,最终理发师获得了胜利,让叶卡捷琳娜在婚礼时留着一头卷发。婚礼的宗教仪式格外冗长,从早上十点开始,直到下午四点才结束。尽管裙子、珠宝、皇冠的重量压得叶卡捷琳娜透不过气,甚至有些头晕目眩,但是身为新娘,在一天冗长的仪式中,她还是表现得高尚雅致,当然也有点兴趣索然。晚上举行了一个舞会。直至凌晨1点半,盛大的舞会才落下帷幕,年轻的新郎新娘被引导着步入洞房。

叶卡捷琳娜的母亲曾这样描述那间深红色和银色交织的婚房:"它是如此的完美与庄严,当你看到它的时候,你一定会给予它最高的赞美。"在这间屋子里,叶卡捷琳娜第一次发觉自己是独自一人,在等待那个稚气未脱、乳臭未干的丈夫。现在的她还不知道,眼前的这位丈夫,在未来的18年里将会给她的生活带来无比的痛苦。一个月之后,采尔布斯特公主作为她女儿婚礼女伴的任务已圆满完成,很快就被送回家去了。

因为彼得刚刚进入青春期,身体发育尚未成熟,御医曾试图建议女皇推迟婚礼。尽管彼得常常向他的妻子吹嘘炫耀自己有多少情妇,与多少女人暧昧不清,但是在叶卡捷琳娜这里,他总是无法展现男人的雄风,尽丈夫应尽的义务,致使叶卡捷琳娜在婚后十年,仍是处子之身。

据说当时有一种小手术可以治愈他的性无能,但是彼得太胆小怯弱,不敢尝试,最终还是不了了之。但也有可能他的婚内不举是心理因素造成的,因为他的确与多位拥有丰富性经历的下层妇女有过交媾行为。

从叶卡捷琳娜的回忆录里,我们可以得出这样一个丈夫的形象:一个粗俗不堪的下流胚子、烟鬼和酒鬼,比起高雅的文化沙龙,他更愿意去警卫室和侍从一起喝酒。他的老师

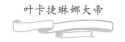

们也都整日喝得烂醉如泥,导致他也不学无术;他从未感受过来自父母的爱。他的母亲,彼得大帝的长女,在他仅三个月大的时候就与世长辞了。他的父亲荷尔斯泰因公爵对他不闻不问,在彼得11岁的时候也撒手人寰了。彼得拒绝"俄罗斯化",所以他仍然保持了一个路德教派信徒的所有特征,也是一个地道的德国人。他毫不成熟、自负、恣意妄为、反复无常且残暴不堪,却是伊丽莎白女皇仅有的男性亲眷和唯一皇位继承人。

其实最初,彼得和叶卡捷琳娜还是彼此相互吸引的。年幼的他们有着相同的文化背景,讲着同一种语言,所以会自然而然地相互接触。从两人第一次见面时起,彼得似乎就已经认可叶卡捷琳娜与生俱来的优秀,会请叶卡捷琳娜帮他解决问题,并称她为"妙计女士"。

叶卡捷琳娜喜爱动物,尤其是狗,彼得曾经送给她一只小型英国贵宾犬,她和一帮名媛们能花上数个小时为这只狗梳妆打扮,穿戴新衣。叶卡捷琳娜还允许这只狗和其他宾客一样列席,会夸赞它"把盘子里的食物吃得一干二净",这只狗还会"朝他身后的侍者吠叫,示意它渴了要喝水"。多年以后,一只名叫汤姆·安德森的英国惠比特犬成为叶卡捷琳娜的宠儿。"汤姆阁下"会睡在叶卡捷琳娜房间里一个特制的毛毯上,而它的幼崽也时常被叶卡捷琳娜带着参加皇室剧院的一些演出和娱乐活动。这只狗死后,悲伤的女主人叶

卡捷琳娜请她一位最喜欢的建筑师为这只狗设计了一个金字塔形的坟墓,并将它安葬在沙皇村的一座公园里。

相反,彼得对动物的态度可以说是冷酷无情。叶卡捷琳娜每听到爱犬被彼得无情地鞭挞后发出的嗷叫声,都会心疼不已。彼得会在他们的卧室里训练一群猎狗,会一本正经地和它们玩军事游戏,还绞死了一只啃坏他木偶哨兵的老鼠,这都让叶卡捷琳娜惊恐不已,无法接受。彼得幼稚到喜欢玩玩具,这种喜好已经成为叶卡捷琳娜的一种负担了。彼得经常会玩木偶玩具玩到凌晨两三点钟,有时这个行为会让叶卡捷琳娜哈哈大笑,但大多数时候,叶卡捷琳娜还是会看着满床沉重的玩具恼怒不已。

谨慎与心机,是叶卡捷琳娜赖以生存的法宝。她最大的天赋是善于掩饰,在这些年悲惨的婚姻生活中,她把掩饰这门艺术锤炼至炉火纯青的境界。她认为所有的俄罗斯人都有"一种根深蒂固的排外心理",他们随时等着看到这些外国人身上的"脆弱、错误和古怪"。精明的叶卡捷琳娜决定不能让他们了解自己遭受的苦难。

十五岁的她曾做出以下三个决定:

1. 讨好大公;
2. 讨好女皇;
3. 讨好这个国家。

"为了让所有俄罗斯人都爱上我,"她写道,"我想成为一个俄罗斯人。"这个任务需要勇气与决心才能完成。"十八年来,"她坦白地说道,"我曾经的生活,若让三十个不同的女人去经历的话,其中有十个女人会变成疯子,而剩下的二十个会心碎至死。"一位观察家在叶卡捷琳娜婚后十年时曾评论说,俄罗斯人民对她的尊重和热爱达到了一个很高的程度。

早年的婚姻生活锻造了叶卡捷琳娜的性格,她表现得勤奋、守规矩且非常自律,她学会了如何约束自己的脾气和骄傲。她父亲在她结婚后两年去世时,叶卡捷琳娜被要求只允许哭丧一周,服丧六周,仅因为他父亲生前不是国王身份!尽管她的丈夫让她的生活变得十分不幸和有失体面,但她仍然保持着一种强烈的爱别人和希望被人爱的欲望。尽管她是一位利己主义者,但是她还是很好相处、很好伺候的。对待侍从,叶卡捷琳娜非常宽容,从不过分苛责他们。敢问这样的人,谁人不敬,谁人不爱呢?

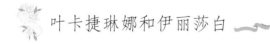

叶卡捷琳娜和伊丽莎白

长久以来,叶卡捷琳娜都想拥有女皇那样的外表:高挑,美丽和完美的容貌——尽管对食物偏执的热爱正在毁掉她那完美的身材。她的笑容和她甜美的嗓音,如她深蓝色的眼睛一样有名。她的举止、态度、姿态、秀发、手与足都可以说是完美。女皇有着深切的智慧,她可以一眼看出不实之

处，在她所统治的时间里，人们觉得她还是比较仁慈的，她登基时曾发誓，在她的统治下，不会对人判处死刑，她一直遵守诺言。她的统治标志着俄国文化复兴的开始。这一段时间里，各领域都得到了发展。这位女皇稀里糊涂地为未来继位的德国公主所建立的伟大成就奠定了基础。

叶卡捷琳娜从她的姨妈那里学到了很多。很多年后，她依然能够清楚地记得伊丽莎白女皇的许多细节，比如伊丽莎白在哪些场合穿的什么衣服、戴过哪些耀眼的珠宝，这些珠宝哪些是戴在头上，哪些是挂在脖子上，还有哪些是别在胸前的。这些叶卡捷琳娜都能娓娓道来。尽管伊丽莎白死后留下数千条奢华的裙子，但在她在世时，她还是会在旅行时尽量不穿贵重的裙子，在家时常穿简朴的衣物。叶卡捷琳娜也同样继承了这一习惯，穿着简朴。即使参加丈夫在奥拉宁鲍姆（由彼得大帝兴建的乡间别墅）举办的化装舞会上，都没有配戴任何珠宝。"这么做赢得了女皇的青睐，"她写道，"女皇并不支持在奥拉宁鲍姆举行宴会，那里的晚宴会变质成一次真正的纵欲。"对叶卡捷琳娜来说，伊丽莎白女皇对于精心制作的奇装异服的怪念头实在有些过火，有一次，她竟然要求所有女士打扮成牧羊女的样子，穿上粉色和白色的衣服，戴上"英式风格"的礼帽，手持曲柄牧羊棍！

伊丽莎白对她年轻的女门徒甚为慷慨大方。叶卡捷琳娜刚到俄罗斯不久，就赏赐给她15000卢布和大量的裙子布料

（伊丽莎白希望宫里的人都穿着上等布料做的衣服，这个要求加重了叶卡捷琳娜的债务负担）。整个俄国宫廷以伊丽莎白为风向标，都像女皇一样，一天至少换两次衣服。15岁的叶卡捷琳娜觉得梳妆打扮"并非那么不舒服"。为了更好地管理家庭内部事务，赏赐某一个自己宠幸的人，叶卡捷琳娜设计了一套特权职务体系：她的众多宠臣里，最受宠的掌管她的珠宝盒的钥匙，另一个打理、看护她的蕾丝花边物品，还有其他人专门料理、安排她的衣物和绶带。有位申克小姐似乎是仅有的一位从采尔布斯特来时跟着她的人，专门负责管理她的亚麻衣服。这些人中还有两个侏儒，一个专门掌管脂粉和梳子，另一个则掌管胭脂、口红、发簪和人工美人痣（黑色的面部美妆黑点）。

伊丽莎白总是很注意保护这位年轻的德国新移民，这令许多朝臣满怀嫉妒和气恼，他们编造谣言，恶语中伤叶卡捷琳娜，希望女皇能改变对叶卡捷琳娜的看法。叶卡捷琳娜已经变成一位时尚与智慧兼得的年轻淑女了，随着她的日益成熟，这些恶意也愈发具有杀伤力。叶卡捷琳娜21岁的画像向人们展现了一位身材修长、体态优雅的少女形象，姑娘乌黑细密的秀发微卷，有着水灵灵的蓝色大眼睛。虽然她的脸庞过于狭长，算不上美丽，但是她身上有着巨大的魅力，拥有华丽和智慧的气质，有时还会有些直接和鲁莽，这令她周围的人很激动。她的举止随和自然，毫无矫揉造作之感，不

知为何,她总能感染到身边的人,甚至是那些专门监视她的人也被她感召过来。很难想象,她的动作、神态和人际关系都经过精细设计和准备,因为当她会见他人的时候,她表露出来的善意和反应都是那么的真挚自然。

沙皇不希望宫廷里的淑女们与她争风斗艳。婚后的好多年,叶卡捷琳娜还能回忆起这一个场景:她在一场盛大的宴会上穿了一条美丽的白色裙子,裙子上绣着"一个金色的大型西班牙十字绣"。这惹得女皇有些不悦。"这是可能的,"叶卡捷琳娜沾沾自喜地提到,"沙皇发现我的裙子比她自己的还要引人注目。"同样的事情多年后再次发生,叶卡捷琳娜穿着一件淡紫色和银色的裙子,女皇当时就公开表示出了不悦。在大公生日那天,叶卡捷琳娜特意穿着一条特别漂亮的蓝色天鹅绒裙子,饰以金色花边,伊丽莎白于是就让她的管家去提醒她的外甥媳妇,不要忘了禁止穿由特殊布料制成的衣物的规矩。这次,叶卡捷琳娜还击了,她当着管家的面哈哈大笑,告诉管家,自己从来不穿任何女皇不喜欢的衣服,同时也指出,她的品质与才能并不是寄附于她的美貌和衣着上的。

尽管女皇希望简朴节约,但宫里的人还是忍不住在衣着打扮上竞相攀比,每个人都想压过别人的风头。有一次,为了参加一个特殊的化装舞会,大家都在讨论多豪华奢侈的衣着才能显得出众,叶卡捷琳娜听到了这个消息后很担心,因

为她没有足够的钱去购置奢华的衣物去与他人竞争。于是，她故意穿了一件女式紧身上衣，一条"粗制的白色裙子"。头戴一个小箍环，拉直了长发，系着一个狐狸尾巴状的白色缎带。她将一朵玫瑰插在她细密又而修长的秀发上，缀以花叶和一朵花蕾。胸前花饰亦是一朵玫瑰。叶卡捷琳娜用白色的纱布装饰她的领子、袖口，她的围裙也是用白色纱布制成的。当她漫步走过人头攒动的走廊时，人们轰动了。沙皇看到她后，惊讶地说道："伟大的上帝啊，这太简朴了！"女皇惊异地发现叶卡捷琳娜甚至连简单的美人痣都没点，她立马从自己的手提包里拿出一小盒人工美人痣，涂抹在叶卡捷琳娜的脸颊上。

在不对公共开放的宫廷舞会上，因为当今女皇不喜欢众人在这些场合过度打扮，叶卡捷琳娜巧妙地抓住了这一点，以简装获得了女皇的赞赏。"但是，当所有女性都被要求穿着男装时，我会穿极为华丽的衣服，所有装饰的地方都是精心制作；但这样做并没招致非议和批评——相反，我也不知道为什么，这样的打扮居然博得女皇的欢心。"

伊丽莎白女皇尤其渴望叶卡捷琳娜能生下皇位继承人，所以她管得很宽，有时会干涉她外甥媳妇的日常琐事和一些细枝末节的东西。叶卡捷琳娜总会把自己非凡旺盛的精力宣泄在运动和舞蹈上。唯一真正能够令她逃离现实、获得愉悦并得到锻炼的是骑马，尤其是骑马打猎。骑马时，叶卡捷琳娜喜欢双脚跨坐，但沙皇坚持要求叶卡捷琳娜骑侧鞍，因为沙皇认为双脚跨坐骑马会影响生育。不出意料，叶卡捷琳娜想出了应对之法。她说："我自创了一套马鞍，这套马鞍可以让我想怎么坐就怎么坐。这套马鞍有英式曲钩，它可以使骑乘者的大腿自由摆动；不仅如此，鞍桥也是可拆卸的，马镫也可以根据骑乘者的要求自由调节高低。如果马夫被问到我是如何骑马的，他们会诚实地回答：'谨遵圣意，用的是女士马鞍。'我只在我确定周围没有人监视的时候，才把我的两条腿分开坐。"她巧妙地设计了一套骑乘服饰，骑马时穿着分叉裙，这种裙子可以任意下垂在马鞍的任意一侧，无论是跨坐式骑乘还是骑侧鞍，都适用。这些套装一般都是由丝羽缎制成的，缺点是这种材料的衣物容易在下雨天缩水变形，而在太阳曝晒下又会褪色，所以需要不间断地更换。

叶卡捷琳娜曾被指派去陪同一位撒克逊大臣的妻子，她是一名有名的"亚阿玛宗人"（指尚武善战的女战士）。叶卡捷琳娜穿着一套"由饱和的天蓝色布料制成、饰以银色编织以及如钻石般耀眼的水晶纽扣"的衣服，同时头戴一顶有钻石串装饰的黑色礼帽，她的骑术和她那干练的身姿都把对手压下去了，这赢得女皇的啧啧赞叹。

骑马同样缓解了她身体上的强烈不安。在奥拉宁时，她回忆道，她和彼得在"每个幸运的日子"都去打猎。有时候她一天会在马背上待上十三个小时。她认为"每个月都有一

些日子我都觉得自己生病了,而大量的运动缓解了我的疑心病",她承认真心热爱的不是捕猎而是骑马,"越是刺激的运动,我越喜欢"。这是一种技艺的进步,这种技艺能让她在自己的青葱岁月里变得舒服和放松。正如叶卡捷琳娜还是稚童时,夜里,会在自己的床上骑枕头,以此来消耗自己过多的精力。只要夜里她独自一人的时候,她就不会睡觉,"我跨腿坐在枕头上,假装自己在骑马飞驰,直到我实在玩累了才会停歇。我从未被人发现过,没有人知道我骑着我的枕头急速前行。"

奥拉宁鲍姆的夏日早晨,叶卡捷琳娜时常凌晨三点就起床,身着男服,带着一个年老的猎人登上一条只有一位渔夫划桨的船,前往靠海的奥拉宁鲍姆运河,射击运河两岸芦苇荡里的鸭子。直到打得意兴阑珊又饥肠辘辘的时候才会回去吃一个早午饭,然后整个下午都打猎,夜晚跳舞至天明。这些过度的运动惯例帮助她减缓了紧张感,同时也培养了她健康强健的体魄。

书本知识、挫折以及实用政治

很快,叶卡捷琳娜发现她正行走在一条钢丝绳上,钢丝绳的一端是丈夫喧闹、无聊的活动,另一端是伊丽莎白女皇充满嫉妒且毫无事实根据的怀疑。启蒙运动使她对知识的渴求得到了满足——尽管彼得也爱读书,但他爱看的更多是一

些小说和江洋大盗的传说。冗长的冬日,叶卡捷琳娜终日深陷于苦闷与宫廷生活的无聊沮丧之中。宫廷的主人对伤风败俗之事置若罔闻,姑息纵容,叶卡捷琳娜只好通过贪婪地阅读书籍来聊以慰藉了。"我求助于我随身携带的书籍,"一次偶然间,她读到了塞维涅夫人的文字,然后"狼吞虎咽般地读了起来"。随后,她又发现了伏尔泰的著作。对于这类书籍,她曾评论道:"它们极大地提升了我的阅读品位。"

叶卡捷琳娜有一位良师益友,吉朗伯格伯爵。他是瑞典大使馆的一名特使,与叶卡捷琳娜在汉堡有过一面之缘,当时这位外交官就被年轻的叶卡捷琳娜的聪明才智折服了。此次重逢,吉朗伯格就警示叶卡捷琳娜,她目前所处的境遇有多危险——所以叶卡捷琳娜需要有自己的知识,需要自律,应该灌溉自己的思想和精神。他建议叶卡捷琳娜研究塔西佗、普鲁塔克以及伏尔泰、巴罗尼乌斯、布兰托姆等文学大家和某些传记体文学,并研究亨利四世(与叶卡捷琳娜很相似,他通过改变了自己的信仰而登上王座,是叶卡捷琳娜心中的英雄人物)的生平。他特别推荐的孟德斯鸠所撰的《论法的精神》一书,后来也成为了叶卡捷琳娜的床边读物。

热恋中的大公夫人

在叶卡捷琳娜婚姻早期,沙皇(尽管她自己也放荡不羁)命人随时随地地认真监护年轻的新娘。而连沙皇也清楚地知道叶卡捷琳娜没能生孩子并不是她的过失时，这种严厉的监管也有所放松，大概是希望她能在别人那里得到一个继承人。在伊丽莎白随行人员无声的鼓励下，叶卡捷琳娜疯狂地爱上了谢尔盖·萨尔蒂科夫，萨尔蒂科夫出身于一个古老又而尊贵的家族，而且他刚被任命为宫廷大臣。

于是，二十三岁的叶卡捷琳娜成为人人口中所说的荡妇，一个出卖自己的肉体来满足无止境性欲、卖弄风骚的女人。由于监护人总是擅离职守，这侧面帮助了叶卡捷琳娜与萨尔蒂科夫幽会，爱情的火苗让叶卡捷琳娜内心的冰冷烟消云散。叶卡捷琳娜生平头一次允许自己热烈地回应这个英俊的、被宠坏的年轻浪荡子。随后的一年里，叶卡捷琳娜两次流产。终于，1754年9月，叶卡捷琳娜生下了一个儿子，后来的保罗大公。尽管坊间流传这个孩子是萨尔蒂科夫留下的种，但无论从心理上还是生理上，保罗与彼得大公都惊人地相似。

此前一年，萨尔蒂科夫曾说服彼得去做了一个治愈了他性功能疾病的手术。根据叶卡捷琳娜的回忆录所述，外号"画家的漂亮遗孀"的格鲁特夫人（该画家曾给叶卡捷琳娜画过肖像）当时被说服了去给彼得"启蒙"。从那以后，叶卡捷琳娜就不得不屈从于彼得，与彼得尴尬又粗俗地做爱，比起与萨尔蒂科夫在一起时的热情似火，与彼得做爱更像是交差，叶卡捷琳娜对这种性行为产生了发自内心的厌恶感。

但是俄国皇室终于后继有人了。她的使命也已经完成了,孩子很快被人从她身边抱走。经过艰难的生产后,叶卡捷琳娜就完全没人照顾了,众人对她不管不顾,甚至都没人帮她换床单。人们将喜悦完全倾注在新生婴儿身上,而叶卡捷琳娜就那么轻易地被人遗忘。

更悲伤的是,萨尔蒂科夫已经厌倦了叶卡捷琳娜饥渴的性需求和充满侵略性的性爱,接受了一个任务,出国了。自然而然,叶卡捷琳娜觉得自己被抛弃了,非常沮丧。伊丽莎白女皇紧紧地看护着婴儿,直到四十天后,叶卡捷琳娜才见到了自己的儿子;她觉得自己的孩子很英俊可爱,但叶卡捷琳娜不像伊丽莎白一样有着天然的母性。因为长时间缺少血肉亲情的滋润,又身处放荡淫乱的环境之中,她沉醉于不断寻找新的激情——但这些激情不包括母爱。

叶卡捷琳娜需要钱。叶卡捷琳娜生了儿子后,伊丽莎白照例赏赐了许多礼物和钱,但即使有女皇的赏赐,她还是负债累累。就在此时,英国驻圣彼得堡大使查尔斯·汉伯里·威廉爵子正巧急于维持英国在俄罗斯宫廷的影响力,害怕俄国宫廷与法国凡尔赛宫走得太近,会对英国不利。他发现叶卡捷琳娜是一位非常有用的潜在盟友,随后支付了她一笔外交资金。叶卡捷琳娜不仅得到了人生第一笔总金额为10000英镑的工资,还得到了汉伯里·威廉这个千金难买的朋友。这位狡猾又而无耻的男人给叶卡捷琳娜上了她人生第一堂外

交课。查尔斯先生给予他的新学生很高的评价,很大程度上是因为叶卡捷琳娜是一位谄媚艺术的大师。

这位大使不只是被大公夫人美丽的外表迷得晕头转向,还意识到她有着比金钱更为急迫的需求:她渴望被爱。在他的随行人员中有一位波兰贵族,名叫斯坦尼斯瓦夫·波尼亚托斯夫基——他年轻又富有魅力,面容姣好,风度翩翩,遍历欧洲国宫廷,熟悉那种有教养的、大都会的上层社会。波尼亚托斯夫基身材略显单薄,但却具有浪漫情怀,更重要的是他总把自己母氏家族的利益放在首位,这个名叫查尔塔雷斯基的家族颇具势力。波尼亚托斯夫基年仅22岁,比叶卡捷琳娜小四岁。两人初次见面便擦出了火花,但他仍然用了数月时间一步一步大胆地接近大公夫人。他的政治目的是成为波兰国王,统治波兰,而这一目的如果没有俄罗斯的帮助是根本不可能实现的。而引诱面前这位美丽的大公夫人完全有可能使这样的梦想成为一辈子在西伯利亚服苦役的现实,因此,得由叶卡捷琳娜主动拉他爬上大公夫人的床。

波尼亚托斯夫基曾描述过他与叶卡捷琳娜的风流岁月,对叶卡捷琳娜的魅力记忆犹新。他说道:"她有着乌黑亮丽的秀发,容光焕发;一双硕大有神的蓝色眼睛像是会说话,上面长着修长的睫毛;鼻梁高耸,嘴唇美丽而令人忍不住想亲吻;纤纤玉手,胳膊匀称;苗条的身材高挑而不觉得瘦小。她步态轻快,时刻体现着高贵;她的嗓音迷人,笑容欢

愉又和蔼可亲。从最疯狂的孩子气的游戏到需要严密逻辑思考的算术填图游戏，她都能轻松搞定，无论是体力劳动还是文学研读，对她来说都不在话下。"这个他爱慕多年的女人后来给了他一个王国，但也一点点地把这个王国从他身边拿走，留他一人独自伤心难过。

此时的俄国宫廷里面有一位路易十五派来的间谍——迪昂骑士。迪昂骑士是一位性别不明的人士，因为后来他宣称他不是个男人，以女性身份度过晚年。他不太喜欢叶卡捷琳娜，并且打趣地把她描述为一个浪漫、饥渴、富有激情的女人："她的眼睛里透露出智慧的气息，看上去迷人又光亮透明——里面住着一头野兽。"他宣称，从叶卡捷琳娜高傲的前额中读出了一个冗长而又可怖的未来。"她看上去和蔼可亲，给人以好感，"他补充道，"但当她靠近我时，我本能地缩了回去，因为她让我感到恐惧。"

18世纪50年代后期，两位情人有点无所顾忌了。一次，波尼亚托斯夫基刚离开叶卡捷琳娜的房间就被大公的眼线逮个正着。当时他戴着金色的假发，假扮成美发师的样子。彼得狠狠地羞辱了他，并把他和叶卡捷琳娜的丑事公之于众，一时间皇宫上下人尽皆知。此时的大公自己也有一个情妇，当波尼亚托斯夫基将要被驱逐出境时，叶卡捷琳娜跑到彼得那位情妇那里向她求情，希望她能劝说大公收回命令。看到素日里冷漠倨傲的大公夫人可怜兮兮地向自己乞求，这位情妇很高兴，她向对自己言听计从的彼得建议，延缓几周之后再让波尼亚托斯夫基离开。

还有一次，叶卡捷琳娜和波尼亚托斯夫基的私情差一点被她的小狗泄露。一次晚宴后，叶卡捷琳娜邀请客人们去她的房间做客。当她走近自己房间的时候，她的小狗愤怒地朝客人们吠叫，令客人们感到惊恐，可是当小狗看到波尼亚托斯夫基后立马停住了吠叫，随后立刻跑向他，欢喜地围着他上蹿下跳。这位叶卡捷琳娜闺房的"守卫"对波尼亚托斯夫基颇为熟络的这一幕被一位来宾注意到了，他后来跟举步维艰的波尼亚托斯夫基保证说，他是"谨慎的化身"（意即他绝不会向别人透露他的发现），不过他也建议波尼亚托斯夫基给每个他爱的女人送一只小狗，因为这样他就能知道他的女人有没有喜欢别人了！"我的朋友，没有什么是比小狗还要更不可靠的了……"

叶卡捷琳娜对波尼亚托斯夫基的爱恋促使她与帝国最具权势的老首相别斯图热夫暗中密谋。六个月后，她最终达成了自己的目标：她的情人以波兰官方代表的身份回到了俄罗斯。叶卡捷琳娜后来生下了波尼亚托斯夫基的孩子，沙皇宽宏大量地接受了这个孩子，并把她当作罗曼诺夫家族的一员，以彼得母亲的名字命名她为安娜。这次也不例外，孩子一生下来就被女皇抱走了。

为了隐藏她色情的越轨行为，叶卡捷琳娜在她的床后面

安置了一个小隔间,"一个你能想到的最漂亮的小暗阁",她可以用这间小隔间来秘密地接见她的客人。她在里面放置了一张沙发,几张桌椅和一面玻璃镜子。拉上床帘,便什么都看不到。如果有人问这大屏风后面藏着什么东西,有人会回答:"只是一个洗脸台。"叶卡捷琳娜就在这里和她的朋友以及情夫波尼亚托斯夫基举行小型私人聚会。当女皇骄傲自大的密探舒瓦洛夫伯爵前来监视时,他会诚实地向女皇发誓,叶卡捷琳娜在床上,"……看上去叶卡捷琳娜只是独自一人,但实际上她与我的那个嬉戏作乐的小团体只有一帘之隔……"客人(舒瓦洛夫)走了之后,叶卡捷琳娜会叫一份六人量的大餐(她解释说,因为生完孩子胃口比较好,所以吃得多)。"当晚饭准备好、送到房间时,我让仆人把它放在床边,然后让仆人们出去。我的朋友们就会走出来,然后享用饕餮大餐。他们兴致盎然,胃口大开。我必须承认那晚是我人生中最疯狂、最快乐的夜晚之一……"

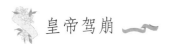

皇帝驾崩

叶卡捷琳娜清醒地知道,如果她的丈夫当上皇帝,丈夫的情妇和自己的敌人就会看到自己失宠,这样,她就要在修道院度过余生了。她只能寄希望于能够说服别斯图热夫,告诉他只有自己与丈夫共同执政才能使俄罗斯的国家利益最大化。对于别斯图热夫来说,将来等到彼得大公执政时,以彼得大公对普鲁士的好感来统治自己热爱的俄罗斯，这情景光是想想都令他恐惧。叶卡捷琳娜私下里从来没有任何想与彼得共同执政，或者以她儿子的名义摄政的意图——她早已经下定决心"要么毁灭，要么君临天下"。她的第一步是要用儿子代替丈夫成为皇位继承人；这样至少自己作为摄政者可以是安全的。但别斯图热夫有关皇位继位的密谋被人发现了，随后他被捕入狱；波尼亚托斯夫基再次被驱逐出境，叶卡捷琳娜发现自己受到严重怀疑，更糟的是，女皇已经对她不理不睬了。身处绝境之下，叶卡捷琳娜烧掉了她所有的文件，仍像往常一样的欢愉和冷静。她深知，与丈夫共存是不可能了——彼得已经公开地鄙视和羞辱她了，并拒绝让她与孩子们见面。情况已经万分紧急，叶卡捷琳娜在命悬一线时，向女皇发出了求助，希望女皇的仁慈之心能给她带来一线生机。这是一个大胆的赌博，在与女皇进行的两次重要会谈中，她都巧妙地利用了伊丽莎白温柔的母性博取了女皇的同情。她假意乞求女皇让她回到采尔布斯特的老家而不用在女皇面前让女皇烦心，叶卡捷琳娜的这一计谋让她获得了女皇的宽恕，并正式赢得女皇的恩宠。

她的波兰情人被驱逐后，整个皇宫上上下下都知道年轻美貌又富有激情的大公夫人再次"处于空档期"了，许多出身名门、富有抱负的追求者纷至沓来；但叶卡捷琳娜敏锐的政治头脑占据了上风，哪怕是再美貌英俊的男子，都被她拒

绝了。她新选了一名不知名但劲头十足的年轻侍卫长。普鲁士皇帝腓特烈的亲信副官在一场战役中被俘虏,却受到了优待,这位年轻的侍卫长就是这位副官的随行看守;对于这个任务,他其实很不愿意接受,但是,俄国彼得大公有明显的亲普态度,他毫不掩饰地表达对这位囚徒的敬仰,并总把他带到自己的房间,盛情招待。两人共处一室时,就连这位英俊的守卫都被拒之门外。

格里戈利·奥尔洛夫是一个勇敢却脾气暴躁的爱国者,他反对大公如此公开地向敌人示好的做法。他和他的三个兄弟因作战勇猛,在军中颇有威望,叶卡捷琳娜立刻就注意到这位高大英俊的侍卫长,找了许多机会笼络他,使他成为自己的心腹和情人。叶卡捷琳娜这次做了正确的选择,奥尔洛夫孔武有力,英俊无比而有男子汉气概,并且思维简单,毫无心机。他爱他的国家,不追求功名利禄,所以他和他的兄弟在军中颇有号召力。但此时的大公夫人、未来的可能的摄政者,并不能被人看到在公开背叛她的丈夫,所以她把两人的关系完全保密。

叶卡捷琳娜从未如此强烈地感受到,自己的地位是那么地岌岌可危。伊丽莎白女皇的身体已是每况愈下,鉴于彼得大公对普鲁士的态度如此亲善,将军们也不急于与普鲁士国王腓特烈再打一仗了。彼得大公不仅公开羞辱叶卡捷琳娜,还私下里折磨她,他还允许自己的情妇使用几乎所有的皇室

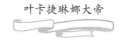

特权，这一系列的做法已经引起了全社会的愤慨与不满。当彼日益疏离军政及神职人员时，叶卡捷琳娜却陪在智慧的老夫人们身边，探讨俄罗斯的历史文化、民俗传说，并有意避开种种宫廷娱乐活动。这不仅让全社会都记住了彼得大公对她的冷酷无情，而且在那个女皇朝不保夕、将士们在前线浴血奋战的节骨眼上，传递了一种严肃认真的态度。

就在这个叶卡捷琳娜筹备多年、等待多年的关键时刻，她发现自己怀孕了。大公夫人深知，彼得大公登基已是指日可待，可肚子里的这个孩子是侍卫长的血脉，这会对她的个人抱负带来莫大的影响。1762年1月5日，伊丽莎白女皇驾崩。彼得大公继位，成为沙皇彼得三世。他一上台，立刻就与普鲁士停战，并且与之结成盟国。4月，叶卡捷琳娜准备秘密生下孩子。她的亲信仆人主动提出放火烧自己的房子，让彼得和他的情妇匆忙赶去看热闹的时候，叶卡捷琳娜生下了一个男孩，即后来的鲍布林斯基伯爵。世上没有不透风的墙，叶卡捷琳娜从各种社交活动中主动消失的事情还是流传到了社会上，几位外交官惊异于叶卡捷琳娜的"扭伤"居然好转得那么快。当法国大使刻意地盛赞她的美丽容貌时，她露出了神秘的微笑，说道："你无法想象一个女人为美丽付出了多大的代价。"

与此同时，叶卡捷琳娜的地位越发不稳了。她的丈夫威胁她，试图宣称儿子保罗不是他的血脉，而是一个私生子，

他还要把叶卡捷琳娜送到修道院去,然后娶他那个丑陋的情妇为妻。6月,彼得公开辱骂叶卡捷琳娜后,她决定开始自己的最终计划。在奥尔洛夫兄弟的帮助下,她认真地招募自己的党羽,并且赢得了军队和朝中大臣的拥护。6月28日,叶卡捷琳娜来到了谢缅诺夫斯基军团的营房,这支军队第二天要为沙皇彼得的盟友荷尔斯泰因家族去攻打丹麦。这场战役与俄国无关,丧权辱国的和平协议已经让俄国颜面扫地,士兵们根本无心战斗,哗变已经一触即发。他们毫不犹豫地选择追随叶卡捷琳娜。7月9日,叶卡捷琳娜带领着两支精锐部队,普列奥布拉斯基和骑兵团,进军圣彼得堡。在拥挤骚动的人群的簇拥下,叶卡捷琳娜进入喀山圣母大教堂,称自己为凯瑟琳二世,俄罗斯全境的统治者。

尽管她在自己的回忆录里不断暗示那天的整个事件是由人民自发组织发动的,但事实上,她在事件发生的过程中,连最微小的细节都注意到了。那天早上她穿了一身黑色的长裙,来显示自己对已故沙皇的尊敬,并把头发放下,让它垂到双肩。她看上去年轻、单薄、富有英雄气概,这些情感感染了在场的民众和士兵。随后,她骑上一匹白色军马,身着精英守卫军团掷弹兵的制服,包裹着丧服头巾,飘扬的长发上插着黄金的橡树叶子,叶卡捷琳娜带着她的部队前去会见自己的丈夫。奥尔洛夫兄弟们几乎不费吹灰之力就将他生擒,随后投入狱中。狱中的彼得三世呜咽着宣布自己退位,

让位于这个年轻的德国篡位者。随后，他被残忍地关到了施吕瑟堡的地牢里，由奥尔洛夫兄弟充任卫兵。八天后，他就去世了，官方对外宣称他死于中风。事实上，是被处死的，不过场面上看起来他好像是死于一次酗酒斗殴。

叶卡捷琳娜并不残忍，也没有对彼得过去的行为怀恨在心，但只要彼得活着，他就是对自己皇位的一个威胁。她并未下命令处死彼得，但木已成舟，彼得已经死了，叶卡捷琳娜的皇位如今已经无人可以撼动。彼得上位之初并没有立刻举行加冕典礼，站在人民和神父的立场上来看，这是一种无视宗教、无视传统的重大错误行为。经过两个月悉心准备后，叶卡捷琳娜终于使自己在莫斯科的地位合法化了。她戴着国库里最珍贵的珠宝，身着一件由4000张白貂皮制成的长裙，在克林姆林宫的中心完成了加冕仪式。庆典仪式在15世纪建立的乌斯本斯基大教堂举行，这是一座拥有悠久历史传统的建筑，在它高高的祭坛上伫立着一座中世纪的十字架，这座十字架是由索菲亚·帕列奥格罗从君士坦丁堡的遗迹中带来的。叶卡捷琳娜大胆地改变了加冕仪式，走向祭坛，将皇冠放在自己头上，完成了加冕仪式。她还参加了圣餐仪式，穿过了圣幛之门，按传统，俄罗斯教堂中的这个内殿是不允许女人触碰的。

皇帝

帝国的合法统治者是自己的丈夫、彼得大帝的外孙彼得三世，叶卡捷琳娜作为一个德国来的篡位者，在执政之初，很在意自己的形象。彼得身上有着典型的德式同情心，同情着全世界的人，却对俄式性格品质毫不敏感，这直接导致了他的不得民心。难怪这位小小的德国公主会感到不安，尽管她自称是俄罗斯全境的统治者，并宽恕了杀害丈夫的凶手。所以她为了掩盖自己的德国背景而做出的所有事情也就不足为奇了。

文化影响

彼得大帝开启了俄罗斯西方化的进程。他引进西方技师、工具和技术来沼泽地兴建一个伟大的港口城市。叶卡捷琳娜通过推崇欧洲文学（尽管她摆出了热爱自己帝国的本土文化的姿势）来继续推进俄罗斯西化进程，尤其是采纳了当时欧洲启蒙运动中许多杰出人物的建议。

叶卡捷琳娜热爱法国文化和文学，早年这种热爱仅仅是涓涓小溪，后来则发展成洪流。这位满腹才华、口才卓绝的女人此时正寻求方法来彻底改变俄国人根深蒂固的皇权思想，将俄罗斯的世袭权力和宗教认同感改变为一种以哲学原则为基础的法国式的理想的政权观念。俄国贵族非常欢迎女

皇的法国情结，对使用法语和法国文化来建立一个统一的国民特性持开放的态度。至此，叶卡捷琳娜成为同一时期法国作家们的私人赞助者，她曾那么热切地拜读他们的作品。

她经常会讨好孟德斯鸠、伏尔泰、狄德罗（她买下了狄德罗的藏书，尽管狄德罗的大部分自由主义思想在叶卡捷琳娜看来并不适合在俄国实行）。伏尔泰当时已经年近古稀，而叶卡捷琳娜才三十四岁。伏尔泰写过一本关于彼得大帝的历史书，所以叶卡捷琳娜任命他为帝国官方历史学家。这位欧洲历史上最负盛名的男人称叶卡捷琳娜为"北方的塞米勒米斯"（塞米勒米斯是传说中的亚述女王，是女神之女，以美貌、智慧和淫荡著称），而私下里，伏尔泰称她为" la belle cateau"（漂亮的少妇）。俄罗斯的上层社会几乎都买了他的全套著作（无论是原版还是译本）。家家户户都置办据称是他坐的那种"伏尔泰椅"。

叶卡捷琳娜的关注令伏尔泰大为高兴，能影响到俄罗斯这么一个泱泱大国，伏尔泰心中的愉悦与收到女皇慷慨大方的赏赐一样。叶卡捷琳娜到底有没有充分理解法国文学和哲学，这有待商榷。但她最初确实想改造俄罗斯，以她的法国朋友的理论为模型，让俄国成为一个拥有公平正义、人民享有教育权的国家。她甚至梦想着解放农奴，在1767年她曾经设立了一个委员会，由她领导，与会成员包括来自社会各个阶层的民众（除了农奴）。该委员会设立的目的是制定一

部全新的宪法。但是，当进行最终汇报时，调查结果完全被忽视了，至此，叶卡捷琳娜意识到，皇权的基础是农奴主和贵族，而不是穷人。后来，她甚至在乌克兰强行实行农奴制。这也标志着孟德斯鸠和伏尔泰成为不切实际的哲学家和空想家，他们的思想主张也成为泡影，不能在叶卡捷琳娜不断拓广的疆域上实行。

叶卡捷琳娜是一位积极多产的作家，她把自己直接和腓特烈大帝进行比较，认为自己是一位哲学皇帝和作家君主。不同于腓特烈，她亲自动笔，用掌握的语言去创作；反观腓特烈，因为痛恨德语和德国文化，他用法语写作。她称她自己像一个"狂热的人"一样进行写作，她一生的手稿叠在一起有几令（纸张的计数单位，印刷用的原张平版纸500张为1令）纸那么多。尽管她大多数的创作都是用俄文书写（她在俄国生活了50多年），而她的外交信件大多数却以法文书写为主。她几乎不用德文通信，尽管她最熟悉的语言是德语。叶卡捷琳娜能流利地使用俄语交流，但她经常会把一些简单的词汇拼错，书写时语法也总会发生错误。

在西方人看来，叶卡捷琳娜创造了一段传奇，而伏尔泰则是这段传奇的铸造师，他也是叶卡捷琳娜所有政策中必不可少的一个环节。她执政早期曾着手编撰一部规模浩瀚的巨著，旨在指导俄罗斯人民如何进行发展，称为《指导书》。这部书多多少少涵盖了一些仲裁者的准则。这部书不仅借鉴了叶卡捷琳娜的偶像孟德斯鸠的《论法的精神》，还吸收了贝卡利亚的《论犯罪与刑罚》、比勒菲尔德的《论法律体系》、杜尔哥的《关于财富形成和分配的考察》。《指导书》是一位开明卓越的统治者编撰的书籍，所以在欧洲引起了一阵轰动。法国当局发现这部书的内容过于激进，立即下令封杀这部著作。同样，在俄罗斯境内，其带来的影响力也几乎为零。

这种结果一部分也是叶卡捷琳娜导致的，女皇本人并不真正相信书中所述的内容。比方说，《指导书》中要求统治者禁绝诸如死刑之类残忍的刑罚。然而在其他场合中，叶卡捷琳娜指出，明智的统治者应该"确保善良要在既不会削弱政权的实力，也不会减少民众对政权的尊重的条件下执行"。

她对言论自由和审查制度的态度也很模糊。当叶卡捷琳娜初到俄罗斯的时候，全国每年出版的书籍数量不足三十册（除宗教书籍外）。外国书刊更是不可能读到的。于是，她成立了一个协会来翻译外国书刊。这些译著主要可以分为三类：经典书籍（荷马、柏拉图、维吉尔、贺拉斯、奥维德和西塞罗）；启蒙著作（孟德斯鸠、贝卡利亚、百科全书和伏尔泰的《哲学词典》）；最后一类是当代著作，比如《鲁滨逊漂流记》、《格列弗游记》、卢梭的《新爱洛漪丝》、歌德的《少年维特的烦恼》，以及诗人约翰·米尔顿、詹姆斯·汤普森、爱德华·杨的诗歌。

远国的凤冠

叶卡捷琳娜亲自从国外进口了 3000 本伏尔泰的《哲学词典》，这些书在一周之内销售一空。18 世纪 70 年代，她给予她的子民很大的言论自由和出版自由。在后来日益危险的年岁里，叶卡捷琳娜对这种自由的态度收紧了。因此，她给后人留下的遗产不是一两句话就能简单定义的。正是因为她坚定地认为过度的自由不会给她奋斗多年得来的江山造成威胁，这才真真切切地激发了人们的创新思维。例如，她曾匿名出版过期刊《万花筒》，这是受爱迪生和斯蒂尔创办的《观察家》启发而办的，它给 18 世纪俄罗斯的讽刺期刊留下了重重的一笔。

她并不只想简单地欧化她的帝国（尽管她编撰的《指导书》开篇的那句"俄罗斯是一个欧洲国家"曾一石激起千层浪）；她也想培养自己本国的文化。叶卡捷琳娜创立了俄国文学院，并任命达什科娃公主为院长。由于当时俄语没有明确的语法规则，一些词汇的意义也没有准确定义，所以学院的首要任务就是编纂一部字典和创立一套语法规则。叶卡捷琳娜和公主两人为这项艰苦的工程付出了努力，尽管也遭到了不少的质疑与批评，但它确实是首个尝试对俄国语言进行归类的机构。达什科娃公主在回忆录里说，叶卡捷琳娜深信"俄语有着如德语一般的刚强有力、音色饱满的特点，也有着意大利语的细软的特征，是二者的结合，总有一天，俄语将会成为一门世界性的语言"。然而，尽管女皇陛下总是

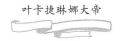

目空一切慷慨地资助了一些杰出之辈,但她对俄国本土的天才却无一例外地无视了。

也许叶卡捷琳娜对俄罗斯人民的生活产生最大的影响是将官方文化与宗教根源进行割离。城市取代修道院成为俄罗斯文化的中心。其实,这也是一个模棱两可的成就,一定程度上也是叶卡捷琳娜的财政需求。在叶卡捷琳娜即位之初,国库空虚,叶卡捷琳娜剥夺了神职人员的土地和拥有的农奴,把他们变成了领取国家俸禄的公职人员。这可能只是叶卡捷琳娜对前任西化派沙皇彼得大帝的宗教政策的延续与继承。但这无疑也是这片她统治的土地上一个悠久传统的重大突破。

虽然她真切地热爱着文学、绘画和建筑,但新任女皇深深地知道,这些东西与她最为重视的公众形象息息相关。艺术能使君主得到提升,就像彼得大帝和他的女儿伊丽莎白女皇一样,叶卡捷琳娜认为,俄国的君主不仅要有杰出壮丽的内涵,更要有雄伟华丽的外表。当讨论兴建雄伟建筑时,她不仅对目前的建筑规模毫不知足,甚至还深信,她对大兴土木的疯狂着迷不是出于个人私欲。她觉得,恢宏壮丽的建筑是皇权的直接反映和象征。房子越大,女皇的安全感就越高。

她在位期间,对建筑风格的品位喜好发生过三次变化。

她一开始喜欢伊丽莎白女皇热爱的洛可可式风格。在她登基十年后，亲自挑选了三位建筑师为自己服务，分别是来自德国的费尔腾、来自意大利的里那尔迪和俄罗斯本土的巴热诺夫。女皇为这三位的创新精神所折服。尽管从他们的建筑平面图和正视图上看依然还有些巴洛克式风格，但俄罗斯建筑风格同样也明显在向古典主义靠近。叶卡捷琳娜最后倾醉于古典主义，并对俄罗斯的建筑风格产生了深远的影响。而这次变化让下面三位建筑师成为叶卡捷琳娜最喜爱的建筑师：俄罗斯的斯塔罗夫，他曾为波将金设计了颇有影响力的陶丽亚宫，一时全俄贵族纷纷仿效；剩下的两位是外国人，一位是来自苏格兰的卡梅隆，另外一位是来自意大利的瓜瑞奇。

18世纪70年代，女皇开始关注查尔斯·卡梅隆的建筑作品。首先，女皇请他重新设计伊丽莎白女皇在沙皇村夏宫的八间北面的厢房。女皇对这次的设计效果很满意，于是就安排他帮自己在南面厢房设计一间她自己的私人套房。卡梅隆设计了一整个系列的私密房间，均用高雅的淡紫色、金色和白色加以装饰，俨然是一处与世隔绝的小天地。他同样对已经雄伟无比的夏宫进行扩建：一条带有爱奥尼亚式柱廊的走廊可以将整个公园和湖区尽收眼底。叶卡捷琳娜私宅的对面，是一座玛瑙阁，它是一座用玛瑙、碧玉、大理石装饰的浴池。他设计的最大的建筑是巴甫洛夫斯克的大皇宫，这座宫殿是女皇为她的儿子保罗修建的，建筑以简约、高贵的风格为主。卡梅隆把新古典主义设计风格带到了俄罗斯，同时也把亚当式的室内装修设计风格引入俄国。这种风格独出心裁，各式各样，同时也遵循着一定的原则特性。他的古典主义伴随着一种克制的色彩感，他在设计时使用暗色调代替伊丽莎白所钟爱的亮色调。

叶卡捷琳娜聘用卡梅隆设计自己的住所，但在她执政晚期，来自意大利的建筑师瓜瑞奇才是女皇的首席建筑师。瓜瑞奇在1780年来到俄罗斯，时间上晚于卡梅隆，他曾刻苦钻研过古代和近代建筑风格，尤其是帕拉迪奥的建筑作品。叶卡捷琳娜从他那里学到了许多东西，对古典建筑有了更严谨、更理性的认识。他也设计过许多重要的公共建筑，比如国家银行和位于彼得霍夫的简式英国行宫（因坐落在英式花园而得名），以及带有精美的流水型外观和独创性设计方案的沙皇村亚历山德拉宫。

叶卡捷琳娜是位狂热的兴建者，她同样对花园设计装饰展现出浓厚的兴趣。在园艺方面，她可是见多识广。叶卡捷琳娜总会引进欧洲的园艺理念和技术，出国请人来实现这些理念和技术，甚至把植物直接从国外移植过来。18世纪70年代，叶卡捷琳娜和玛丽·安托瓦内特一样，对英式花园所展现出的时尚感相当痴迷，这种花园经过精心的园艺设计与规划布局，看上去浑然天成。她把沙皇村里的早期旧式花园统统夷为平地，取而代之的是"如画般的"草地、小树林和

湖区，由一位名叫约翰·布什的英国人专门看护，公园之内也兴建了许多具有时代特色的建筑物：楼阁、大型建筑，以及一些用于纪念伟大的胜利和缅怀叶卡捷琳娜爱犬的纪念碑。瓜瑞奇设计了一个岛式音乐会大厅，卡梅隆同样为了满足女皇和自己的建筑幻想，建造了一座"中式"桥和一座"中式"村庄。不久之后，叶卡捷琳娜的朝臣们也纷纷效仿女皇，不再喜好凡尔赛宫带来的那种中规中矩的法式风格，开始迷上自然的英式花园了。

叶卡捷琳娜在位时期，不仅建筑领域高度繁荣，艺术领域亦得到了蓬勃的发展。在遵循法式学院的指导原则的基础上，她对伊丽莎白女皇创立的圣彼得堡美术学院提出了更严苛的要求。她派遣年轻的俄国艺术家前往法国进修，破例允许艺术生进入自己恢宏壮丽的私人收藏室，并许可他们绘画记录女浴池里的生活。她统治期间最为出色的画师名叫里维特斯基，当然也有很多画家也很有能力，很讨喜，但是都没他那么聪慧。

叶卡捷琳娜私下里对皇室瓷器工厂的事务也很感兴趣，这家工厂是由伊丽莎白女皇在1744年下令修建的，因出产精美的瓷质小鼻烟壶而出名。设计方案上沿用了塞弗尔（著名瓷器品牌）和梅森（德国著名瓷器品牌）的形状和装饰风格，糅合了古典主义的图样。腓特烈大帝曾送给叶卡捷琳娜一个巨大的柏林的中心装饰品，这激发了制作俄国斯农民

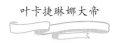

造型的灵感，造型制成后，皇帝对其爱不释手，一时间，俄国农夫造型的瓷器产量大增。她邀请欧洲其他国家的竞争厂家来俄罗斯，塞弗尔的雕塑制造家法尔科耐就被邀请加入了俄国的团队。在约瑟夫皇子的直接领导下，工厂在世纪末获得巨大成功。工厂生产了许多带有俄帝国风格的精美古典作品，白色饼干状的经典图样和镀金的大花瓶尤为经典。但最为著名的还是她委派约西亚·伟吉伍德为自己五十岁晚宴制造瓷器，大大小小的瓷器上面印着1200多处英格兰不同地方的风景画。还有一次，为一座名叫切斯马宫的宫殿定制瓷器，因为宫殿位于一处戏称为"青蛙沼泽"的郊区，所以每一片瓷器上都印着一只绿色的小青蛙。整个工程耗时三年才完工，花费3000英镑。

　　叶卡捷琳娜对塞弗尔模具制造者法尔科耐的作品尤为青睐，他可以在叶卡捷琳娜瓷器厂雕刻精美的图样。他最具想象力、最令人惊喜的瓷器制作之一应该是女皇下令建造的彼得大帝骑行青铜雕像。艾蒂安·法尔科耐性格执拗而敏感，女皇和他打交道时手法老道，他耗费了十二年去完成女皇托付给他的任务。这尊雕像如今仍坐落在涅瓦河沿岸，彼得大帝的骏马踩踏在一条象征着艰难险阻的毒蛇上，身为革新者的彼得大帝右臂象征性地向西伸直。叶卡捷琳娜从不会放过任何一个为自己歌功颂德的机会；她希望自己被当作是彼得大帝的正统接班人，并将自己的名字和彼得大帝刻在一

起,留在了雕塑的基座上。

叶卡捷琳娜登基之初,皇室收藏室里只有几幅无趣又不重要的画作,作为一个强大的西方化了的帝国的明君,她认为这样的收藏根本无法体现她的尊贵。她不久就改变了这一状况。她委派尤里·费尔滕建造一座私人博物馆,取名为"隐士之地",并开始源源不断地往里面添加从全欧洲收集来的画作和古董艺术品。从一开始,叶卡捷琳娜的收藏范围就很广,雕刻、雕塑、石刻、钱币、奖章、挂毯和珠宝都有涉猎;但是叶卡捷琳娜收藏品中最为著名的还是画作。叶卡捷琳娜自1764年开始收藏画作,刚开始时总计225幅。这些画本来是给腓特烈大帝创作的,但是七年战争让他手头极为拮据,故这些画卖给了叶卡捷琳娜。当市场上出现了最好的收藏品时,她会不管价格高低,立刻买下。不久,她就拥有了布留尔·德累斯顿伯爵的画廊、克罗扎的收藏品、博贝特·沃波尔爵士的藏品以及原为路易十五前任秘书拥有的、后由盖格奈特先生所得的藏品。除此之外,还有来自科布伦茨伯爵的46张油画和6000张图纸、舒瓦瑟尔的藏品和鲍德温伯爵的藏品。她买下这些作品时从不过目,全凭代理人们的品位、经历和知识决定是否购买,法国哲学家狄德罗就曾是女皇的收藏代理人。除了购买欧洲艺术大师的作品之外,她也委聘当代画家进行创作。她命令瓜瑞奇在她的隐居宫里修一条特殊的画廊,以《旧约全书》里面的场景为蓝本,复制

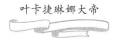

拉斐尔在梵蒂冈门廊的画作。叶卡捷琳娜在收藏领域的积极活动在俄罗斯贵族之间形成一种风潮,许多旅行经销商来到圣彼得堡兜售画作和雕刻。

靠着一部分的直觉,也带着一些运气,叶卡捷琳娜用她无尽的资源,成为世界上最伟大的收藏家之一。

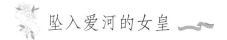

坠入爱河的女皇

伊丽莎白女皇曾在叶卡捷琳娜心里播撒了许多文化征服的种子,尽管叶卡捷琳娜后来对她的姨妈充满嫉妒和厌恶,但伊丽莎白女皇还是在这位德国小公主的心里留下了深刻的印象,并在许多地方对她产生了深远的影响。虽然叶卡捷琳娜并未沿袭前任那种不规律的生活方式,但她却完美继承了伊丽莎白极强的性欲,令其同时代的人大为吃惊。一位白金汉郡的伯爵曾在叶卡捷琳娜登基那年被任命为英国大使,他曾写道:"她目前的情夫应该是她的第四个情人[奥尔洛夫实际上是第三个],伊丽莎白女皇说服她接受了第一个情人,因为伊丽莎白认为自己的外甥不育,无法使叶卡捷琳娜怀孕;也许任何一个对宫廷所发生的放荡场景有所耳闻的人都会好奇,一个年轻活泼的女人,在长时间把纵欲放荡当作惯例和最高典范后,哪里还需要为自己找什么理由。"叶卡捷琳娜说她不能"过一天没有爱的生活",不过,事实却与她败坏的名声相反,她实际上为人所知的情人数量相对而言不是很多。她曾对波将金发誓说，在他之前，自己只有四个情人："第一个是身不由己，而第四个则是由于失望。"

从叶卡捷琳娜的回忆录里可以得知，初入俄罗斯的她是一个完全贞洁的姑娘，她说："我可以确定我们大多数人［女士和女仆］都是清白之身；而我自己可以自证，虽然我16岁了，可我对（异性之间的）区别一无所知……我曾问过我母亲这方面的问题，却得到她严厉地斥责。"对于面首，叶卡捷琳娜自始至终都非常宽宏大量、宠爱有加。尽管他们都被称为"私人助手"，但他们唯一的职责是永远"服侍"女皇，对女皇绝对忠诚，并且在任何官方和私人场合都要护卫在女皇左右。

格里戈利·奥尔洛夫帮助叶卡捷琳娜登上皇位后，被封为亲王，叶卡捷琳娜赏赐给他许多贵重的奖励。他头脑简单，四肢发达，毫无个人野心。他深爱着叶卡捷琳娜女皇，想娶她为妻。虽然叶卡捷琳娜把他变成了一个懂得人情世故的有教养的人，但他最后还是被女皇资遣离开，最终死于失心疯。奥尔洛夫只是一个无足轻重的人，接下来，她爱上了一个对她一生都有重大影响的男人——格里高利·波将金。有人传说叶卡捷琳娜曾嫁给了波将金，后来分手了，但两人仍然是亲密的朋友。波将金亲王是一个表演者，一个水平登峰造极的演员，他也是一个"失败的神秘主义者"，一个浪荡子。这种矛盾复杂的人格让他身处任何位置时，都能一手

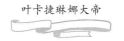

遮天,大全在握。女皇被他所吸引,对其亦是听之任之,百依百顺。叶卡捷琳娜对波将金有着深沉疯狂的爱,爱到与其身份不对等的程度。波将金也帮助她建立千秋功业,赢得了重大战役。他分享了叶卡捷琳娜的梦想,并用一种大胆疯狂的方式——女皇的方式也一样大胆疯狂——将这些梦想变成现实。当他厌倦了女皇后,他爱上了别人,包括自己15岁的侄女。但他仍继续挑选面首——在他之后,除了最后一个之外,其他所有面首都是他挑选的——送给女皇,来满足女皇的性需求。波将金很爱俄罗斯,也很爱女皇。8年后波将金去逝时,女皇听到这一噩耗,悲痛欲绝,说道:"现在我该依靠谁呢?"

奥尔洛夫之后的所有面首都经过女皇的知己闺蜜普列斯科维亚·布鲁斯伯爵夫人亲自"检验"过。这位夫人曾是一位俄国贵族,后嫁给了一位苏格兰海军上将,作为叶卡捷琳娜的"eprouveuse"(忠诚者),她是叶卡捷琳娜最谨慎可靠的朋友。每个面首候选人都要经过叶卡捷琳娜的英国医生罗杰森的检查,然后伯爵夫人会对候选人进行面试,考察他的智商和人格品质。接着,她会指导这位未来的面首如何提升性技巧,从而满足女皇的需求。(她甚至爱上了其中的一位面首,但是她欺瞒女皇,没有禀告。)叶卡捷琳娜卧室旁边有两个小房间,每一个房间的墙壁上都用黄金贴满了精美的微型画。其中一间的微型画描绘了各种香艳的色情场景,另

外一间则描绘了叶卡捷琳娜认识的或者爱恋的男人们。

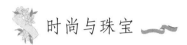

这位1762年登上俄罗斯皇座的女人已经不再是从前那个迷倒各国使臣的柔弱美人了,那时她的身份是大公夫人。英国大使白金汉希尔曾写道:"你很容易从她身上找到一位精致女人的遗韵,但是现在的她已经不再是一个引发人们欲望的目标了。"对于叶卡捷琳娜的衣着,他写道:"她有一种好像是完全不关注穿着打扮的神情,然而,对一个对自己的形象完全无动于衷的人而言,她又总是穿得太好、太得体了。"叶卡捷琳娜生得有些结实,她很讨厌宫里那些崇洋媚外盲目追求法式穿着的人,为了遮住自己结实的身材,她决定穿旧式的波维尔宫廷裙,并规定它为宫廷正装——这是一种宽松轻便的长裙——这令盲目追随法国时尚的宫中贵妇们很郁闷。

女皇的工作用服端庄简朴,一如她平日里的标准一样。直到中午时分,她会穿着一条厚重的丝绸长裙,头带女士头巾,阅读公文。简妆打扮后,她的头发已经做成旧式流行的发式,穿上那条银灰色和淡紫色的"摩尔达维亚风格"的裙子,里面是一件白色的衬裙。这些裙子有一个与众不同的特点,在裙子的背部都有一副多节的附加袖子。

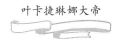

在正式场合,叶卡捷琳娜总是打扮得很有威严,与伊丽莎白女皇不相上下。她执政初期曾严厉地训斥了一位身穿整件都用金线刺绣的外套的朝臣,但是到了1777年,"甚至在平日里每个人都穿戴黄金刺绣的布料做的服装,如果仅仅在衣服边缘绣上一些金色,人们会以此为耻"。

在她初入皇宫的时候,叶卡捷琳娜曾留着一种当时很讲究的发型,留着一撮鬓发或刘海,弯弯地粘贴到脸颊酒窝处。三四英寸高的花束,有真有假,或配衬以珠宝,从后颈处向上支起。"小花串成串固定住彩带的弯曲的部分,挂在脖子上,甚至一直垂到腰部;总共要用20英尺的彩带。"叶卡捷琳娜后来写道。尽管整个宫廷和城市里的人都跟风,模仿这股由布伦瑞克的安妮公主发起的流行风潮,"其实这没什么,实际上这种造型丑到不能再丑了"。后来的生活中,她总保持着简洁干净的发型,多数人都认为"没有谁比她戴皇冠还要好看"。

有人说,叶卡捷琳娜获得皇位的基础有多不稳固,那么,作为其帝国象征的种种事物就有多辉煌。当然了,叶卡捷琳娜命令法国珠宝商波塞为自己的加冕典礼打造的皇冠是最美丽珍贵的皇冠之一。这顶皇冠和彼得大帝的那顶很像,是一顶法冠,上面镶嵌了大大小小近5000颗钻石。皇冠的周缘镶嵌了许多硕大无比、色泽光润、大小一致的珍珠,中心部分有一颗华丽无比的414.3克拉的玫红尖晶石。但在加

冕典礼时这顶皇冠还没做好，它后来被当作沙俄的传国之宝一直传到 1917 年最后一任沙皇手中。她还委派波塞为她的加冕典礼准备了新的球仪，尽管他被要求以最快速度加以制作，但这件球仪还是制作得无可挑剔：这是一个抛光的黄金球仪，上面装饰了一串串的巴西钻石。球体的中心镶嵌了一颗硕大的 46.92 克拉的印度钻石，球体的顶部嵌着一颗 200 克拉的锡兰蓝宝石，宝石的顶端还有一座用大钻石做成的十字架。直到 1896 年，俄罗斯新皇加冕仪式上都使用这个球仪。后来，在她的任上，叶卡捷琳娜又下令打造一把全新的帝国权杖，权杖中心是个名叫"奥尔洛夫"的钻石。这颗钻石重达 194.75 克拉，据说是一位法国士兵从迈索尔的一座寺庙里偷来的，它曾是寺庙里梵天神像的眼睛。士兵以 3500 英镑的价格卖给了一个英国上尉。最终，这块石头以 90000 英镑的价格被奥尔洛夫亲王买下，献给了叶卡捷琳娜。

当奥尔洛夫将这块石头敬献给叶卡捷琳娜时，这位出手阔绰大方的女皇赐给他许多精美的礼物，其中有一块制作精美、精心雕琢的祖母绿宝石，这颗宝石重 19.4 克拉，上面刻着叶卡捷琳娜的侧脸像，宝石周围用钻石镶嵌点缀。鉴于这颗宝石质地脆弱，如此精细的雕刻可谓巧夺天工。但女皇为朋友和面首们选择的礼物中，送得最多、也最喜欢送的礼物是鼻烟盒。圣彼得堡有许多金匠和珠宝商，其中最负盛名的叫保泽。这个人做出的鼻烟盒精美绝伦，以金漆为底，饰

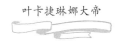

以各色珠宝，女皇对其所造之品爱不释手，曾买下一个送给奥尔洛夫亲王作为切斯马湾之战的胜利奖品。这些金制鼻烟盒随处可见，叶卡捷琳娜在沙皇村的皇宫里都使用自己专用的鼻烟盒。查尔斯·卡梅隆为她建了一间精心装饰、美轮美奂的闺房，闺房装饰有许多面镜子和很多次等宝石，还有几根玻璃柱子，叶卡捷琳娜对这间屋子非常满意，给她的这间小屋子取了一个昵称叫"鼻烟盒"。在叶卡捷琳娜的众多收藏品中，有一只圆形的鼻烟盒，上面盖着一层造型精美别致的珠宝格子，盒盖上是叶卡捷琳娜本人最爱的灰色猎犬莉齐的形象。大多数情况下，她收藏的鼻烟盒盒盖上都是以她本人的缩像，缩像四周镶嵌着钻石。

叶卡捷琳娜收藏的珠宝数量占俄罗斯全国珠宝总数的40%，她在彼得大帝和伊丽莎白女皇原有的皇室收藏品的基础上，极大地增加了藏品的数量、规模和质量，从而成为世界上藏品最壮丽浩瀚的私人珠宝收藏者。她对俄罗斯境内的珍稀矿石资源尤为重视，她的藏品包括海蓝宝石、著名的紫翠玉、贵橄榄石，以及乌拉尔和西伯利亚地区产的、被形容为"在夜晚如火般闪烁"的紫水晶和许多其他的珍稀宝石。在她统治期间特别流行钻石亮片和钻石串，与伊丽莎白时期流行的鲜花图案截然不同。每个初到俄国宫廷的人都会对女皇和夫人们佩戴的珠宝惊诧不已，他们从未见过如此大规模、如此稀有的珠宝。宫里的人常常会把很大、很明亮的钻石缝订在裙边，或者在外围的褶边绣上一圈。宫中的淑女们都喜欢戴用花朵和缎带装饰的钻石手镯——通常是成对配戴——经常饰以艳丽的钻石项链和"旋转火花"式的耳坠。除了法国宫廷，没有哪个宫廷能像俄罗斯宫廷那样荒淫无度、铺张浪费，那样有各种形形色色的娱乐、艺术或者社交活动。

1789年，叶卡捷琳娜有了最后一任面首，一位骑兵营的年轻军官，名叫柏拉图·祖博夫。叶卡捷琳娜把他称作"世界上最洁净纯真的灵魂"（显然的，正如她的传记作者文森特·克罗宁评论的那样，女皇把肉体上的青春、鲜活和道德上的天真、纯洁混为一谈了）。祖博夫陪女皇走过了生命的最后七年。1796年11月5日上午，她的男仆发现她躺在地板上，陷入昏迷，她的脸上因中风已经出现了杂斑。东正教大主教随后为她做了最后的祷告仪式，当天夜里，这位女皇与世长辞。

根据新沙皇的一位朝臣所说："叶卡捷琳娜遗容安详快乐，伟大高贵，她似乎又成为了女皇，荣耀万千，一如她君临天下时的那样。"叶卡捷琳娜最亲密的朋友波将金曾给一位有紧急任务的外交官提过这样一个建议："你应该极力奉承她会成为如何伟大的人，而不是夸赞她现在是怎么样一个人。"他深知，在那个不可一世、威严无比的外表下，藏着一个来自偏远之地的德国公主的脆弱灵魂。

玛丽·安托瓦内特

奥地利女大公/法国王后
（1755—1793）

位于斯特拉斯堡附近莱茵河河心的一座小岛上，矗立着一座特意为婚礼而建的玉楼金殿。殿内，一位身材窈窕、金发碧眼的女孩儿正站在一张上面铺了一块深红色天鹅绒的桌子旁，这张桌子象征着奥法两国的边界。就在这里，14岁的女孩玛丽亚·安托尼亚·约瑟法·约翰娜，奥地利－洛林王朝的女大公，被托付给了法国人。

法国曾有个古老的习俗，新娘在过境的时候必须脱光，不许穿戴任何母国的服饰。不过幸好，这个习俗已经废除了。在莱茵河河心殿靠奥地利一岸的房间里，玛丽亚·安托尼亚简简单单换上了一身从维也纳带来的礼服，她的女侍长和陪嫁侍女也是如此。法国同意让这位小新娘留着过门前的

首饰：项链、冠羽、金饰纽、流苏耳环，还有镶着钻石的发钗。宫殿穹隆下的演讲大厅内，玛丽亚·安托尼亚坐在台上，听了一场由负责接待仪式的特命大使诺瓦耶伯爵主持的"特别乏味"的演讲。那是1770年的5月7日，殿外瓢泼大雨顺着屋顶倾盆而下，玛丽亚·安托尼亚的侍女们就这样被大雨淋了个透。

玛丽亚·安托尼亚礼貌地打断了伯爵的欢迎辞。她说："尊敬的伯爵大人，请不要说德语了，从今天起，就当我只懂法语吧。"就这样，玛丽亚·安托尼亚就更名为玛丽·安托瓦内特，成了法国的太子妃。

欢迎辞仿佛长得没有尽头，不过接待仪式最后还是结束了。伴随着裙摆拖着地面的沙沙声，这位太子妃从身后的奥地利之门走向法国的大门，而迎面相对的是六位年长的侍女，她们是已逝太子妃玛丽·蕾捷斯卡的侍女，而这位玛丽·蕾捷斯卡，则是被路易十五"打入冷宫"的王妃。

见此，安托瓦内特紧张不安的感觉涌上心头，一下子扑进那六个侍女的领头——诺瓦耶伯爵夫人的怀里，尽管诺瓦耶有些不情愿，但出于礼仪，身为一名尽职尽责的侍女，这位夫人不带一丝情绪，为安托瓦内特介绍起了周围的环境。在安托瓦内特的身后，四周的墙壁上挂着壁毯，描绘的是伊阿宋与美狄亚的故事。当时，年轻的歌德看到这些壁毯后惊呼："我的天！在这位年轻公主踏上远程、远嫁法国之际，眼前居然挂着这样一幅壁毯，描绘着世上最不幸的婚姻，难道不是在暗示这位佳人悲惨的结局吗？"不过，正如她此后经常做的那样，她对壁毯熟视无睹，从容地带着微笑踏上了这片法国的土地。这次旅途，是安托瓦内特一生对整个法国仅有的一丝了解，或者说，这是未来的法国王后对她的臣民的仅有的一点了解。不过，就算如此，和路易十五那几个甚至没有去过巴黎的姐妹们相比，她对法国及其人民的了解都已经多多了。

奥地利篇

1755 年 11 月 2 日，维也纳的哈布斯堡，奥地利特蕾西亚女皇和其丈夫弗朗茨一世的第十六个孩子小玛丽·安托尼内特呱呱坠地了。在特蕾西亚女皇临产前，她还在处理政务。随着疼痛加剧，她请来牙医拔掉了一颗烂牙，而分娩的剧痛让她几乎感觉不到拔牙的疼痛。大约一两个小时后，特蕾西亚便顺利生下小公主，随即又接受处理政务了。

怀着小安托尼亚的那段时光对特蕾西亚来说非常幸福。对内，她与弗朗茨伉俪情深；对外，国富民安，兵精粮足，伟大的改革也进行得一帆风顺。她的宫廷生活悠然自得，这种"惬意"是为其他欧洲王室所不知的，是一种中规中矩中夹杂着不拘小节的独特风格。

自玛丽亚·特蕾西亚女皇登基开始,她就摒弃了无拘无束的生活,克制自己固执任性、热情奔放的天性。之后也只有在狂欢节的时候她才会做回那个随心所欲的自己。她讨厌宫廷的繁文缛节和西班牙的传统礼仪,而实际上后来她也废除了这些礼仪。

大家都说,她与洛林公爵弗朗茨的婚姻是基于爱情的。弗朗茨人情练达、幽默风趣,他陪在特蕾西亚身边,和她一起挺过了困境。他是个艺术与生活的行家,他懂得夜晚的浪漫,也喜欢品味美食。

玛丽亚·特蕾西亚是个很有活力的女人,她有着一套崇高的行为准则。倾国倾城的她深受百姓的爱戴。作为女皇,她和蔼可亲,与自己的臣民心照不宣。她的宫廷,是文化、艺术与音乐的殿堂。特蕾西亚是位出色的女骑手,曾在皇家骑术学校领导指挥了一场骑兵竞技表演。在贵族圈内,王宫贵族们都把特蕾西亚当成他们的大家长,因此,她也制定了一套贵族的规章制度。她自己注重行为贞洁,要求对婚姻忠贞不渝,也不允许贵族内出现任何不检点的作风问题。她说:"一个有头有脸的女人,如果失去了贞节,除非一生忠于一个挚爱,并且看重自己的隐私和礼节,否则必会被赶出维也纳。"特蕾西亚女皇派密探监视自己的臣民,尤其是那些贵族成员,监视他们的一举一动,暗中了解他们的享乐消遣活动。

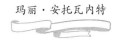

这样的监视同样也延伸到了人们的穿着打扮上。哈布斯堡上层社会的女士们都是高贵优雅、赏心悦目的，但很少有人会像英法上层社会人士那样有教养。尽管如此，他们仍然锦衣华服，当时还有谣传说再没有一个欧洲宫廷会拥有这么多的钻石了！除了英国宫廷，当时整个欧洲贵族出现了一种奇怪的现象，人们都喜欢把七八岁的小女孩打扮成十七八岁的女人，十分荒唐。

不管是年轻的女孩还是贵妇，追求时尚的她们都会涂抹胭脂，但大都涂得恰如其分，只有女大公们是禁止在脸颊上涂脂抹粉的。直至1765年，弗朗茨大帝晏驾，特蕾西亚女皇勒令所有人禁止涂抹胭脂。之后，随着她对弗朗茨大帝驾崩的悲痛逐渐消逝，胭脂又开始渐渐兴盛起来。

在特蕾西亚女皇童年时期，奥法由于历史原因长期处于敌对关系中，因此，哈布斯堡王朝寄望于从意大利文化中找到启蒙。而特蕾西亚与洛林伯爵的联姻，让哈布斯堡王朝重新接触到法语、法式时尚以及法国戏剧等。在有来自不同地方的人聚会的地方，人们很少用德语交流，奥地利人会"讲一口蹩脚的德语，意大利语都听得懂，英语也只是风靡一时，但法语却是一门必备语言"。

玛丽亚·安托尼亚小时候就长得活泼可爱，让人一见倾心。她的五官称不上是十足的美人儿：金发碧眼，饱满的额头，稍稍不齐的牙齿，直挺的鼻子。尽管她的嘟嘟的下唇总

是噘着,好像充满了不屑,在大众眼里,她还是那么楚楚动人。她的私人教师韦蒙神父是这么描述她的:"或许你在别人身上可以发现更漂亮的脸蛋,但我想你很难找到一个比她更有魅力的姑娘。"作为一个女孩,小安托尼亚的举手投足是如此优雅,甚至有点女王风范。她那白皙透亮的肌肤让所有人都羡慕不已;走起路时宛如"漂浮"在地上一般,步步生莲。

不过,小安托尼亚的学习不尽如人意。之后的几年里,特蕾西亚女皇总会抱怨自己学识浅薄,不过她却没想过要改善她女儿们的学业。她的二女儿玛丽·克里斯丁是个例外,几个女儿里就属她最聪慧敏捷、幽默风趣,特蕾西亚女皇对她宠爱有加。而她另外几个女儿学不会集中注意力,也并没有养成思考的好习惯。

但是,特蕾西亚女皇内心早已打定主意应该如何把她几个女儿抚养长大。特蕾西亚要求她们在餐桌上不能挑三拣四;尽管玛丽·安托瓦内特不喜爱吃鱼,母后还是要求她们在每周五周六及每一个宗教节日吃鱼;还不许她们吃太多甜食;每个姑娘都必须讲究个人卫生,把头发梳得整整齐齐。特蕾西亚还不准她们与侍女仆人厮混在一起,也不能随意使唤他们。"她们生来就该克己守礼……不仅如此,不管是闪电、炮火、鬼魂、巫婆还是其他任何无中生有的东西,她们都不能畏惧。仆人们也不能谈论这些,也不可以讲恐怖故事。"不论是疾病、天花,还是死亡,这些都是自然的结果。特蕾西亚还要求这几个丫头不能和仆人过于亲密,除此之外,她们要对每个人,尤其是陌生人,表现得彬彬有礼。

但特蕾西亚女皇一心忙于国家朝政,无法时刻监督女儿们的学业。而玛丽亚·安托尼亚小小年纪就可以左右她的第一位家庭女教师,甚至还会让老师用铅笔先把作业答案写出来,然后自己把答案用墨水描一遍。这件事被发现后,安托尼亚就换了老师,不过还是没能管住她。

安托尼亚恣意妄为,活脱脱一个假小子,直到1768年,她母亲捎信去巴黎请家教、理发师还有牙医,这时她才有所改变。韦蒙神父汇报了安托尼亚的学习情况:她理解能力很强,不过,相比其他学生而言,安托尼亚有点散漫轻浮。他还说:"安托尼亚的判断力很强,但就是没办法让她学会主动钻研,而她其实有能力做到这些。"安托尼亚楚楚动人、活泼开朗、天资聪慧,但就是注意力不集中,骄纵散漫的性格也不利于她的学习。不过神父的描述可能是人们在早期编造虚构的,致使安托瓦内特之后在法国饱受谣言的迫害。据我们所知,她讲了一口流利的意大利语,除此之外,她还是个优雅的舞者,曾向巴黎的舞蹈家学习跳舞。当然,在乐器方面她也有颇有造诣,格鲁克教她学习竖琴、古钢琴。一位巴黎男演员还交给她一些发音咬字的技巧,不过,她的法语会掺杂着一些德语,而她德语又都是语法错误,写字速度也

很慢（直到从凡尔赛传来愤怒的抗议声，这个课程才结束，毕竟，男演员实在不适合陪伴在未来王子妃的身边）。尽管安托瓦内特有着这样那样的小缺点，她和王宫里的其他孩子们还是过着无忧无虑的生活。他们欣赏过很多精彩的戏剧、歌剧和芭蕾舞表演，还参与了这些演出。

女皇在私下里的生活应该是轻松自在的，但在公众场合她必须举止适宜。有个铁律就是她每天早上5点起床，然后在厕所里打扮上数小时，这让她的孩子们都印象颇深。直到她丈夫死后，她才没那么注重个人外表，总是身着一袭黑裙，身上连装点衣服的首饰都很少。即使如此，王室仍保持着自己的贵族风光，不过，实际上维也纳的存在也就是为其王室服务的。即使特蕾西亚女皇的支出相比她父亲在世时少得多（她父皇在位时，王室成员足足有4万多个），她也雇佣了1500名宫廷内臣，这些侍臣名义上是负责宫内的开支，监督宫内的娱乐活动，管理宫廷乐师、画家、工匠，实际任务则是城内不下雪的时候负责从城外运雪进宫，让孩子们能玩雪橇，要么就是每天安排人员从美泉宫奶牛场帮王室运送新鲜的牛奶。

美泉宫坐落于维也纳城外的山谷之中，是特蕾西亚女皇最喜欢的行宫。顾名思义，在美泉宫内，有一泓清澈冰凉的清泉潺潺流淌，它十分甘甜，让特蕾西亚情有独钟。到了冬季，特蕾西亚女皇回美泉宫小住，这时候她总会命人带一头

骡子，满载着清泉而归。美泉宫的环境潮湿，但宫内的套间富丽堂皇，王室每年都会花一大笔经费用于殿内的维护。玛丽亚·安托尼亚小小年纪就跟着她的父皇母后沉浸在这巴洛克式的辉煌之中，她奔走于假面舞会、王宫盛典，享受着为期3天的皇家狩猎。累了，就乘上马车返回美泉宫歇息。为了能让孩子们交到一些好朋友，特蕾西亚女皇还邀请了德国和奥地利的一些公主们和孩子们一起住在美泉宫内，让她们一起学习，一起玩耍。

玛丽亚·安托尼亚远嫁法国当太子妃的这桩婚事整整经过了15年的谈判。当然，这桩婚事也没有和双方当事人商量，也从未征得过两人的同意。路易·奥古斯丁比安托尼亚大1岁，这位王子既没有强健的体魄，也没有过人的才智，他不怎么讨人喜欢，总喜欢独来独往。他唯一的兴趣就是狩猎，并且一得空就会打猎。尽管这位王子对历史和科学颇有研究，他在艺术与音乐方面是一点兴趣都没有。他爷爷路易十五的使臣们并没发现他有多少值得颂扬的优点，但其他人，比如路易十五，就打心眼儿里器重这位王子的学识才干。这就是玛丽亚·安托尼亚的法国未婚夫。

法国篇

1770年5月14日，玛丽·安托瓦内特就在法国的贡比

涅觐见了路易十五,随从的还有他的三个女儿和三个孙子。安托瓦内特的美貌吸引了在场所有人,但那个害羞缄默的王子仿佛是个例外。第二天晚宴,玛丽·安托瓦内特第一次见到了那个深受圣宠的杜芭莉夫人。当她无意间问到那个坐在国王旁边的女人是何人时,她的三个姑姑便向她阐述了真实情况。自那以后,这位年轻的太子妃就对杜芭莉夫人充满了鄙夷不屑,也因为如此,整个皇宫里的人以这两个人为首分成了两个帮派。

第三天,玛丽·安托瓦内特就在凡尔赛宫的小教堂内举行了婚礼。婚礼的新郎,也就是那位拘谨而腼腆的王子,再过3个月就满16周岁了。他的新娘也才14岁半,不过个子倒是长得已经有些穿不下婚纱了。只见她身着一袭点缀着金缕银丝的粉色婚纱,婚纱上还嵌着颗颗璀璨夺目的钻石。安托瓦内特用她那胖嘟嘟的娃娃手在婚礼登记簿上签下了那个连自己都有些生疏的新法文名儿,墨渍还弄花了登记簿上的签名。

婚礼仪式结束之后,这位新的"第一夫人"见了她的新家人,并出席了国王举办的欢迎仪式,接着又在当晚新开的剧场里进行晚宴。当晚,一场雨耽误了烟火表演,不尽如人意,不过这位年轻的新娘内心的失落却全部来自于皇子异乎冷漠的态度。当晚还有人听到他爷爷对自己孙儿的评价:"他和别的新郎官不太一样。"

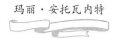

随后，这对王室夫妇就被送入洞房了。宫廷的床帏秘事，就像是公开的婚礼仪式和欢迎会一样，王公贵族的生活仿佛就是凡尔赛这座大剧场的一部分，被展示在人们眼前。当兰斯教主为新婚之夜祈愿完毕后，国王给王子递过了睡衣，夏特尔公爵夫人也帮太子妃换上了睡袍。随着新郎新娘慢慢躺下，床帘缓缓拉上。但是，按照传统，床帏又会被突然掀开，作为见证新郎新娘洞房花烛夜的最后一瞥。

至于路易王子和安托瓦内特何时真正完婚，直至今天，历史学家和传记作者还争议纷纷。只能说玛丽·安托瓦内特直到婚后的第八年才怀上孩子，这样的延迟可不只是夫妻间的私事了。为了让法国，这个仅次于俄罗斯帝国的王朝得以代代继承下去，让这对年轻的夫妻孕育子嗣是国家级的重要事件，哪怕他们俩也还只是个孩子。路易十五向太子询问此事，安托瓦内特的家人也在互通信件中反复提起，欧洲各国的国王和大使们私底下也互相讨论，凡尔赛宫里的侍臣们在安托瓦内特背后议论纷纷，连那些长舌妇也当着她的面传唱着低俗的谣言。不过最终，王后诞下了四个孩子，其中两个孩子幼年夭折，人们翘首以盼的太子最后也成了法国大革命的牺牲品，尽管有保皇党人传言说他被救下来了。不过，只有她的女儿长公主最后幸存。

有一种理论提出，年轻的玛丽·安托瓦内特之所以对奢靡享乐的生活如痴如醉，主要是由于在夫妻生活上的压抑而

造成的。起初,这种对快乐的欲望并没有让王后有越轨之嫌,但这让远在家乡的母亲十分担心。这位太子妃常常"被唤起肉体欲望却得不到满足",于是她摆脱一切束缚,通过各种方式寻求内心的安慰,但时刻守住自己的贞洁。喜怒无常的情绪使她越发忧郁,时而脾气暴躁,时而又欣喜若狂。他的丈夫,大概是感觉到自己的无能,所以处处容忍着安托瓦内特,她甚至变得有点恃宠而骄。

太子妃的生活实在是无聊透了,从1770年6月12日的那封给母亲的来信中,安托瓦内特进行了详细描述。

我每天早上9点或10点钟起床,洗漱打扮,做晨祷,然后用早餐。随后与三位姑姑碰面,一起向国王请安,这就已经10点半了。11点的时候我会去梳头。王宫中午对外开放,全世界的人都可以前来拜访,当然,那些平民百姓除外。我当着所有人的面涂脂抹粉、洗手。接着,男士们都离开,而我又会在所有女士面前更衣。

接下来,当着整个王室成员的面用完晚餐后,她会去做弥撒;如果夫君不忙的话,她就会和丈夫在一起,否则她就回她自己的卧室休息。

我努力学习、阅读、写作。我正学着为王子做马甲。尽

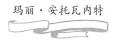

管进步不大,我希望上帝会眷顾我,结束我这般无趣的生活。下午3点我会去见我的姑姑,有时国王也在那儿。4点的时候韦蒙神父来给我上课。5点到6点上乐理课。晚上6点半,我又会去姑姑那里,有时出去散个步,太子几乎每次都陪我去姑姑那儿。晚上7点到9点是我们的娱乐时间(我们打牌,或者玩其他游戏),然后我们会吃夜宵。国王不在的时候,姑姑们就会到我们这儿来,但有时国王在的时候,我们就会在等他的地方一起用餐。他通常要10点半才来,不过我还是可以躺在沙发上小憩,直到等到国王来为止。如果国王不来的话,我们就11点回房睡觉。这就是我一天的生活。

玛丽·安托瓦内特刚出嫁的那段时间深受人们爱戴。初为太子妃的那几年,她与那位凡尔赛宫内的杜芭莉夫人势不两立。这位杜芭莉夫人是奥地利主反派,费尽心思要破坏这桩婚事(其中最为处心积虑的就是杜芭莉主反派披露了太子和太子妃的有名无实的婚姻)。巴黎的很多百姓都很讨厌杜芭莉夫人,也正是因为这位太子妃与国王的情妇水火不容,百姓对太子妃非常爱戴。平民和贵族们对路易十五国王失望透顶,继而把全部的希冀寄托在这位太子和太子妃身上。直至他们访问巴黎之前(这次访问几经周折才做下决定),百姓还是站在他们一边的。

终于在 1773 年 6 月，他们来到首都巴黎，受到百姓的爱戴与欢迎。随后，他们参观了歌剧院、法国剧场，还有意大利剧院，安托瓦内特因百姓热情的欢呼而喜悦不已。

而与此同时，她对欲望的渴望也越发强烈了。8 年后，安托瓦内特的哥哥约瑟夫二世来访凡尔赛。哥哥甚至对安托瓦内特高尚贞洁的行为感到惊讶，因为这种行为与当时宫廷纸醉金迷的放荡生活是格格不入的（在维热·勒布伦夫的画笔下，玛丽·安托瓦内特的纯洁之气被表现得淋漓尽致）。利涅王子说：" 她的秉节持重让我产生了对王室贵族深深的敬意，哪怕是忘了自己，也永远不会忘记她的端庄大方。" 他还说："王后在场的时候，没有人敢说脏话，编造低俗的小故事，也没有人敢对她恶语相向。" 安托瓦内特从不和臭名昭著的摩纳哥公主见面，她说："我不欢迎与丈夫分离的女人。"

安托瓦内特和蔼可亲，要是她的侍臣们犯了错误，她会慷慨体谅。她对她们的生活和命运很感兴趣。她的侍女们都很年轻，都是来自圣西尔家族的贵族家庭，安托瓦内特觉得自己作为她们道德上的监护人，应该选择适合她们的戏剧给她们看。即使是一部经典到老掉牙的戏剧，她也会花一上午去阅读，而不是单凭记忆去决定那本戏剧是否合适。

她曾在给她的侍从迪雷公爵的信中写道："只要你安分守己，踏实做事，你就会从我这里得到得到任何你想要的支

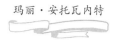

持。"她还写道:"尽量穿得简洁一些。你确实很富有,但当穿着不符合自己的财富地位,这样的打扮就很糟糕。为什么是这种发型?又为什么要弄卷发?难道你要去上台表演吗?衣着简朴确实不会让你备受瞩目,但会让你赢得他人的尊重。"安托瓦内特的确改变了很多。

玛丽·安托瓦内特王后在位时期,欧洲主张培养随意自然的风格。这也是安托瓦内特从奥地利带来的特质。尽管她曾公开宣称,不管是语言交流还是思想内在,她都在努力做一个真正的法国人。但本质上,这位来自奥地利的法国王后还是保留着她的奥地利风格,她从未忘记自己的母国。她的私人纹章就是一个哈布斯堡双头鹰图腾与法国百合花连结在一起的图案;鹰与百合的融合,装饰着她的房间,这样的图案也用于封订她的私人信件。她淳朴率真、热情,感性大于理性,这种种都表明了她更属于奥地利,而并非法国。尽管安托瓦内特的这些特质在王宫里并不是很讨人喜欢,在别的方面,她还是人见人爱的。她的笑容和那副炯炯有神的蓝眼睛,总是让人一见倾心。她风姿绰约,端庄大方,走起路来自信优雅,身轻如燕。那饱满的额头,高挺的鼻子,丰润的下巴,她的美是如此光彩夺目;不管是出于钦慕还是嫉妒,人们私下里都称她为"百合与玫瑰的化身"。

但命运究竟是从什么地方开始出了差错?从安托瓦内特进入巴黎直到1781年约瑟夫二世来访凡尔赛,那段时间是

致命的转折点。而在她想挽救的时候，一切都已经为时已晚。1774年，路易十五死于天花感染。（新的国王在王后的建议下，迈出了危险的一步——接种天花疫苗，因为那个年代接种疫苗被认为是致命的。）玛丽·安托瓦内特现在成了王后，再也没有人管束她了。起初，她给自己定的目标还是合情合理的，在写给母亲的信中说："我会尽量少犯错误，我想一点点地改掉自己的坏毛病。绝不会参与政治斗争，我希望赢得夫君的信任。"但在即位后的3年里，玛丽·安托瓦内特的命运就已经注定了。

在那些荒唐的岁月里，经常有或大或小的丑闻破坏她的名声。安托瓦内特身上美好的品质渐渐被掩埋了，而不管是政治还私底下的生活，每一个差错都被她的仇敌们揪着不放，夸大其词。敌人们永远不会忘记她是个奥地利人，这样的事实对她非常不利。安托瓦内特的异国国籍被视为一种罪过。就在初为王后不到一个月时，宫里就开始流传关于她的小曲：

小王后年方二十
看看你，对你的臣民多么恶劣
看看你，即将越过礼节的界限
啦啦啦，啦啦啦……

当时，那些笔杆子们恶语相加，将同性恋现象称为"德国人的恶习"。

甚至连安托瓦内特喜欢普通的材料这件事也会遭到百姓的反对，她喜欢产自奥属尼德兰的普通亚麻，而对于产于法国里昂的奢华丝绸，这位王后却表现得非常不屑。就因为这样，安托瓦内特被法国人污蔑为"奥地利的娼妇"。

尽管玛丽·安托瓦内特行为不检点，让她名声扫地的还是那些众口铄金的谣言。自她踏上那片法国土地开始，她一直遭受着他人的恶语相向和人身攻击。她的好朋友们也并没有给她带来什么好处，反而是无情的剥削。安托瓦内特赋予她们权利和收入颇丰的官职。看似外向的她，内心却藏着一个腼腆而缺乏安全感的自我。当时，越来越多的佳人们移居至巴黎的宫殿，而安托瓦内特就静静地待在凡尔赛宫，和好朋友们在自己的小天地里快活，从没有想过去把她那些狠毒的劲敌拉拢到她这一边来，这一点对她无疑是火上浇油。

时尚女王

安托瓦内特18岁就登上了王后的宝座。当时的人都觉得她是个绝世佳人。一位英国女士斯雷尔夫人称她是"凡尔赛宫里最美的女人"。（而她对路易十五的印象不是很深，只是一带而过地评论道："他啊，还不错，只是像法国人里的另类。"）玛丽·安托瓦内特长得倾国倾城、清秀可人，她与生俱来地带着一种优雅尊贵的气质和大气的贵族风范。但她称不上是标致的美人，只能算是眉清目秀的那种佳人。她是法国时尚的领头羊。当时，法国流行什么，整个欧洲就流行什么，虽然她只是位王后，但她站在了世界时尚潮流的尖端。

每年，安托瓦内特都会清理一次衣柜。据她的穿衣记录清单显示，她一年要穿170多条裙子。每天早晨醒来，侍女们会给玛丽·安托瓦内特呈上一个胸针包和一本日常穿着的选项指南；她会选上一枚胸针，随意地别在衣服上，比如舞会礼服、晚宴礼服、正装，或是自己在房间里赌博时穿的便装，然后侍女们就会拿走选项指南，再按王后的选择，呈上一个用塔夫绸布盖着的篮子，篮子里装的是当天王后要穿的礼服，每件礼服也会用绿色的塔夫绸布包裹起来。

这位年轻的王后的的确确在穿着上花了一笔很大的开销，而且费用远远大于她的礼服津贴，这也是从那以后她不得民心的原因之一。她在穿着上的铺张浪费是毋庸置疑的，几乎每年年底，她衣柜里的礼服都被束之高阁，不会再穿了。不过，人们容易忽略的一点就是，法国王后的津贴费用早在50年之前就已经规定死了，事实上，那些补贴的钱一直因为通货膨胀而贬值。

王后也许是很奢侈，但是她不喜欢繁冗复杂的风格，她一直都更偏爱朴素的风格。尽管一开始她也曾盲目随大流，

玛丽·安托瓦内特

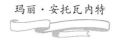

也曾认为简单朴素的风格不好看。她生前的侍女康庞夫人回忆道:"王后认为世上女人千千万,但没有人会撞衫,连礼帽、羽冠也是各不相同。"王后的礼服通常都是纯色系的。有一种颜色是和王后头发一样的灰金色,他们把这种颜色梭织在挂毯上,来呼应王后灰金色的头发。还有一种就是红棕色,这种颜色也许不是那么浪漫,却风靡一时,人们叫它"跳蚤色",因为国王总觉得这种颜色像跳蚤。

玛丽·安托瓦内特的衣服不计其数,因此也激起了民愤,这很大程度上还是归因于一位精明的青年女裁缝——罗斯·贝尔塔。贝尔塔才没当几个月的女裁缝,就被引荐给了王后。她很会投机取巧,巧妙地避开了女王的礼服管事,把自己设计的裙子直接呈递给了王后。几个月后,王室接到报账单时,没有人能查算清楚其中的眉目,贝尔塔的报价实在是太高了,她为安托瓦内特设计的礼服,光一件的费用就高达120万法郎。

罗斯·贝尔塔把自己的作品命名为"恣意的欢愉""无言的唏嘘""内心的欲火",还称自己制作了从"阿拉丁的篮子"里跑出来的晚礼服鞋,鞋跟上还镶着一小排绿宝石,这让玛丽·安托瓦内特又怎么忍心抗拒?随着她的顾客越来越多,贝尔塔在欧洲声名鹊起。她还给北欧王朝进献了一个法式风情的洋娃娃,同时也和西班牙、葡萄牙、俄罗斯有生意往来。据说,她的名气当时已经响彻整个欧洲。

远国的冕冠

不管是穿着、首饰还是礼节，王后都喜欢简洁朴素之风，但贝尔塔小姐在衣服上的制作成本却丝毫不减。路易十六国王把小特里亚农宫赠予了玛丽·安托瓦内特后，她十分喜欢扮演成乡村女孩，罗斯·贝尔塔也把王后的衣服设计得独具田园乡村特色。长长的裙摆没有了，取而代之的是一种被误称为"便装"的衣服，还带有便帽，这样的穿着打扮，让那些贵族夫人和戏里的女演员简直一摸一样。

玛丽·安托瓦内特时期十分流行塔式发型，用假发、薄纱和发夹把头发高高盘起，然后用各式各样的羽毛、花朵和其他一些类似鸟类标本甚至是轮船模型加以点缀。这种发型足足有3英尺高，参加晚会时，妇人们都顶着高耸的发饰，为了能把头露出来，不得不乘着敞篷的马车。罗斯·贝尔塔适应了这种发型，并把它称为"情感型发饰"，因为这种发饰包含了各式各样的东西，比如"水果、花饰、鸟类标本、洋娃娃，或是任何一些能表达穿戴者品位、喜好和情感的东西"。

当路易十六接种疫苗后，罗斯·贝尔塔为庆祝这一事件，设计了一种"感染型发饰"——上面有太阳（象征国王）、挂满了果实的橄榄树（象征和平），还有一条巨蛇盘绕在缀满鲜花的小棒上，这些都象征了每个人对皇家接受疫苗接种的喜悦之情。安托瓦内特作为领头羊，第一个戴上这种"感染型发饰"，宫廷内很快又盛极一时。

玛丽·安托瓦内特

玛丽·安托瓦内特最喜欢在头发上点缀各式各样的羽毛。有一次她去参加舞会，头上足足戴了10支长长的羽毛，最后连马车都上不了。坊间当时有一些尖锐的批判，斥责玛丽·安托瓦内特是"插满羽毛的鸡"。她的母亲特蕾西亚女皇听到后，把安托瓦内特寄给她的肖像画又退了回去，自称她原以为画像里的人只是个女演员，而不是法国的王后。她还说："一位年轻貌美而充满魅力的王后，是不需要这些无意义的装饰来点缀自己的。"

初为王后的玛丽·安托瓦内特还像抱着洋娃娃的小女孩一样轻佻，那些渴望在宫内和法国社交圈里变得时尚靓丽的女孩们都会效仿她。而安托瓦内特自己却从未停下来考虑过，这样一个光鲜耀眼的榜样，实则正在一点点毁掉自己丈夫的财富，也是在毁掉自己的后代和家庭。不仅如此，百姓还称她是毁了整个法国的女人。

在即位后的第一个冬天，王后就为精彩的娱乐活动开创了一种奢华潮流。在一次私人舞会上，她演奏了4首方阵舞曲。"第一首时，女王穿着法式戏服，扮成古时候的法国女人；到了第二首则扮成江湖郎中；第三首，女王就穿自己的奥地利蒂洛琳服装；第四首则搭配了印度风服饰。"那次的化装舞会非常成功，安托瓦内特心生冲动，便决定下周再举办一次这样的舞会。

国王把王室娱乐活动的组织工作全权交给了王后。玛丽·

安托瓦内特觉得这是个好契机,去开创一个全新而又奢华的宫廷。老国王晏驾后,举国上下为其哀悼了数月,整个法国包括这位新王后都不准举办舞会或开展公共娱乐活动。安托瓦内特当太子妃的时候,一直被禁止着而未能随所欲地去访问巴黎。如今,这位 22 岁的新王后开始策划一系列的娱乐活动。据说是因为要节省将舞台布景运到凡尔赛的运输费用,王室每周都要去巴黎观看一次歌剧院的表演。而在凡尔赛宫,一周也有两次舞会,还有两场戏剧演出,一次是在法国剧场,一次是在意大利剧院,再剩下的两天就举行联欢会。

若是王后自己一开始并没有在这样的戏剧表演中抛头露面,这类娱乐活动也不会如此令人咋舌。尽管这样的举动让法国人民瞠目结舌,但这的确却是安托瓦内特从小的生长环境。她的母亲特蕾西亚女皇会参演剧本,连许多年轻的奥地利大公和女大公也会在数不胜数的喜剧、歌剧以及芭蕾舞剧中亮相。

曾为玛丽·安托瓦内特效力的康庞夫人,她在对此事的评论里体现了奥地利以外地区的人们对这种行为的不同态度:"王室的演出若是没有陌生人的加入,这些活动顶多只会受到小小的谴责罢了,"她还写道,"但是,随着这些王室演员受到了越来越多的称赞,他们就会开始寻求更多的钦慕者。"因此,王后允许越来越多的王室官员,以及国王公主

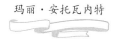

们的皇家护卫参加这样的活动。那些没有被邀请的人心生不悦，而那些参加这类活动的人，也一直在背后闲言碎语，搬弄口舌是非。

玛丽·安托瓦内特对戏剧和表演极具热忱，为此，她在小特里亚农建造了一座精美华丽的小型剧院，这样，她在特里亚农也能看戏剧表演。建造剧院的时候，她细致入微，连细枝末节都会严密监督。1780年夏天，她终于在王后剧院登台演出。剧团的领导由她的好朋友们组成，只有国王和王室成员能在剧院楼厅内观看，小特里亚农宫的侍臣们则坐在包厢和正厅后座区，加起来总共大概40个人。

但仍有一些人不以为然。当安托瓦内特邀请普罗旺斯女伯爵加入她的剧团时，女伯爵惊呼："这可有失我的身份啊！"安托瓦内特诧异地回道："连我这个法国王后都登台演出了，你还有什么顾虑呢？"女伯爵回答道："我虽然不是王后，但我会恪守王后的基本准则。"国王允许他的弟弟阿图瓦饰演浪漫的主角，但当他饰演情夫的时候，一些小宣传册作家连"和家人亲吻"都没有放过，对王室含沙射影地批评。安托瓦内特在1785年参演了人生最后一场剧目《塞尔维亚的理发师》，她在里面扮演罗西娜。这种对表演的爱好可能培养了王后的演说能力，她能对所有那些波旁公主一直避之不谈的问题给予回应。

玛丽·安托瓦内特似乎对美食兴趣平平，那些大名鼎鼎的厨师也没有以她之名发明过什么佳肴。她自己本来也就吃得不多。路易十五偏爱丰盛油腻的饭菜，相比之下她更喜欢清淡的食物。用餐的时候，她情愿喝矿泉水也不喝葡萄酒，用热可可和淡奶油搭配早餐，还有比如咖啡搭配羊角面包、奶油小蛋糕或者咕咕霍夫面包（一种奥地利环形面包，当时因为安托瓦内特而风靡一时）。她来巴黎的时候还带上了自己的面包师。奥地利人在"维也纳之围"时期，从土耳其人那里学会了做糕点的艺术，做出的糕点如羽毛般蓬松轻盈。为了庆祝"维也纳之围"的胜利，维也纳人发明了一种像土耳其纹章一样的面包——新月形面包。当安托瓦内特向法国人介绍起她吃的奥地利新月早餐包时，法国人称之为"可颂"。咖啡也是土耳其留下的馈赠，随之被奥地利人带到了法国。"维也纳之围"后，奥斯曼土耳其帝国留下了成袋的咖啡豆，而聪明的维也纳人将之传播到了整个欧洲。

安托瓦内特有句常用的名言——"那就让他们吃蛋糕吧！"因为这句话，安托瓦内特不得民心，这句名言后来也成了认定她作风奢靡、举止轻佻的另一条罪例。事实上，安托瓦内特很清楚法国的法律：如果面包房里的面包用完了，那么面包房有义务售卖更为高价的奶油小蛋糕或者与面包等价的蛋糕，这也是安托瓦内特主张的政策。

让安托瓦内特最不能适应但又不得不遵守的规矩，大概就属在众目睽睽之下用餐了。王朝贵族的每一分支都会举办

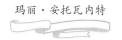

日常公开晚宴，只要是着装体面的人都能参加。如果这些人来得及从宫殿内的一处套房赶到另一处套房参加晚宴，那么他们就有机会见到各类王室成员。安托瓦内特即位后，将这种习俗予以废止。她还提出女人们可以和男性朋友同桌吃饭。在这之前，若是国王不能陪王后吃晚饭，王后是禁止和皇室成员以外的男性一起吃饭的。安托瓦内特还废除了餐桌上的其他一些旧习。"没有东西是能直接呈给女王的，她的手帕、手套都放在一个长长的镀金银制（或金制）的托盘上，就好像放在边桌上的宫廷家具一样，被她称作gantière。"安托瓦内特当上王后之后，她拒绝一周多次在公众面前用餐。而且，通常她在这些场合都吃不下东西，结束后还会回到自己的套房重新用餐，尽管斯雷尔夫人有一次参加公开晚宴时还觉得安托瓦内特看起来好像胃口很好。

  王后每天起床、就寝，身边都会有一大堆人候着：她的内科医生、外科医生、随从医生、讲师、更衣助理、国王的贴身男仆、王室继承人以及国王的内科医生和外科医生。玛丽·安托瓦内特通常早上8点醒，9点在床上用早餐。王后一起床，衣橱侍女就会拉开床帷，拿走枕头，等王后去望弥撒时，就由一些贴身男仆整理床铺。一般情况下，除了在圣克卢，王后是在自己的套房楼下沐浴的，浴室里配有一个鞋状的浴缸，负责沐浴的侍女也会带上所有沐浴要用的物品。不过，王后生性谨慎保守，洗澡时总会穿着英式法兰绒浴袍,把扣子从头扣到脚。当她出浴时,第一侍女会将一块布举高,然后再搭到她肩上,遮住王后的身体,不让其他侍女看到。沐浴侍女用布裹住王后的身体,随即把她身上的水擦干,然后给她披上一件蕾丝包边的长款宽松内衣,再穿上一件白色的塔夫绸睡袍和用蕾丝装饰的麻纱拖鞋。就这样,一天下来,王后又回到了床上,负责沐浴的侍女和贴身仆人则把洗护用品拿走。她躺在床上,拿着一本有关壁毯编织的书阅读起来。王后也会在早晨沐浴,这时她就在浴缸里用早餐,餐盘就放在浴缸边上。

玛丽·安托瓦内特开始做出改变的同时,她也树起了自己的敌人。她提倡对陈规旧礼进行调整,但这样做也剥夺了贵族谨慎维护的特权,就连路易十五国王都对这些贵族纸醉金迷的生活和低下的办事效率无能为力。这就是凡尔赛宫的礼仪机制,一位贵族成员的地位高低能决定其便盆是圆形的还是椭圆形的,当王后在厕所冷得瑟瑟发抖的时候,她的侍女竟然还在争论到底谁才有资格去给她送衣服。

安托瓦内特觉得自己就像是个双面人。一方面,她是站在她那王后剧院舞台上的演员;而另一个自己又在扮演着一个公众角色——法兰西的王后。她的生活就像是凡尔赛这座大舞台上的一场庄严肃穆的戏剧,一切都是既定好的表演。玛丽·安托瓦内特废除了那些让她束手束脚的繁文缛节;精简了晨间请安仪式;她脱下了硬挺的锦缎,换上了轻便的薄

纱；她在巴黎剧院里大笑、鼓掌，为喜爱的赛马选手喝彩，在公众场合如此这般表达出自己的感受，她让全世界看到（甚至效仿）她的独特的一面，也揭开了仍旧萦绕在她那王冠上的神秘面纱，而那顶王冠却已是摇摇欲坠。曾经的法国王室遥不可及，庄严肃穆，法国人民再也看不到那般景象了，他们看到的只是一位满是缺点的法国王后。

王室悲欢

太子妃时期的玛丽·安托瓦内特厌倦了枯燥乏味的法式礼节，变得越发喜欢消遣享乐。从她踏上法国的那一刻开始，诺瓦耶伯爵夫人就让她学一堆宫廷的繁文缛节。这位公主发现她任何一个举动都会引来一系列复杂的规矩。诺瓦耶夫人是出于一番好意，但是也非常严格，每次都只是命令安托瓦内特学规矩，却从来不告诉她规矩的重要性。安托瓦内特调皮地给她起了一个外号叫"礼仪夫人"。有一次，她从驴背上摔了下来，她向其好朋友求救时还说："先让我就这样躺在地上，我们必须等'礼仪夫人'来，她会教我们怎么正确地把从驴上摔下来的太子妃扶起来。"

玛丽·安托瓦内特最好的伙伴是她的小叔子阿图瓦。阿图瓦拥有路易十六身上所没有的那种魅力，他喜欢和妇女们嬉笑逗乐，也不会因为她们有丈夫而有所顾忌；不仅如此，他还支持安托瓦内特赌博。

1775年，也就是路易十六登基一年后，赛马开始在法国出现。玛丽·安托瓦内特在阿图瓦伯爵的鼓励下成了观看赛马的狂热爱好者。不久，赛马每周二都会举办一次，最后甚至会用一整天来举办赛马比赛。有一次，路易十六来看赛马，他觉得自己的妻子不顾王室形象，对自己青睐的选手鼓励欢呼，希望他们赢得比赛。

后来，路易十六拉来意大利戏剧剧团的几个主角，让他们评论一下对王后和他弟弟在赛马场上的表现，他们的话也证实了路易十五的感觉。玛丽亚·特蕾西亚女皇听到这些事情后十分不悦——自己的女儿疏忽了自己的王室职责，因为热衷赛马而未能"接见外国大使和大臣，他们近来有三周时间都未有机会拜会王后了"。

安托瓦内特对打牌和赌博的热爱源自童年时期维也纳的生活。打牌也是她在法国宫廷时的生活日常。但到1776年，安托瓦内特的赌博已经不受什么制约，她也输了不少钱。尽管她的丈夫路易十六跨出了非凡一步——颁布了一系列法令限制赌博活动，但对她的妻子仿佛没什么用。有一次，安托瓦内特整整打了36小时的牌，直到万圣节早上才结束。安托瓦内特总是被她那些狡猾精明的朋友欺诈，结果输光了国库拨给她的津贴，而路易十六对他的王后总是一忍再忍，还自己拿钱出来帮妻子还债。

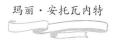

还有一件过分的事是在 1776 年的冬天，安托瓦内特怀念童年时在奥地利滑雪橇的活动，于是定制了自己的专属雪橇，随之，滑雪橇这项活动也如雨后春笋般在宫里流行起来。皇家花园里，白金色的雪橇俯拾皆是，遍地都是插着白色羽毛、挂着白色铃铛的骏马。她的侍臣们，有的甚至滑雪橇滑到了巴黎。然而，侍臣们的行动大都很隐蔽，而王后却一个人滑着雪橇穿梭在大街小巷，因此，王后的敌对派就谴责她不成体统，而滑雪橇成为又一个饱受非议的"奥地利风俗"。第二年，安托瓦内特就把她的雪橇放在马厩里再没有拿出来。但是，那年严冬，当王后和她的侍臣们沉溺于享乐时，国王却在给穷人分发整车的木材。看着这帮王公贵族为了雪橇派队浪费的大量木头，路易十五指着装满木材的车对他们说："先生们，这些才是我的'雪橇'。"

玛丽·安托瓦内特的娱乐活动高调且奢侈。1780 年，也就是她来法国的第 10 个年头，安托瓦内特名誉扫地，初来乍到时的万人拥戴已不复存在。在这种关头，无论她如何改过自新，无论她是开始缩减开支还是继续其骄奢无度的生活（这些舆论就和当初的闺房秘事一样，众说纷纭，饱受非议），在百姓眼里都已经没有意义了，一切都为时已晚。从那一刻起，无论她做什么都不得民心。

 音乐与花园

在音乐与舞蹈方面,安托瓦内特更喜欢简单自然的风格,她鼓励那些舞蹈演员穿上轻便而又优雅的戏服。有一次,她的哥哥马克西米利安大公来访巴黎,沉迷于朴素简约风的她,在欢迎会上安排了自己精心改良过的匈牙利和弗拉芒舞蹈。在维也纳的时候,童年的她向格鲁克学过古钢琴,于是在1774年,她邀请了这位原作曲家来巴黎对他的歌剧《伊菲姬尼在奥利德》进行表演指导。

格鲁克的音乐风格与当时整个法国的歌剧显得格格不入。法式歌剧,就像法国的宫廷一样,充满了刻意、传统,甚至还有怪异,还掺杂了原始的歌剧概念:缺乏真实性,浮于表面形式,礼节仪式过多,合唱队形也比较单一。在维也纳,格鲁克减少了对观众来说不切实际的歌剧表演,当他第一次来到巴黎时,他已经60高龄了,但从音乐角度来说,他的音乐比他那个时代超前了50年。

那些对格鲁克新的歌剧形式和改革不熟悉的演员,明显力有未逮,让这位作曲家在排练的时候大发雷霆,即使是安托瓦内特也劝不动他。在这种情况下,歌剧主角在表演前一天晚上病倒了,致使歌剧在第二天不得不被取消,王室也就没办法观看歌剧了。尽管巴黎让他反感,但格鲁克依然坚持不在最后时刻随意更换歌剧演员。玛丽·安托瓦内特支持他

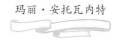

这种做法，3周后，歌剧终于开演。很多人对作曲家开创的这种新的歌剧形式感到陌生甚至有些震惊，王后可从没停止对这种歌剧的热爱。

接下来，第二场演出更圆满一些。相比格鲁克的音乐剧，大多数法国的歌剧爱好者还是对意大利作曲家皮钦尼的作品青睐有加，但是安托瓦内特仍一直热情拥戴着她这位奥地利作曲家。4年来，安托瓦内特会把格鲁克带回到巴黎来执导歌剧。但随着她的名声日渐扫地，作为赞助人，她的势力也大不如前了。1776年，她未能说服巴黎的老百姓接受歌剧《阿尔克斯提斯》，因而这部歌剧也以失败告终。不过即使这样，法国的歌剧辉煌还是有一大部分应该归功于安托瓦内特。

一次，王后接见了当时著名的歌唱家P. J. 加拉，这位歌唱家被誉为"波尔多的奇迹"，非常善于用他的母语加斯科方言演唱乐曲。跟着音乐家萨列里的伴奏，他把原来的版本改成了法语版，并为王后唱了一小段。安托瓦内特听得十分入迷。她问道："你对法国歌剧里的音乐有了解吗？"加拉答道："从未了解过，因为我的父亲只让我学法律，不准在别的事情上浪费时间。"王后听后，笑着说加拉肯定知道一些当代的歌剧。这位加斯科的天才回道："嗯，昨天我去歌剧院看《阿尔米德》，我觉得我多多少少能记住一点。"于是，萨列里坐下演奏了《阿米尔德》里的每个独奏曲，为加拉伴奏，这令安托瓦内特赏心悦目。她伸出手，允许加拉对其致以吻手礼，还说道："先生，我想我们会再见面的。"

但追求音乐艺术里所谓的"自然"元素的，并非只有王后一人。优雅的简约风格变得盛行于世，这就是卢梭时代和前浪漫主义时代——一个反对17世纪和路易十五时期的古典主义，反对形式主义、奢侈无度、复杂的衣着以及繁文缛节的时代。尽管玛丽·安托瓦内特走在时代的前沿，她希望让维也纳式的朴素简洁之风代替凡尔赛式的简约，但是这样做的影响比她预想的要糟糕得多。有一些违反既定礼节的改变确实被宫廷所接受。她甚至在皇帝面前对那些著名的舞蹈演员拍手称赞，这样的举动是前所未有的；随后观众也跟着她鼓起了掌。

当人们提醒玛丽·安托瓦内特，说前一任王后玛丽·拉婕斯卡常常怎样处理事务的时候，安托瓦内特会说："这些事情你们要怎么办就怎么办吧。她是波兰公主出身的法兰西王后，而我可是奥地利女大公出身的法兰西王后，我对这些事可没那么多兴趣和热情。"

最能展现安托瓦内特的真我、品位和享乐的，莫过于小特里亚农宫了。做太子妃的时候，安托瓦内特就非常向往在乡村拥有一片自己的小天地。路易十五驾崩后，路易十六将这座小宫殿赠予了她。1760年，法国18世纪最伟大的建筑师安吉贾克·加布里埃尔在凡尔赛宫的庭院内建造了这座小

特里亚农宫。加布里埃尔的这个杰作，曾是路易十五和杜芭莉夫人最喜欢的地方。从凡尔赛宫到小特里亚农宫，骑马只要几分钟，步行也很方便。玛丽·安托瓦内特在这座小宫殿里过着自己的小天地，逃离宫廷的繁文缛节，没有王后身份的羁绊。

当国王赠予她这座精美绝伦的宫殿时，众所周知，他曾对王后说："你喜欢花，那我就送你整座花园。我将小特里亚农宫赠予你。"确实，安托瓦内特很喜爱花，她在与母亲的信件中还曾骄傲地提到她种了各式各样的玫瑰花，连许多花卉行家都会到她的花园里研究学习。安托瓦内特对花的热爱，让原本钟情于浓郁东方香水的法国时尚女郎转而青睐于那些从紫罗兰或玫瑰中凝练的自然花香。

在小特里亚农宫，玛丽·安托瓦内特还打算建造一座美轮美奂的图书馆。太子妃时候的她是从不喜图书的，如今却在她自己的图书馆里放满了自己喜欢的作家的作品。比如一些法国作家，像伏尔泰、卢梭、孟德斯鸠、马里沃、狄德罗等人的作品，还有像塞万提斯、菲尔丁、斯威夫特和歌德等国外作家的作品。最终，她在其图书馆里放了2000多册书籍，其中超过一半都是小说和戏剧。然而，她的母亲觉得她选择的这些书并不利于君主的培养教育。这些书都是用牛皮装订好的，在书的扉页刻着女王的徽章，书背面的皇冠图案上方则刻有"C.T"（特里亚农城堡的缩写）两个字母。

布莱基是女王手底下的一位苏格兰园艺匠人，他就不怎么认同女王的品位，也不完全赞同女王对小特里亚农宫的改造方案。而女王的灵感，部分来自威廉·钱伯斯的《东方园艺论》。这位威廉·钱伯斯还曾在丘园建造了著名中国式塔。玛丽·安托瓦内特刚接管小特里亚农宫时，为了仿照钱伯斯的建筑样式建一座"英中式园林"，她毫不犹豫地就把宫内著名的植物园给迁走了，如此就毁掉了那座在布莱基看来集满了"奇花异草"的植物园。

安托瓦内特王后对乡村生活情有独钟，这种卢梭风格的爱好主要来自于埃默农维尔的乡村群舍。理查德·米克继任了加布里埃尔宫廷建筑师的职位，王后委任他和其助手休伯特·罗伯特为小特里亚农宫设计一座类似于乡村屋舍的建筑。米克为她设计的乡村小屋，远胜于埃默农维尔的村舍，屋顶独特的设计和裸露的横梁都别具匠心。园内增添了牧人和牛，还有利用水流转动叶轮的水车、谷仓、鸽舍、园丁屋以及奶牛场。这样一来，王后和她的朋友们终于可以过上乡村生活了。她们在河畔的试验农场里，用瑞士牛奶制作黄油。米克还为王后建造了一座浪漫而神秘的人工洞穴，洞内布满了苔藓，还有一条小溪潺潺流淌。为了彰显王后对罗马简约风的钟爱，米勒设计了一座依湖而建的凉亭作为观景亭。不仅如此，他还在小特里亚农宫建造了一座精美绝伦的圆形爱神殿。

王后一直以来饱受非议，其中有的来自她的敌对派，当王后尝试着设计英式和标新立异的法式建筑时，他们却将这些独具匠心的试验品称为王后的"小维也纳"。在这里为王后建造剧院的是理查德·米克，王后也因此沉溺于纸醉金迷的演员生活，并受尽了非议。即便是在小特里亚农宫，安托瓦内特也没有逃过敌对派的恶语相加。

 宫殿与装饰艺术

与在小特里亚农宫的生活相比，凡尔赛宫里的日子缺少了一种舒适与安逸，人们大概能理解为什么安托瓦内特对小特里亚农宫情有独钟了吧。斯摩莱特说："尽管法国人性情比较开朗活泼，但是他们的家里都很昏暗。凡尔赛宫内的装饰都很华丽，但环境是非常幽暗的。整个房间漆黑一片，破旧的家具、脏乱的摆设，不像是王公贵族的家……是一种伟大与渺小、品位与庸俗并存的怪诞结合……"斯雷尔夫人也说："无论套房内的家具多么奢华，它们从来没有带来过便利。比如说，无论在自己的哪栋套房里，皇后都只有两个房间，一件卧室和一间起居室。卧室用来睡觉、打扮、祈祷、聊天、和姐妹们见面或者是接见其他亲密的人，按我所理解的一样，王后生活在连一个上午都待不下去的拥挤环境之中。她没有别的房间可以独处，甚至都没有一个地方可以用来放马桶，只能放在床旁边。"然而，约翰逊博士是这样描

述小特里亚农宫的房间的："房间小而私密，给人隐私，以平抚虚妄的幻想。"这么一说，安托瓦内特喜欢小特里亚农宫也就在情理之中了。

但是，最能体现她对宫殿装饰艺术的热爱的，应该是她在凡尔赛宫的成就。玛丽·安托瓦内特的品位从未背离几何特征和路易十六时期的古典风格。路易十五至路易十六时期单调乏味的装饰设计已然破旧立新，安托瓦内特用浅蓝或浅绿色的饰条镶饰在椅子和窗帘的白色绸缎上，给人一种清新隽丽之感。壁毯和大理石像被轻盈精美而装饰华丽的家具所取代。安托瓦内特不喜欢前人那种曲线式的家具风格，就像她讨厌克制的消费，讨厌宽敞而装饰单调的房间一样。她在无尽的幽暗中挂起了窥镜，任凭自己在窗帘上镶边装饰，给家具镀金，整个房间给人以轻盈、精致、优雅的美感。米格纳德那代表"四季"的精美壁毯也取代了那些描绘"战争的果实"的壁毯。

安托瓦内特因为在建造自己的宫殿、花园时奢侈无度而受到众人的斥责，但事实上，王后在位15年间，她并没有一座属于自己的豪宅。所有的建造工程都是在路易十五时期就已经拟定好了的。但在那样一个怪异的18世纪，安托瓦内特的的确确热衷于临时建筑——舞台背景与装配式建筑的结合。王后拥有几座可以随意迁移、重建或拆除的房子，这些建筑物在木材与木材之间的连接处是都用壁毯覆盖的。这

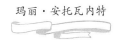

些房子都很大,建筑风格也是别具匠心,其中有3座房子还可以改建成一个能容纳500多个观众的大剧院,而且在圣克卢,她也有一座可完全拆卸的剧院。不过,王后和大多数同龄人一样,还喜欢购置家具来装饰自己的房子。

路易十六时期的风格以精美的设计和流畅的线条著称,而安托瓦内特在这种风格里几乎是占主导地位的,这不仅是因为她的品位和别具一格的选择,而且也是因为她舍得为装饰挥金。不过,这种新的风格在路易十六统治早期发展仍比较缓慢。雕刻的新主题——阿拉伯式花纹以及具有古典特色的装饰、浮雕、花卉、花环、窗饰、奖杯、剑和羽毛笔等,这些都源于安托瓦内特的灵感(法国大革命之后,没有了路易十六和安托瓦内特,这种风格渐渐衰颓,进而被法国督政府时期的华丽风格所代替)。在王后的影响下,花卉、风景画以及神话元素和田园主题变成了主流装饰物。家具具有线条感,在平面上刷上油漆,采用上乘的拼接设计和嵌花技术,在边角加上古典式的镀金浇筑。镀金技术还用于腰线的装饰上,用镀金技术点缀卷叶、花幔、山羊、丘比特样式的图案以及经典的模具和波浪花纹。安托瓦内特时期能制作出如此巧夺天工的家具,是那个时代的人对品位不断探索的结果,也是代代匠人在家具技术上精益求精的结果。他们的同业公会十分紧密,拥有牢固的传统,几乎就像是一个封闭的社会,这些匠人及其家族在某种程度上发展了这种工艺,但

在大革命以后便再也无人知晓了。

的确，在母亲的鼓舞下，安托瓦内特更偏爱德国匠人。这些杰出的宫廷木匠都来自德国（欧本和里茨内尔被誉为"木匠大王"，伦琴还有专门为自己而设的头衔，韦思维勒在圣克卢当安托亚内特的工匠），但这样大量的德国人口涌入也仅出现在18世纪早期。相比法国工匠，富人们为何更偏爱德国工匠，如今还只是我们的猜测，但很有可能是因为德国人更少受到法国行业工会内部传统及规定的约束，因此他们更容易接受新的想法，更能够去发明一些新潮的玩意儿。那是一个科学发明和研究极度发达的时代，顾客们对新事物的各种喜好不受制约。每一件家具都是独树一帜的，也迎合了顾客的品位。玛丽·安托瓦内特用全世界各地的各种木材试验着自己的灵感——比如红木、黄檀木、青龙木、卡宴木、柠檬木、金钟柏、巴西黄檀木、用于镶嵌的珊瑚、乌木还有紫檀木。当时，中国和日本的油漆技术和贝母、铜银镶嵌技术一样盛极一时。（玛丽·安托瓦内特一直喜欢家具和小玩意，她的母亲也留下了大量的家具和装饰品给她装点自己的套房。）不过，因她的灵感而发明的最流行的家具还要数那块采用镶嵌技术的塞弗纳瓷板画了。

自1759年起，国王收购了塞弗纳工厂，因此对工业制造品产生了极大的影响。路易十五和路易十六都对工厂的行政和管理颇感兴趣，他们还大量订购工业品，有的拿来自己使用，也有的当作礼物赠予他人。玛丽·安托瓦内特对这些工厂极其关注，并制订了保护计划，即"瓷器女王计划"。工厂还照着伊特鲁里亚花瓶的样子为女王定制牛奶壶，壶上还装点着女王最喜欢的图案——一株绿色、蓝色或是粉红色的矢车菊。

家具就和衣服一样，都需要量身定制，顾客期待满满地订购，定做的家具也要满足客户的需求。王后就定制了很多家具：可用于读书写字的书桌，各式各样的游戏桌、画桌，还有可伸缩式餐桌，既可供王后在床上用餐，也可当作写字桌或梳妆台。

椅子和沙发也是根据客户需求定做的。就比如一种平坦的靠背椅叫"皇后的宝座"；还有一种"车座"形扶手椅，它的靠背是微微向内弯曲的，与人体弯背的角度相吻合；再比如"牧羊女之椅"配有一个靠垫；还有一种方便椅，一种可以调节靠背角度的躺椅。尽管一些如厕用品不宜被看见，但仍会制作得非常精美，就比如夜壶，匠人们会用精雕细琢的银器或是精美的彩瓷来制造。

玛丽·安托瓦内特格外喜欢用帏幔和窗帘创造一种温馨而奢华的室内环境，因此那些法国纺织品生产商觉得自己找到了真正的靠山。但除了那些异常美丽的创意设计和里昂织造厂制造的丝织品的美妙质感之外，玛丽·安托瓦内特还钟爱朱伊图案印花（the toiles de Jouy）。画家设计的那些描绘

乡村生活的浮雕成了小特里亚农宫的装饰特色，魅力十足，引人入胜。站在她独一无二的位置上，安托瓦内特一方面能以法国王后的身份装饰着自己的宫殿；另一方面，她又能在小特里亚农宫的田园里扮演着她的乡绅夫人角色。王后用的东西都是世间罕见的，在安托瓦内特的那个时代，那个装饰物价格很可能高得令人咋舌的时代，不管是家具、窗帘还是任何一件其他工艺品，在每一个细节上的盲目投入，都将不可避免地付出一笔巨大的费用。

尽管安托瓦内特经常参加沙龙，游走于各大展览之间，她却没有挑选出一些优秀的画家，也没有购置一些杰出的画作供王室收藏。她的品位更倾向于像勒布朗夫人那样优秀的肖像画家，以及一些装饰画家，她还特别喜欢静物画。那个时代最杰出的画家就是让·奥诺雷·弗拉戈纳尔，他也是那个时代最忠实的观众。他的画仿佛在表达那个时代对"快乐"二字的最终定义，将生活中点点滴滴的人物轶事带到画中，引喻的意义大于人物本身。在弗拉戈纳尔的绘画世界里，生活就像是一场演员与观众并存的戏剧，而玛丽·安托瓦内特就是他的主角。战战兢兢地躲避着外界残酷的现实，这里的生活充满了趣味与欢乐。画中的王后和她的朋友们就像是世外桃源里不可缺少的一部分，它们自己就像是片片绿叶里的花朵，无忧无虑地沉浸在这个不用担心未来的世界里。弗拉戈纳尔笔下的世界正是玛丽·安托瓦内特所向往的。她给予弗拉戈纳尔无限的灵感,尽管这种浪漫的田园生活一眨眼就消逝不见了。

除了不拘小节的随意,王后的品位毋庸置疑,她基本上每次都雇用同一个木匠。在室内布置上她不太常采用鲜艳的色彩(衣着也是如此),而更青睐白色的绸缎,还有绿色、淡紫色或是蓝色的粗亚麻(尽管如此,她的奴仆还是穿着红色和银色的号衣)。所有为她工作的匠人在一开始都要交一幅水彩画,王后有时还请小模特帮她试穿,根据试穿效果来判断衣服是否满意合身,是否需要再做改进。王后总算能在自己的套房里恣意发挥自己的鉴赏力,品尝着幸福与欢乐、自然与幻想。

路易十六热衷于打猎,因此玛丽·安托瓦内特也开始跟着国王骑马打猎。在这方面,她同样也打破了传统,因为宫里的女人们都只能跟着教练骑马。直到她的母亲听说了这件事,坚决要求安托瓦内特用侧骑的方式骑马,因为横跨骑马很可能会导致不孕,王后这才把习惯改了过来。斯雷尔夫人写道:

今早我们去了森林里看王后骑马。我们去得早,正好看见王后上马,她不像英国人一样,要靠男仆搀扶才能上马。只见她右脚踏进马镫,等坐上马鞍后再将右脚抽出。王后骑

的这匹马既不漂亮也不温顺,但是这匹马有缰绳勒着,还身着华丽的蓝丝绒银刺绣马衣。

当玛丽·安托瓦内特要离开维也纳踏上新的旅途去法国时,她不仅和母亲、姊妹依依落泪道别,还很舍不得她心爱的小狗。不过,小狗之后被送到了法国。奥地利大使梅西曾提道:"太子妃十分爱狗,她已经有两只小狗了,不过那两只小狗都很邋遢。"王后去法国之后要求梅西大使想方设法把另一只小狗也带过来。梅西回复说那只小狗肯定让信使捎过来。赴断头台被处决之前,女王被囚禁于巴黎监狱,没多久又来了一位巴黎教会代表,也被囚禁于此。他在他的回忆录里写道,有一只小狗进了这间牢房:"它是女王的小狗,监狱看守人理查德在这儿给它安了个家。曾经连着3个月,每天早上都可以看到那只小狗来这里,嗅一嗅女主人的床。"

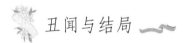
丑闻与结局

尽管安托瓦内特的敌人众多,但非同凡响的是她能成功地与外界保持相当秘密的联络。这样的联络若是被公诸于世,她的敌对派们无疑会充分利用这些情报。安托瓦内特和丈夫之间从来没有过亲昵行为,她在给母亲的信中写道:"我们已经分开睡很长时间了,这是法国夫妻之间的习惯,我认为我没有理由强迫他做违背他生活习惯或是他不喜欢的

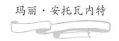

事。"母亲特蕾西亚回信说:"我必须承认我其实还不确定你们没有睡在一起,那些都只是我的猜测。我必须接受你告诉我的现实。但尽管如此,我仍然希望你能按德国人的方式生活,和夫君同床共枕,享受缠绵悱恻。"而另一边,玛丽亚·特蕾西亚的婚姻却是王室罕有的基于爱情的婚姻。

就这样和母亲保持往来通信,3年过去了。这一年,小亚克塞尔·菲尔逊伯爵,这位瑞典最有权势的大臣之子来到巴黎留学。毕业离校之际,他第一次遇到了与他年龄相仿的玛丽·安托瓦内特。菲尔逊伯爵在法国宫廷备受欢迎,当他离开法国之后,瑞典的大使称:"在我见过的所有来巴黎的瑞典人里,他最受上流社会的瞩目和欢迎。"

4年后,菲尔逊为了在独立战争中出人头地,再次回到法国。这一次,安托瓦内特就像对待老朋友一样,和他相视一笑。她的挚友渐渐发现她对这位年轻而风流倜傥的瑞典军官产生了爱慕之情,菲尔逊决定加入法国军队服役,参加美国独立战争。菲尔逊是个风度翩翩的血性男儿,他的部队生涯直上青云,这样的晋升速度甚至连他自己都感到惊讶。4年后,菲尔逊返回法国,面对父亲带给他的成家立业的压力,他毅然决然地拒绝了,并坚持要求定居在巴黎。在他和妹妹的往来信件中,他袒露道:"我心之所属的那个人不属于我,但她也很爱我,所以我决定孑然一身。"

亚克塞尔·菲尔逊为人小心,从来不让王后的名誉受到

损害。他在和王后的通信中把安托瓦内特称呼为"约瑟芬",他还将每封信标序,以防丢失。他在巴黎买了一栋大宅子,这样就有地方与安托瓦内特见面了。在凡尔赛宫的套房内,安托瓦内特也改建了许多小房间,以便让菲尔逊留在她那里。不出所料,尖刻犀利的谣言闹得满城风雨,丑闻被曝光了。路易十六的大臣圣普里耶斯特在他的回忆录中写道:"菲尔逊一周会有3~4次在小特里亚农宫方向的花园里骑马,而王后,也会独自一人前往骑马,这也成了众所周知的丑闻。哪怕这位国王的心腹一向谦虚谨慎,在外人看来也从未失职。"

但是,根据圣普里耶斯特回忆:"玛丽·安托瓦内特有种种办法让国王允许她和菲尔逊伯爵联络。"毋庸置疑的是,王后保住了丈夫对她的喜欢和信任,尽管她和菲尔逊伯爵有着亲密关系,但她绝不会毁掉家族的声誉。同时,据说路易十六也确实对自己的妻子缺乏关注。小王子出生之前,安托瓦内特和菲尔逊就幽会过很多次了,后来小王子出生时,路易十六在日记里写道:"王后生下了诺曼底公爵,所有的事情就和我儿子的诞生一样顺利。"而事实上,路易十六唯一一次将小王子称为"我的儿子",也是后来临刑处决前待在监狱里的时候了。

1789年年底,当凡尔赛宫已经被充满敌意的人群包围并占领的时候,菲尔逊却还在想方设法地要在王后的寝宫里过

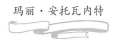

夜。第二天一大早，玛丽·安托瓦内特出现在阳台上，面对着一群被甲执兵的乌合之众。亚克塞尔·菲尔逊和一群忠实的伙伴一起，尝试着去拯救这个王室家族，还帮助王室出逃瓦伦纳。但一切只是徒劳，王后被处决之后，他也就回到瑞典。他孑然一身，回到瑞典王朝的那些年，干了一番辉煌事业。而最后在暴乱之中，那些扔向他的石头让他同样也成了暴乱的牺牲品。

对安托瓦内特来说，更灾难性的一击应该是"项链丑闻"了。她热衷于珠宝首饰。在她婚后生活期间，路易十六赠予给她一个首饰盒，里面装着法国王后曾经戴过的首饰，还有以国王个人名义送给她的一套璀璨精美的钻石。安托瓦内特对此十分高兴。她还收到一串著名的珍珠项链（里面最小的珍珠都有榛子那么大），这串珍珠是由来自奥地利的安妮王后带到法国的，不仅如此，安托瓦内特自己还从维也纳带来了大量的白钻石。

尽管按当时的标准来看，安托瓦内特对钻石的品位被认为是很一般的，但她对那些美丽夺目的钻石无法抗拒。1776年，她一冲动买下了一对价值348000里弗（相当于45万美元）的耳环，这让拮据的路易十六不得不用自己接下来6年的收入为她付清账目。安托瓦内特还有一次花了162000里弗买了一串钻石手链。也是她对珠宝的这般狂热，让她陷入了18世纪最怪诞的丑闻之中。

王室的珠宝商察觉到安托瓦内特热衷于精美的珠宝，于是利用中间人把他想变卖的珠宝介绍给安托瓦内特。成功说服她购买耳环和手镯之后，他想，既然路易十六帮王后还清了其他债务，那就可以再把老国王路易十五送给他的情妇杜芭莉夫人的珠宝变卖给王后。那是一串精美绝伦的"河流型"钻石项链。但不幸的是，珠宝商错选了一位卑鄙的妓女拉莫特·瓦卢瓦夫人当中间人。为了将那串钻石项链占为己有再变卖出去，瓦卢瓦夫人成功地把愚蠢的红衣主教罗昂卷入了自己的阴谋当中。王后来法国之初，主教与她并不和，因此现在，罗昂希望能讨好王后，并得到她的赏识。1785年1月，在安托瓦内特不知情的情况下，罗昂主教以她的名义买下了那条名贵的钻石项链，价格为160万法郎（相当于200万美元）。拉莫特·瓦卢瓦夫人理应把项链交给王后，但她却和项链一起失踪了。如今珠宝商来结款，红衣主教和王后不得不承担这笔钱。

红衣主教罗昂承认自己滥用了皇权，侵犯了王室尊严，而无疑安托瓦内特对整件事情完全不知情，她是无辜的。但丑闻却愈演愈烈。这位声名显赫的红衣主教被关进了巴士底狱。但愚蠢的皇后坚持要求法官审判，而不是就这样将其放逐。随着丑闻一拖再拖，人们也纷纷开始站队。结果令人震惊，红衣主教罗昂无罪释放，只是因为他的愚蠢而被放逐了。但拉莫特·瓦卢瓦夫人却没那么幸运，她被判处鞭刑和烙刑。当 14 位狱警押着她受烙刑时,她歇斯底里地挣扎着,以至于火红的烙铁没有伤到她的肩膀,反而印在了她的胸口。

法国议会声称红衣主教是被骗的无辜受害者,间接表明王后才应该是控诉的对象。这样就显而易见,王后会为了得到想要的珠宝使用非常手段,甚至会用卑鄙下流的方式达到自己的目的。王后的声誉、尊严,女人的贞洁,一时全部扫地。红衣主教被无罪释放,这对玛丽·安托瓦内特是一个无法忍受的打击。尽管安托瓦内特为人轻佻,却也很敏感,这时她第一次感受到人们对她的厌恶,也恍然大悟自己的地位已是岌岌可危。她给朋友写道:"来陪我哭吧,来安抚我的悲伤,这样的判决是一种让人毛骨悚然的侮辱。我泪眼婆娑,沉浸在悲伤与绝望之中。"这才只是结局的开头。1789 年 6 月 14 日,人们攻占巴士底狱,法国君主制至此被推翻,玛丽·安托瓦内特就整日被囚禁在巴黎监狱之中。次年一月,她的丈夫路易十六受到国民公会的审判,被送上断头台。

1793 年 8 月,玛丽·安托瓦内特被关进巴黎监狱。受尽了 8 个月的耻辱后,安托瓦内特于该年 10 月 14 日被革命法庭判处死刑。她想尽办法拿了两支蜡烛、一支钢笔和一张纸。在给她小姑子的信中,她写道,与其说这种判罚是把她当作罪犯而处以可怕的死刑,不如说它是在判处她前去和丈

夫团聚。信中她还为自己的孩子祈祷。她死前还以罗马天主教和使徒教的信念在祈祷书中写道:"永别了,我温柔可人的姐姐。我写这封信给你,记得常常想我。我会用我炙热的心拥抱你,还会拥抱我那可怜的孩子们。主啊,和他们永别是多么让人心碎啊!永别了,永别了。"

在最后的审讯中,她被验明的身份是"卡佩遗孀,奥地利的玛丽·安托瓦内特"。1793年10月,在丈夫被送上断头台后的第9个月,她终于坐上囚车,也被送上了断头台。而在她的死亡证明上,人们最终也只是把她称呼为"奥地利洛林王朝的玛丽·安托瓦内特"。

玛丽亚·卡洛琳娜

奥地利女大公/那不勒斯与两西西里王后
(1752-1814)

奥地利篇

玛丽亚·卡洛琳娜是奥地利女皇玛丽亚·特蕾西亚和神圣罗马帝国皇帝弗兰茨一世的第十三个孩子。她成为那不勒斯的皇后是由于她的两位姐姐都不幸患天花夭折。最初,与那不勒斯国王费迪南多订婚的是玛丽亚·特蕾西亚的第十一个女儿玛丽亚·约翰娜,但她却患天花去世。在费迪南多的要求下,特蕾西亚不得不安排另一个女儿——玛丽亚·约瑟芬娜与之订婚。

随之发生了一件怪事。在弗兰茨皇帝的儿子、利奥波德大公的婚礼上,一向身体强健的弗兰茨由于中风摔倒,最终死在了儿子怀中。特蕾西亚悲痛欲绝，整个皇室的氛围也异常压抑。一年之后，这位女皇仍未从悲痛中走出来，而她的一位儿媳，即继承了父亲皇位的约瑟夫的年轻的妻子也在这时死于天花。约瑟夫的妻子既不美丽也不聪慧，因此她的子民和丈夫都未曾爱过她，她的去世并未令人感到悲痛。但无论如何，特蕾西亚仍坚持严格遵从宫廷礼仪，于是，她的女儿玛丽亚·约瑟芬娜先去了约琴夫去逝的妻子的墓前祷告，然后再动身离开维也纳，前去与那不勒斯国王成婚。

虽然玛丽亚怕得传染病，但她更害怕违抗她的母亲，她也因此踏入坟墓。两个星期后，玛丽亚·约瑟芬娜死于天花。那不勒斯国王立刻要求玛丽亚·特蕾西亚再选一个女儿作为他的新娘。这一次还算顺利，几周后，玛丽亚·卡洛琳娜作为新娘被母亲送去那不勒斯。

玛丽亚·特蕾西亚被认为是文明世界最开明的君主，因此大家都愿意相信她的子女与她有相同的美好品质。人们认为，维也纳皇室成员大多有教养、豁达并且（至少是表面上）品德高尚。宗教在这位女皇和奥地利人民心中占据着十分重要的地位，而她也希望她的众多子女无论被安排到何等位置，都可以沿袭她的传统和教条。由于她清楚自己未受到良好的教育并始终对此耿耿于怀，她竭力保证其儿子能够接受最好的教育。而她女儿受教育的程度甚至不及她自己——

她们的任务是学会温顺。"她们生来就该克己守礼,"她曾说,"并必须学会在第一时间服从"。

但那些充满活力、身心健康的女大公们却不这样认为。她们捉弄家庭教师,在舞蹈和音乐课上群魔乱舞,彻底地享受她们的童年。在 15 岁之前,卡洛琳娜和比她小 3 岁的妹妹玛丽亚·安托尼亚(即玛丽·安托瓦内特)一起长大。在之后的时光里,二人的命运也总是牵绊在一起。在孩提时代,她们总是一起顽皮、一起恶作剧。她们的母亲认为她们的关系过于亲密,甚至可能导致不幸。"我警告你,如果再继续这样下去,你就再也见不到安托尼亚了。"母亲曾这样威胁过她。母亲也曾谴责过她们对邻居、家族和皇室女士的无聊八卦。即使如此,她们间的情谊不变,即使在卡洛琳娜婚后,她仍请求老师代她给妹妹写信,并向她转述有关妹妹的事——她说了什么、做了什么、想了什么,事无巨细,她都想了解。几个月后,她写道:"告诉我妹妹,我非常爱她。"

卡洛琳娜被她的母亲抚养长大,母亲从小就要求她严格遵守道德法,学习如何祷告、上课,遵循老师的教导,不要捉弄妹妹。不仅如此,母亲还让年仅 16 岁的女儿去做南欧最混乱的王室的王后。尽管只有 16 岁,她所接受的教育仍比那个时代的多数女性多得多,在整个那不勒斯也很难找到比她知识和文化水平更高的人了。

远国的凤冠

但她还没来得及体会到远离家乡的个中滋味,就被告知可能会被扔到海里。人人都知道,她未来的丈夫是个生性风流、为人粗鄙的怪人。

以他的年纪来说,费迪南多国王身材高大,眼眸清澈,皮肤雪白,头脑敏捷,并且性格温和。他的身上有很多疱疹,他的医生却说那是健康的表现!他在机械方面很有天赋,但他老师的唯一关注点并不是自己学生的学识,而是他的健康状况——虽然他的身体的确很强健。

拥有智慧头脑的费迪南多本可以发展自己的各项天赋,可不幸的是,他的家庭教师让他远离了所有可以用知识武装他头脑的人,以此让他过得随心所欲。于是,费迪南多便终日与侍从、文盲一起虚度光阴。这也导致他十分厌恶阅读和写作,他甚至将自己的名章委托给了首相贝尔纳多·塔努奇。

费迪南多是一个神采飞扬、做事机警的人,但他时常会做出一些古怪的行为,在礼仪和行为习惯方面也显得有些粗鲁。例如,他总是无法做到"食不言"。在社交方面,他更喜欢"直来直往"。他的第二位首相约翰·阿克顿爵士这样形容他:"他是一个好人,因为在他与生俱来的人性中没有让他成为恶人的因素。"费迪南多作为一个活泼好动的年轻人,缺乏庄严感和责任感,时间和经历都没能让他成熟起

来。他一生的爱好就是打猎和钓鱼,而约瑟芬娜的突然去世让他不得不待在皇宫里,这让他无比憋闷。一开始,他打桌球取乐,后来用蛙跳和其他运动消磨时光,最终,当有人建议他假装举办约瑟芬娜的葬礼时,他并未表现出惊怒,这位"丧妻"的国王甚至欣然接受了这个建议。

不列颠王国驻那不勒斯的使节威廉·汉密尔顿曾拜访费迪南多,并对他未婚妻的去世表示沉痛哀悼;可在拜会时却见证了奇特的一幕。一位管家身着与已故女大公同款的衣服躺在一副那不勒斯风格的棺材里,她的手上和脸上都是用巧克力假扮的天花痘印。这位使节对此大为震惊,这可笑的送葬队伍在国王"悲痛"且逼真的哀悼声中缓缓经过皇宫的各个房间。

这就是卡洛琳娜与之仓促订婚的人。在之后的 20 年里,卡洛琳娜掌握着那不勒斯的实权,并开始改革,以求根除腐败。但后来,她挚爱的妹妹玛丽·安托瓦内特在法国大革命中被斩首,她也因此失去了理智。

那不勒斯

在欧洲,这是唯一一个被众多外国势力统治过的城邦:希腊人、罗马人、诺曼底人、霍亨斯陶芬王室、安茹人、阿拉贡人和西班牙波旁王室都曾统治过这里。1733 年,法国、

西班牙和萨丁王国萨伏伊王朝同意西班牙王子、波旁王室的唐·卡洛斯统治那不勒斯和西西里，只要他有能力征服这两个地方。卡洛斯带军打败了奥地利，在1738年，他不仅成为两国的国王，还继承了哈布斯堡皇室位于托斯卡纳沿岸的领地普雷西底。

事实上，西班牙是欧洲唯一未受文艺复兴影响的国家，例如，裸体像从未出现在西班牙画中。对摩尔人和犹太人的歧视和150年来在半岛上的封闭统治阻隔了所有意大利文艺复兴的优良部分。这两个王国的文化生活只余下了音乐和戏剧。然而，那不勒斯人很欢迎那个被称为查理三世（即卡洛斯）的西班牙人，因为他使这个王国独立，并改革了行政管理制度。他出资并调任诸如万维泰利和福格那样才华横溢的建筑师修建了许多辉煌的建筑，如卡波迪蒙特王宫、波蒂奇王宫，还有伟大的（比凡尔赛宫还大的）巴洛克建筑卡塞塔王宫，这些建筑改变了那不勒斯。这里还有著名的露天广场，如但丁广场和公民投票广场，此外还有一所现代化大学，一个国家图书馆和一座考古博物馆。这里展示着卡洛斯从帕尔马继承来的法尔内塞藏品，还有一些从庞贝古城和赫库兰尼姆古城新挖掘出来的精品。皮钦尼、加卢皮和帕伊谢洛等大师的作品曾在坐落于此的圣卡洛斯大剧院奏响。

随着公共设施的完善，大家的生活水平也有所提高。房

子变得更加宽敞,玻璃窗也得到了推广。在首相贝尔纳多·塔努奇的协助下,仁慈的国王将那不勒斯治理为一个真正的贵族之都。1759年,国王查理三世出乎意料地继承了西班牙的王位,而根据宪法,他不得不放弃他的意大利财产,并将那不勒斯和西西里王位传给他的第三个儿子费迪南多。这个新国王的称号非常复杂:他是那不勒斯费迪南多四世兼西西里费迪南多三世,在1816年,他被称为两西西里费迪南多一世。最初,大家认为小国王年纪太小而无法统治那不勒斯,于是以贝尔纳多·塔努奇和多梅尼科·卡塔内奥为首的摄政委员将掌握实权直到国王16岁。在1767年国王满16岁之前,摄政委员仍在推行查理三世所主张的改革,而在此之后,这些改革就突然停止了,虽然此时的权力仍然掌握在塔努奇的手中。

此时,那不勒斯的人口约有40万人,是欧洲第四大人口城市——与马德里相同,位列伦敦、巴黎和伊斯坦布尔之后。尽管规模庞大,但那不勒斯无疑是西欧最落后的国家。它以小农经济为主,主要出口橄榄油,国内的财富也都集中在占总人口不到两成的贵族手中。即使远比不上英格兰和法兰西的贵族,他们仍用许多画作和装饰品装饰他们的宫殿。那时,不同阶层的生活有天壤之别——贵族和牧师享受特权,光彩亮丽,而占总人口近九成的底层人民却只能目不识

丁,在贫困中挣扎。人数众多的城市大众被称为"拉扎罗尼"(流浪者),那不勒斯给来访者展现了同维苏威和庞贝一样的色彩和景象。

当卡洛琳娜的哥哥、奥地利的国王访问费迪南多时,他惊骇于这光鲜和悲惨的对比。"那不勒斯的王宫有五六个画满壁画、用大理石装潢的屋子,里面养着鸡、鸭、鹅、鸽子、鹧鸪、鹌鹑、金丝雀等禽类,还有狗以及好几笼不同种类的老鼠,国王时不时来把它们放出来,然后享受追逐猎杀它们的乐趣。"那美丽的大理石台阶上站满了猎场看守员、猎犬管理员和助猎者,国王给他们每人都取了一个昵称。

这将是那个年轻女大公生活的地方。玛丽亚·卡洛琳娜带着原本为两个姐姐准备的、从巴黎定制的100套礼裙作为嫁妆,身穿蓝金相间的便装从维也纳出发前往佛罗伦萨。1768年4月7日,她和费迪南多的婚礼在维也纳的奥古斯丁教堂举行,真正的新郎并没有到场,卡洛琳娜的哥哥代表新郎完成了仪式。在佛罗伦萨,她含泪与奥地利的随从们告别,在哥哥托斯卡纳大公利奥波德的陪同下向她的新归宿进发。在卡洛琳娜到达的第一个那不勒斯小镇波兹特拉时,她终于第一次见到了自己的丈夫。

毫无疑问,卡洛琳娜对她的新婚生活十分不满。"很绝望,"她哀叹道。"让一个忍受苦难的人感到更绝望的事就是

她必须假装她过得很快乐。"她非常沮丧、难过并且想念家乡。在洞房花烛的第二天早上,有人问费迪南多对自己的王后有什么看法,他毫不客气地说:"她昏睡得像一头死猪。"

不久,卡洛琳娜决定换一种思维。她决定掌控自己的生活并开始赢得丈夫的喜爱。她沉着地践行着自己的规划,开始奉承并控制她的丈夫。如果丈夫惹怒了她,她会将其赶出自己的房间,直到他来请求自己的原谅。国王无法与王后对抗,而王后对他的影响也与日俱增。终于,对于费迪南多的怪癖,卡洛琳娜不再感到沮丧,而是感到好玩,她称他为"性格好的傻瓜"。

安妮·米勒夫人见到 20 岁的卡洛琳娜时就意识到她会逐渐成长为一个美人,卡洛琳娜则利用自己的美貌俘虏了费迪南多——还有其他人。这位美人拥有"我从未见过的雪白肌肤"。她浅栗色的头发柔顺发亮,比发色略深的眉毛宛如柳叶,深蓝色的大眼睛闪烁着智慧的光。她有着形状好看的鹰钩鼻和樱桃般的小口,洁白整齐的牙齿更显得唇若朱砂(据安妮·米勒夫人说,她"没有奥地利人那样的厚嘴唇")。她笑起来有两个酒窝,"身材饱满,不会显得骨瘦如柴",脖颈修长,仪态大方,步伐稳重,行为优雅。

卡洛琳娜有些任性冲动,但她也认识到她是天生的统治者。作为伟大女皇的女儿、哈布斯堡王朝皇帝的妹妹,大家都期待着她在世界大事中的表现。就算不能扩大那不勒斯王国的版图，也至少要提高其影响力。

在妹妹嫁给费迪南多一年后，约瑟夫皇帝访问了那不勒斯，并认为那不勒斯国王是一个"难以定义的人"。他评价道："在过去，即使他并没有被忽视，但也未获得过什么荣誉。"但他给这陈词滥调添加了新的音符：他发现费迪南多已经深深地爱上了他的妹妹，他的妹妹也意识到了自己对费迪南多日益增加的影响。"身处宏伟壮丽的宫廷，受到众人的赞誉，在这美丽的国家呼吸着自由的空气，她或许会目眩神迷，但她会逐渐适应，"他说，"我不再担忧她日后的命运。"

他发现他的妹妹无比智慧且沉着自信。他说："她从不搔首弄姿，也不刻意夺人眼球；她从不和头脑简单、不招人喜欢的朋友混在一起（虽然她身边总会围绕很多年轻人），也对毫无特别之处的裙子坚决说'不'。"他看到妹妹总会围一个披肩，衣领也不会过低，裙子甚至能盖住脚趾。如果参加舞会，她会戴英式礼帽，或是用羽毛装饰头发。

国王曾想让她穿低胸装，但她没有照做。如今的卡洛琳娜比在维也纳的时候丰满了一些，她的胳膊圆润可爱，双手如牛奶般嫩白丝滑，但她却有个坏习惯，她总是咬手上的死皮并用针将其挑下来。还有一点令约瑟夫不甚满意，那就是在国王的影响下，卡洛琳娜那流利的意大利语中总会掺杂着一些听上去很不礼貌的那不勒斯话。他警告妹妹要说纯正的托斯卡纳语。他给母亲写信说，妹妹除了还有一些孩子气外，行为堪称完美。

社会及艺术

那时的卡洛琳娜年轻、活泼、聪慧、貌美，她必然会给沉闷的西班牙式宫廷带去改变，而此时那不勒斯由塔努奇摄政。她满腹经纶且风姿绰约，她也充分利用了她的这两个优势。

在都灵王宫举办的舞会上，包厢里的卡洛琳娜不会戴面具，但当她步入舞池时，所有人都会戴着黑色的面具，遮住一半脸。她认为在这里不必拘泥于礼节，舞会上的所有人都可以和国王、王后同时起舞。尽管如此，他们仍只是在国王、王后邀请后才跳，而公爵以下的贵族只能在包厢中观看。卡洛琳娜给英国乡村舞蹈带去了一种潮流，这种新式舞蹈要跳数分钟，通常有3到4拍。

当王后在卡塞塔王宫享乐时，人们不必过度拘泥于礼节。如果在晚餐开始时她离餐厅很远，那她可以最后一个进入餐厅。他们将房间中央空出来，在墙边放置两列背靠背的椅子，由于西班牙的礼仪不允许有人与国王坐在一个桌子上就餐，所以没有放置桌子。

晚餐开始后，由国王手下长相好的守卫传送食物，他们以标准的军姿侍奉晚餐。首先，他们会拿来一篮餐巾并将其

发到每一位来宾的双膝上，之后会有人拿来一篮银盘子，然后是刀叉，随之会有一位侍者奉上用通心粉做成的千层面、奶酪和黄油。在他旁边会有一把切肉刀，那把刀有一英尺长的刀柄，侍者用它切下一大块，放在每一位宾客膝上的盘子里。最后，一位士兵会用空篮子将大家的脏盘子都收走，然后用同一流程为大家奉上饮料。

在意大利面之后，会有鱼料理、蔬菜炖肉、野味、炸肉、烤肉和派。甜点是放在两人抬着的大浅盘里，蜜饯、饼干、冰镇巧克力、各种口味的冰沙、冰镇水果和冰激凌堆放成金字塔的形状呈上。

王后本身吃得非常少，并且只吃她的奥地利厨师为她准备的食物。这个厨子偷了国王养的野鸡下的蛋（她以为那个鸡蛋可以拿），却并没有受到费迪南多的惩罚，因为王后帮她隐瞒了此事。

卡洛琳娜还引进了一种做法，就是在一个特定的房间里喝咖啡，就像她的妹妹安托瓦内特在马尔利和特里亚农宫做的那样。她将一些房间里的桌子分开摆放，将其打造得和维也纳的咖啡屋一模一样，她还让男仆穿着白外套，戴着白帽子，打扮成服务生的样子。

奥地利的影响已经渗透到了这个王宫。在王后的接待室，所有人都必须说德语，她的仆从也都是奥地利人和德国人。卡洛琳娜至少有45个德国女仆，在她身边扮演着男仆

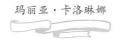

的角色。她任命蒂施拜因为绘画学院的院长,还让费迪南多的宫廷画师菲利普·哈克特(同是一名德国人)来装饰她的宫殿。她非常喜欢哈克特,她指定哈克特作为她女儿的绘画老师,还经常在晚上邀请他来聊天或是给女儿们上课。费迪南多很依赖哈克特,他会询问哈克特关于归还法尼斯家族收藏品的事,还将军事和娱乐的工作委派给他。有一次,费迪南多送给他一个金鼻烟壶,王后评价道,"恐怕这是他的极限了,因为他从来没送过礼物"。王后在送礼方面很慷慨,有时也送鼻烟壶,她也经常由于花太多钱来买礼物而受到谴责。

王宫中的大多数家具都是德国人造的。虽然在她掌权的后期她选择复古风格,但在早期,她选用的家具都是奥地利洛可可风格。她在卡塞塔王宫的浴室和与之相邻的更衣室被装饰得像甜美的糖果——粉刷过的丘比特裸像、垂在墙上的鲜花、各式各样的壶和镀金的贝壳在淡蓝色的天花板下构成一幅和谐的画作。

在王后的鼓励下,大批德国画家涌入那不勒斯。蒂施拜因坚持让他的学生学习裸体画。他是歌德的朋友,也认识威廉·汉密尔顿爵士,并为他著名的希腊花瓶作画。还有一些其他画家,诸如安杰丽卡·考夫曼、克里斯多夫·克尼斯、亨利·菲热,还有伟大的拉斐尔·门格斯都曾为那不勒斯宫廷作画。

在卡洛琳娜来这里之前,就有一位德国人影响了那不勒斯宫廷。

她的婆婆,也就是她丈夫的母亲来自德国萨克森,她从家乡带来了一些麦森瓷器。据说这促使查理三世(卡洛斯)在卡波迪蒙特建造了一间瓷器厂,那里曾诞生了许多精美的作品。当他离开那不勒斯前往西班牙时,他将那个瓷器厂连同炉窑也一并毁掉,并在西班牙建造了一个新的。卡洛琳娜的母亲在维也纳有一个瓷器厂,那里制造的瓷器十分华丽,对此熟知的卡洛琳娜劝说费迪南多在波蒂奇的赫库兰尼姆附近建造一个自己的瓷器厂。但遗憾的是那里并没有造出像卡波迪蒙特瓷一样的高品质瓷器,庞贝古城出土的文物引起了大家追求素烧陶瓷的复古浪潮。

在费迪南多的哥哥死于天花后,一个令人吃惊的创新举动或许比其他任何东西都更能显示这位王后的影响力。她安排哥哥里奥普斯的医生为自己和家人接种了疫苗。在西班牙这片崇尚神学的土地上,接种疫苗是不被赞同的,但是卡洛琳娜——像她妹妹安托瓦内特给路易斯和她的孩子们接种了疫苗一样——自有她的办法。

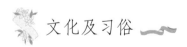

文化及习俗

当人们游学到那不勒斯时,完全被这个城市吸引了。那里的空气干净清新;那里没有严寒,在夏天的时候还会有来

自海上的微风；那里的乡下有很多玉米和油；那里的红酒（"基督之泪"）是意大利最好的红酒。凯斯勒（音译）认为那不勒斯比巴黎和伦敦更美，和这里的街道相比，罗马和佛罗伦萨的街道就显得"破烂不堪"。司汤达认为托莱多是"世界上人口最稠密也最快乐的城市"，就连麦考利勋爵，那个基本上对什么都不感冒、哪里都不喜欢的人都赞美这个城市的活力。他还将这里与英格兰的港口和城市作对比。"罗马和比萨已经死去，佛罗伦萨尚且活着却在沉睡，而那不勒斯却处处洋溢着生气。"歌德将那里视作天堂，他这样写道："我好像变了一个人，连我自己都认不出自己了。昨天我对自己说：'到底是以前的你精神错乱，还是现在的你沉迷在梦中？'"他想一直过着这样"轻松快乐并收获良多的生活"。

而也有些游客在这里却感到窒息：街道上到处都是小孩和扒手。每天都有1万妓女和4万半裸的乞丐脱掉衣服在大海中洗澡。（之后，他们会几乎全裸地在海滨散步娱乐，而官方对此也是默许的。然而，最终还是有人提出了异议，因为圣洛伦佐的王子喜欢全裸坐在托莱多的感觉！）

那不勒斯和意大利的其他城市一样丑恶：人们在王宫的门廊、柱廊和庭院中随意大小便，私人房屋的门廊和台阶也有相同的状况，那些乘马车的人也会下车和步行的人一样，到这些地方方便。

远国的桂冠

科尔索总会给来访者展示一幅炫目的景象。那不勒斯人以炫耀他们的显赫为乐。安妮·米勒夫人形容这里的马车"胜过巴黎最华美的马车:他们用天鹅绒或绸缎做内衬,用金银做边饰"。那不勒斯的马也是无与伦比的:"它们高大、强壮、活泼,它们的鬃毛和尾巴长且卷曲,并像亚麻一样柔韧。"人们还用银装饰它们的鬃毛,用鸵鸟毛打扮马头。马具通常会镀银或镀金,有时也会有银制马具。

来此游览的人会看到维苏威火山令人惊叹的奇观,会看到庞贝古城遗迹,也可能观赏到像弗兰卡维拉那样充满无限待客热情的王子让他的男仆("他的甜心们")脱光衣服在海中潜水游泳取乐,或是看到许多脏兮兮的佣人在贵族的巴洛克式宫殿台阶上打鼾。

这些外来的游历者包括卡萨诺瓦和冒险家莎拉·古德,一个来自爱尔兰的美丽女人。她曾在酒吧当侍女,后来在接受了古德先生的教育和调教后华丽变身。当然,此外还有威廉·汉密尔顿。汉密尔顿爵士是不列颠使节,他在那不勒斯生活了36年,并在这里的公共机构担任职务。他是18世纪艺术的爱好者,也是一个十分宽宏大量的主人,对待外来访问者更是慷慨。他深受欢迎的原因之一是由于艾玛·哈特。艾玛·哈特本是柴郡一名铁匠的女儿,曾做过查尔斯·葛瑞维尔的情妇,后来,葛瑞维尔将她送给了自己的叔叔威廉爵士,作为帮自己还清债款的交换。美丽的艾玛要赤裸着身体，通过"才艺展示"，即摆出种种古典人物的造型来娱乐汉密尔顿和他的朋友。

威廉爵士与艾玛结婚时，王后亲切地接见了这位汉密尔顿夫人，希望此行为可以取悦这位大使，因为她十分渴望与大不列颠结成同盟。卡洛琳娜很喜欢艾玛，因为艾玛心直口快，可以让她轻易得知很多有用的外交机密。

入夜，城市的躁动蔓延到了各个剧院，和那不勒斯的听众相比，意大利的吵闹显得不值一提。毗邻王宫的圣卡洛斯大剧院共有6个包厢，每个包厢可容纳10~12人。剧院的管理者会用银器和镜子装饰他们的包厢。那些镜子将客人们映照在其中，包厢与包厢之间的雕塑上会有巨大的蜡烛为其照明。这会带来神奇的效果，尤其是当"王后在场，而宫廷的女士和其他人都身穿盛装并佩戴各种珠宝时，王后可以从她们当中脱颖而出，这不仅仅是因为华丽的服装（因为大家的衣服都很华丽），还有她独有的风格、靓丽的外貌和高贵的气质"。身穿天鹅绒绣花西装、佩戴宝剑的绅士们有序地进出包厢。浑身戴满钻石的女士们"闪闪发光，好像群星。就连礼服的接缝处都缀满钻石"，她们在头发上"戴一些宝石串，在高高的发髻上装饰羽毛、纱网、发钗、头巾等与礼服搭配……"。

那不勒斯有一种奇怪的打招呼方式，那就是大声地亲吻对方的双颊，亲吻的声音要"在房间中回响"，每当剧院的

顾客在包厢间走动时,剧院中就会充斥着这种声音。绅士会亲吻女士的手背,他们都认为英国的握手礼是"最傲慢轻薄的习俗"。"每个女士包厢里都有茶、纸牌、骑士、仆人、宠物狗、神父、丑闻和幽会,"贝克福德曾这样说。寒暄过后,圣卡洛斯大剧院也会像意大利的其他剧院一样,变成一个赌场。

如果国王和王后在场,大家必须保持安静,但由于国王通常会在戏剧第二幕刚开始时就离开,所以大家也不必忍耐太久。大多数包厢会在晚餐提供一些冷食,包括火腿、派、通心粉及充足的蛋糕和冰。

此时,意大利的音乐可谓欧洲音乐的标杆,尤其是喜剧。那不勒斯的皮钦尼被视为当时最顶尖的作曲家,几乎可以与莫扎特比肩。他创作的音乐柔和、轻松、欢快,让人为之所动。

王后第一次邀请法国的剧团来访问那不勒斯时,国王正在为伏尔泰的戏剧《扎伊尔》暗自垂泪,可后来他还是被剧团的热情所感染。

对那不勒斯(除了被国王折磨的鱼和野生动物)来说,这是异常和平、繁荣的几年。汉密尔顿曾对拉克索尔说,在皇家打猎后的庆祝聚会上,他经常看到这样的景象:动物的内脏堆成一个个方圆有几英尺的一人高的小山。

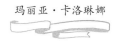

总之，一个宽厚的灵魂统治着这里，它扩建大学、聘请学者、招收官员。在这一时期，就连改革派都为费迪南多的"温情主义政治"唱赞歌。他们没有意识到真正统治他们的是那双藏在白手套下的铁腕。

王后知道国王对女人的手臂十分迷恋，特别是戴着白手套的手臂，要想得到所有她想要的，卡洛琳娜只需轻抚她戴着手套的手臂。据可靠人士称，费迪南多只要看到这个景象就会变得"异常兴奋"。"我见到多少重大事件就是这样决定下来的啊——王后在讨论她在意的事时将手套戴到她美丽的手臂上，国王看到，就会对她微笑，并满足她的所有愿望。"

首相塔努奇为自己不可撼动的地位感到骄傲，但几年后，在卡洛琳娜掌握了至高无上的权力后，就连首相也低估了这位年轻王后的影响力。她看上去很鲁莽，首相本认为不必将她放在心上。一天晚上，她用餐后从厨房里走出来，一边笑着一边开玩笑——国王已提早休息，以便在黎明破晓后狩猎——她和奥地利的两个哥哥在一起太过高兴，结果掉到了海里。厨房的总管和一些士兵潜水下去救她，这件事导致流言四起。当这些流言蜚语传到国王耳朵里时，他怒不可遏，而塔努奇在说服自己不必为这个充满活力的年轻王后感到担心。

对宫廷的影响

年轻的卡洛琳娜有着维纳斯般的容颜,这样的她让那不勒斯的宫廷重现活力。历史学家说,这是在西班牙大斋节后迎来了奥地利狂欢节。她十分注重政治、社交和文化,她的教养更激发了她的野心。在特蕾西亚的所有孩子里,她是与母亲最像的那个。

特蕾西亚曾在有关婚姻协议里细心地加上如下条款,即她的女儿一旦生下王子,就能加入议会。虽然这个儿子的出生让卡洛琳娜等了 7 年,但她从未放弃进入议会的目标。与此同时,她迷惑她的丈夫,并让其逐渐脱离塔努奇和他远在西班牙的父亲的控制。

在结婚 3 年后,卡洛琳娜生下了第一个孩子,一个女孩,取名为玛丽亚·特蕾西亚(后来嫁给了她的叔叔弗兰茨一世,他们的女儿莱奥波尔迪娜成为巴西的皇后)。从 1772 年到 1793 年(这时她已经是祖母了),卡洛琳娜总共生了 17 个孩子,其中 10 个夭折,两个很早就出嫁了。1775 年,她生下了法定继承人,按照结婚协议,此时她理应可以进入议会。

她的第一个目标就是摆脱塔努奇,塔努奇是西班牙对那不勒斯施加影响的最后一个桥头堡。为了达到这个目的,她需要费迪南多的帮助。在妻子的坚持下,费迪南多多次写信

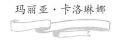

给远在西班牙的父亲，攻击为皇室卖命 40 年的首相塔努奇。费迪南多还秘密地向父亲抱怨自己的妻子，他觉得是奥地利的人唆使她竭力进入政府。"我应该阻止她进入议会，"他写道，他的判断有一部分是对的。

"我的首要目的，"卡洛琳娜坦白，"就是辅助我尊敬的哥哥，为了他我愿意献出生命。"30 年来的每个星期，都会有一封信从维也纳寄来，其中写了在那个城市所发生的一切。她称之为"栖息地的记录"，她总是情不自禁地阅读那些信件。在她心中和灵魂深处，她始终是奥地利人。

然而，费迪南多最终也没能拒绝他的妻子，就在继承人出生的一年后，为皇室服务了 42 年的塔努奇下台了。费迪南多对国事一点兴趣都没有，所以时常让卡洛琳娜做决定。他甚至将议会会所的所有墨水瓶都撤走了，这样他就可以不用写任何东西。在卡塞塔王宫中彻底放纵自我的费迪南多已经无法构思或执行任何计划了。有一次，在参与议会的一次重要会议时，他听到庭院中传来鞭打的噼啪声，便毫不犹豫地起身，让王后像平时那样做出最后的决断，然后就加入了打猎的行列。正如他给父亲的另一封信中写的那样，她的妻子有能力以最有力的方式向她负责的提案施压。"至少在这一年里，不管你是死还是离家出走，我都拒绝怀孕，"她哭喊道，还生气地在费迪南多手上咬了一口。

在她两个哥哥制定的方法的指导下，卡洛琳娜竭力赢得

精英们的信任并促进国家经济政策的改革。于是,一连串文件出台了,它们分析了那不勒斯经济失衡的原因并提出了补救措施。塔努奇镇压共济会会员的案件也被翻案。卡洛琳娜的维也纳家人都支持这个运动,她的父亲、哥哥约瑟夫和她的两个姐妹都是共济会会员。尽管共济会被罗马教皇和卡洛斯三世定罪,但由于卡洛琳娜的公开支持,它在那不勒斯不断繁荣壮大。它的地方分会成倍增加并遍布各省,其中还包括妇女共济会。

尽管费迪南多的父亲对此表示抗议,但这时的塔努奇已经被免职,西班牙已经无法干涉那不勒斯的政治,取而代之的是奥地利及其同盟国英国。为了重振那不勒斯海军,卡洛琳娜向哥哥利奥波德寻求建议,而利奥波德也将约翰·阿克顿爵士派遣给了妹妹。约翰·阿克顿是个拥有魅力和运气的海军士兵,他对王后十分爱慕,他们也不可避免地被当作恋人而遭受控告。

在马德里的卡洛斯国王试图利用这些流言逼迫他的儿子罢免或驱逐这位卡洛琳娜的新欢。"他们把你变成了一个纸老虎,"他写道,"你必须马上革除阿克顿的职务,或者把他遣送出你的国家。"费迪南多和他的妻子回到房间,锁上门,当24小时后两人出来时,费迪南多已经被妻子说服,承认她是对的。尽管远在西班牙的势力企图驱逐阿克顿,但他一直留在那不勒斯并且权力越来越大。

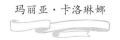

阿克顿成了王后的得力助手。他办事效率高,思维缜密,因此王后指派他担任两军总指挥。王后在那不勒斯建立了 4 所新的海军学院,并聘请最好的教授,第一幅正确的地中海地图就出自其中一所学院。不久,那不勒斯的造船厂就可以与维也纳的船厂相媲美了。商船业渐渐得到发展,那不勒斯领航员的技术也举世闻名。在法国、瑞士和奥地利长官的指挥下,部队被重新整顿,步兵团的穿着和部分武器都变成了奥地利式的。

王后的决定都是打着国王的旗号。费迪南多每天都会在日出时出宫打猎,而王后则定期参加议会的会议,准备一些需要她丈夫在晚上签字的文件。当国王回来的时候,一整天用尽全力的追逐使他筋疲力尽,所以无论他面前放着什么,他都只管签字。

在西班牙,国王卡洛斯为儿媳的影响力胜过自己而感到焦虑,而且快要被逼疯。为了缓解这样的情绪,他外出打猎却不幸染上了严重的风寒,他试图用老猎户的治疗方法——敷热鹿油来治疗自己。但这个方法并没有奏效,当时也不可能在夜晚找一位医生来为他治病,他只能让一位信得过的侍卫用鹦鹉笼将他遮挡起来。早晨,他去世了,和他一同消亡的还有西班牙对那不勒斯的影响。

即使卡洛琳娜拥有最勇猛的军队,她依然让西班牙的干涉持续了 20 多年,直到 18 世纪 90 年代初,她才完全掌管

了这个国家并将其治理得很好——虽然那些诽谤者总是将她的改革措施和她建立的慈善机构归功于她的丈夫。她组建军队不单单因为她要与西班牙势力抗衡，还由于她在做决定时还比较青涩、热血和草率。

但她深沉且真切地关心着她的国民及他们的福利，她还拥有一颗宽宏大量的心。甚至在法国大革命后，她的慈善事业（尤其是在法国大革命后帮助法国难民）使国家负债累累，首相约翰·阿克顿也为此谴责她，并让她牢记她妹妹的命运，因为此时她也面临着相同的控告。她急切地想要改革，但她过于心急了。作为一位强势女皇的女儿，她压下所有的反对之声并强制实行她的决策。

她的改革十分有必要，但也遭到贪污集团及其受益者的强烈反对。那不勒斯法院由于贪污而臭名昭著，王后想要对此进行改革，而这引起了法官们的强烈不满。她减少了贵族的特权——这让那些贵族无比愤怒。她对陆军和海军改革同样惹怒了这些贵族，因为那些他们以为本该属于他们的职务被王后指派给了一些外国人（虽然他们知道没有一个那不勒斯人能够担任那么高的职务）。一些牧师也因她驱逐耶稣会信徒并没收他们的财产建立机构（博物馆、医院、大学）而对她怨声载道。当王后建立世俗学校后，也就理所应当地抛弃了这些神职人员。王后在这里进行了大规模的整顿和改革，这些让费迪南多赢得了无数赞誉，而这位异国王后得到

的却是无数苛责。

除了对国家的贡献,卡洛琳娜还是一位尽职尽责的母亲。她花费了大量精力去照顾和教育她的孩子们。而她生下 17 个孩子的这些年也正是她在政界最有作为的几年。很难想象在那样一个落后的国家、落后的年代,她是如何取得如此大的成就的。

到了要为女儿挑选夫婿时,她和费迪南多一起去了奥地利。她让丈夫在这里不必拘束,将维也纳视作第二故乡,于是,费迪南多就像在那不勒斯那样每日在美泉宫打猎。他们在奥地利首都享受了 8 个月平静的时光。

意大利以南的人做事情大部分都很随意:如果她用专横的手段激怒各个社会部门,那她只是遵循母亲和哥哥的治理模式,虽然他们赢得了国民的爱戴和世界的称赞,但那不是她想要的。卡洛琳娜强硬、有野心并且傲视纲常,但如果她不是一个认真善良的女人,她不可能为穷苦无知的平民百姓做这么多事。

多年来,她在除西班牙及其支持者以外的国家都很受欢迎。卡洛琳娜造就了一个辉煌灿烂且充满刺激的宫廷,世界各地的人都汇聚于此,想要一睹这位美丽的王后的风姿。

丑闻及流亡

当时,有很多有关卡洛琳娜的"风流韵事"在坊间流

传。似乎每个那不勒斯女人，不管年老年少，不管是美是丑，也不管她们有一个或多个情人，都有着这样那样的绯闻。来访者都认为皇室的行为"无所顾忌，轻浮散漫"。约翰·阿克顿和王后的关系看上去不只是友谊，但事实上他的确不是王后的情人。卡洛琳娜身边有很多红人，但相对于爱情，她显然对权力更感兴趣。或许两者都让她沉迷，也或许那些谣传的"风流韵事"在现实中不过是她爱抛媚眼罢了……

法国大革命击垮了卡洛琳娜。路易斯十六和玛丽·安托瓦内特被处死，这摧毁了她出色的洞察力。她的妹妹遭受了非人的虐待，而这都源于她在自己的国家所资助的启蒙运动。自此，她开始痛恨法国。1793年整整一年，妹妹被推上断头台的场景一直在她的脑海中挥之不去。后来，那不勒斯加入了奥英反法同盟，卡洛琳娜的舰队也同英国舰队一起离开了土伦。

在法国，革命者狂乱地四处屠杀，就连那不勒斯国内也满是这些激进的民主主义者。当维苏威火山第三十三次爆发时，卡洛琳娜迷茫又怀疑，心怀鬼胎又惶恐不安，她的判断力彻底消失，她用间谍来预防阴谋集团对她的谋害。此时，她发现自己又一次怀孕了，而这一次，她的健康因情绪而受到了严重影响。从此，她的生活只剩黑白，但黑暗占大部分。此时已是内忧外患。国内，她看到的只有叛变；国外，来自法国的影响让她无比害怕。

随着她影响力的逐渐衰弱,其政治决断也出现越来越多失误。有人控告她由于自我放纵而花光了国库的储蓄。然而,她写信给红衣主教:"我在这里生活了31年……我甚至没有一间乡间别墅、一个花园(那是我一直想要的)、一件珠宝,我没有资金,什么都没有。但是现在,所有人都确信我拥有那不存在的数百万;我甚至不能拥有我想要的,我下定决心,即使这样,也不能背离严格的责任原则……"1793年,汉密尔顿在信中提到国王始终保持着对人民的关爱。关于卡洛琳娜,他观察到:"那不勒斯的王后一点也不受欢迎,但她的权力过于明显,她对此感到十分害怕。"

王后的恐惧致使那不勒斯加入了第二次反法联盟。在1798年12月,那不勒斯军队返回那不勒斯,而卡洛琳娜和费迪南多被迫逃亡。次年6月,他们返回那不勒斯,而王后也对屠杀共和党人负有部分责任,这明显违反了和平协议。

卡洛琳娜并未就此收手。1805年,她用自己剩余的政治力量支持那不勒斯参与第三次反法战争。次年1月,拿破仑又一次攻陷了那不勒斯并将皇室赶到西西里。几年来的流亡迫使卡洛琳娜用鸦片麻痹身体的疼痛和自己的头脑。她讨厌住在巴勒莫,虽然西西里由于皇室的到来而变得繁荣。国王和人民都因为他们所遭遇的灾祸而责怪她。她很不受欢迎。在1811年,她同英国大使乔治·本廷克发生了一次争吵,

本廷克轻易地说服费迪南多让王后离开了西西里。

国王将她送回了维也纳,他们俩人的分开还引发了一件丑闻。当时王后已经 57 岁了,她到达维也纳整整耗费了 8 个月。此时,她的女儿、奥地利曾经的女王已经去世;她与同盟国英国也发生了争执;拿破仑将那不勒斯的王位给了他的妹妹卡罗琳。

卡洛琳娜的儿子让这位逃亡的王后无比厌烦,因为他和他的父亲一样迟钝。她曾经的女婿、弗兰茨皇帝认出了木拉特和卡洛琳娜这两位那不勒斯的统治者,她在维也纳的地位变得十分尴尬。然而,更糟糕的是,弗兰茨的女儿玛丽·路易斯是拿破仑的妻子。

就像她妹妹安托瓦内特一样,卡洛琳娜总是遭到同时代人的污蔑,一些政见与之不同的历史学家也会中伤她。凭借着前 20 多年的成就,她本应得到更高的历史地位。她的悲剧在于她生命最后几年发生的悲剧——一些是她实际遭受的,一些是她想象的;这些苦难折磨着她,也让后人有了诟病她的把柄。1814 年 9 月,她悲伤且孤独地死去。当时拿破仑战争刚刚胜利,维也纳上下正为此欢庆,所以没有几个人注意到或在意她的离世。

利奥波丁娜

奥地利女大公/巴西皇后
(1797—1826)

1808年,拿破仑侵占葡萄牙。葡萄牙在英国的保护和帮助下,整个宫廷流亡到葡萄牙殖民地巴西。

3个世纪以来,不管是在文化上还是经济上,葡萄牙一直把巴西孤立于整个文明世界之外。如今,巴西对世界敞开了大门,和友好国家开展贸易往来。随着大量受过教育的欧洲人涌入巴西,欧美国家与巴西的社会、商业、文化交流也逐渐频繁起来。城乡发展起来了,巴西也解除了先前对手工制造业的禁令,人们建立起了皇家出版社、皇家图书馆,在里约热内卢,一座座高楼大厦拔地而起,气势恢宏、雄伟壮观。

1815年,在维也纳会议上,克莱门斯和梅特涅建议葡萄

牙王朝，若想要建立巴西王国，那么必须让它得到足够的认可。一年后，若昂六世继承了他葡萄牙母亲的王位，尽管当时法国已经撤离葡萄牙，他还是不肯回到那个一度让他身陷囹圄的王国。大英帝国将拿破仑从葡萄牙驱逐之后，若昂六世被迫几乎完全屈从于英国。如今，为了和英国的势力相抗衡，也为了打消西班牙攫夺半岛以及美洲的念头，若昂六世决定让自己的继承人与奥地利国王弗朗茨一世的女儿联姻，以形成联盟。

奥地利也曾对葡萄牙王朝的野心嗤之以鼻，但当拿破仑发动了一场毁灭性的奥斯特里茨战争、粉碎了神圣罗马帝国之后，曾经光荣的奥地利王朝不再叱咤欧洲，这对奥地利来说是一种耻辱。现在，王国的权力缩小到仅限于自己的势力范围之内，而若昂六世又十分希望与之结盟。趁着这天时地利，他派最出色的大使马里亚尔瓦侯爵出使维也纳，代表布拉干萨王朝提亲。

奥地利篇

玛丽亚·利奥波丁娜·约瑟法·卡洛琳娜，奥地利女大公，拿破仑王后玛丽·路易莎的亲妹妹。19岁那年，她与葡萄牙王储佩德罗·德·阿尔坎塔拉订婚。佩德罗比她大2岁，之前9年一直住在巴西。但这位英俊潇洒、有勇有谋的

利奥波丁娜

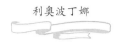

王子从小生长的环境怪异,他荒废学业,常和宫里的仆人及阿谀逢迎者相伴。佩德罗长期处于尔虞我诈、你争我斗的环境中,因此导致他的性格古怪、为人复杂。

这桩婚事对佩德罗来说出人意料,但是他并未觉得会因此断送他恣意潇洒的生活,更多的是反而觉得好奇。他崇拜拿破仑,而他的结婚对象又是拿破仑王后的亲妹妹,因此,他对这位未婚妻充满了浪漫的幻想。利奥波丁娜的画像也没有让他失望,只不过这位未婚妻的画像与真人相比,美化得有点认不出来了。

从外表来说,利奥波丁娜完全不是佩德罗的理想型。她中等身高,体型就差用"肥胖"来形容了。她长得一点儿也不娇柔,对梳妆打扮也丝毫不感兴趣。在利奥波丁娜眼里,化妆品不是用来修饰美的东西,反而是一种浮于表面的累赘。马里亚尔瓦一直是位出色的大臣,当这位大臣问她有没有什么物质上的要求时,利奥波丁娜尽可能婉转地说:"在我眼里,君权和珍贵的美德一样闪闪发光。"

但是,长相平平的利奥波丁娜却不失优点。她善解人意,聪明伶俐,尽管体态丰腴,她那副蓝色的眼睛炯炯有神,映衬着小巧的鼻子,笑起来甜美动人。利奥波丁娜生性活泼,喜欢各种各样的体育运动,尤其是骑马(尽管骑马并没有让她变得苗条)。她的父亲要求她们精通各种语言,英语、法语、西班牙语、意大利语、匈牙利语还有捷克语。从

她们8岁就开始学习历史了,尤其是关于哈布斯堡王朝和神圣罗马帝国的历史。不仅如此,这些王室的孩子们很早就开始接受教育了。

如果学习不勤勉,他们还会受到惩罚。为了培养这些孩子们的观察力,与他们亲密无间的继母常常会带他们去都城附近的小镇上做短途旅行,逛花园,看展览,甚至到矿地上玩一玩,等户外实践结束后,再让他们把自己的观后感写出来。

利奥波丁娜酷爱数学和自然科学,比如植物学、矿物学、航天学以及物理学。除此之外,她还学习拉丁文、绘画和音乐。尽管利奥波丁娜很喜欢音乐,这个苛刻的老师让当时的她讨厌至极,不过,后来她也十分感激这位老师教会她很多东西。她还喜欢收集硬币、植物标本、贝壳、花还有矿石。一次在维也纳,她还偶遇了歌德,自那以后,德国文学就成了她毕生的爱好。

她的父亲弗朗茨大帝是个严于律己之人,不仅如此,他对孩子们的要求也是一样。弗朗茨大帝笃信虔诚、乐善好施、彬彬有礼、满腹诗书,在弱冠之年就搜集了许多名贵的画作,还拥有一座宏伟壮丽的图书馆。他睿智而幽默,喜欢和孩子们嬉闹。随着这些孩子们越长越大,弗朗茨也成了他们忠实的伙伴。

但同时,弗朗茨从小就给女儿们灌输了不可动摇的信

利奥波丁娜

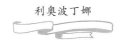

念：王朝的尊严和名望高于一切，即使是以幸福为代价；对父母的话要言听计从；日后结了婚也无疑要以夫为纲。弗朗茨还教导孩子们，要尊重当下主流的社会政治秩序，并热衷于履行自己的职责。

弗朗茨还坚持要求他的女儿们身心都要保持纯洁无瑕，即便到了结婚那天，也不能对两性关系有所了解。在父亲眼里，这一点是如此重要，以至于他的儿子女儿们几乎是在隔绝的环境下长大的。所有的书都要经过审阅，任何提及男性人体、情爱与两性关系的内容都要被删减，不仅如此，一些敏感的人体雕像图片（即使有遮盖物遮挡）都要被剪掉。利奥波丁娜和她的姐姐玛丽·路易莎都很喜欢小动物，她们有一个小农场，不过，那样严苛的审查甚至延伸到了这个小农场里：她们养的小动物竟然也都是雌性的。

利奥波丁娜的生母活泼开朗，在危急时刻表现得尤其沉着冷静。17年间她为国王诞下13个孩子，却从未失去克制。对利奥波丁娜来说，她的生母为她树立了一个影响其一生的榜样，克己忘我、乐善好施、为人善良。尽管她的生母总是在慈善业以及宫廷的消遣活动上一掷千金，也因此受到群众的斥责，但她对自己的生活却十分节俭。利奥波丁娜也是一样。在她10岁的时候母亲就去世了。不过，她们都很喜欢那位年轻的继母玛丽·路易斯·埃斯特。玛丽·路易斯温婉聪慧，颇有教养，她经常给孩子们办一些家庭聚会，组织孩子们去接触音乐、游戏还有表演。不过，在经受漫长的疾病困扰后，继母于29岁那年就弃世了。尽管如今弗朗茨大帝陪伴在她身边的时间要多了很多，还带着她去打猎，但继母的逝世对利奥波丁娜的打击仍然很大。

　　利奥波丁娜的父母让孩子们从小就接受宗教教育，而她自己也对天主教的神秘主义有着极其敏锐的感知能力。她后来加入了十字勋章修道会，通过祈祷和善行表达对圣十字的尊敬和笃信，救赎自己的灵魂；通过端庄得体的衣着来表达对耶稣的虔诚与热爱。利奥波丁娜在自己非常痛苦的岁月里加入了修道会，那是一段艰难的历程：她的姐姐玛丽·路易莎嫁给了那个家里公认为是反基督徒的拿破仑·波拿巴。而她的这位姐夫还曾两次将王室逐出维也纳，一次是在利奥波丁娜8岁的时候，还有一次是在1809年。

　　此时的奥地利相对而言还是个贫瘠的国家，因此，当布拉干萨王朝的凤冠就摆在利奥波丁娜的眼前时，吸引她的不是葡萄牙王国，而是那个世界上自然资源最富饶的巴西。

　　马里亚尔瓦侯爵出使维也纳的行程安排落实到了每一个细枝末节上，他的出行阵仗十分浩大，让维也纳人民应接不暇。这位大使带着14辆马车以及50个身穿制服的侍从进城，那场面就像苏丹的随行队伍，亦如教皇出行的盛况。在他的宴会上，维也纳人从来没有见过这些纯金制作的餐具，

利奥波丁娜

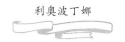

他还给王室和宾客们带来了大量的礼物,有来自南美的钻石,有蓝宝石、海蓝宝石,还有珍珠。当看到画像里的王子目不转睛地凝视着自己时,这位小公主一见钟情,觉得自己未来的夫君是如此英俊。画像由硕大的巴西钻石围成框架,画像头顶戴了一顶钻石王冠,而整个画像就作为坠子挂在一条由更大钻石做成的项链上。利奥波丁娜迫不及待地把项链戴到自己的脖子上。她在给姑母的信中说:"前几天拿到了王子的画像,我觉得他很有魅力,眉眼之间显现着温柔与英气。"

事实上,利奥波丁娜当时已经和萨克森王子订婚了,但是马里亚尔瓦侯爵的来访让梅特涅决定与巴西联盟,因为巴西能给予维也纳更多的帮助。梅特涅对国王说:"不论葡萄牙帝国有多没落,巴西对我们来说一定是举足轻重的。"

这位年长的大使马里亚尔瓦一直在替佩德罗王子追求利奥波丁娜,以王子的名义送给她事先写好的情书,还有花和礼物。而这位准新娘,尽管不是个调情高手,但却充满了浪漫的幻想。面对这块新大陆上全然不同的生活,她充满了期待。她给姑母写信说:"这大概就是我的宿命吧,但我一直对美洲充满好奇,从小我就老说要到美洲游历。"利奥波丁娜十分勇敢,她坚称自己不怕漫长的海上之旅,不过,她总是不厌其烦地重复这些事情,以至于有人怀疑她是否在过度抱怨。她下定决心要竭尽全力讨自己未来的夫君开心,她开

远国的凤冠

始学习葡萄牙语，尽管她曾说葡萄牙语"难度很大，全是阿拉伯字母"。而这位儒雅的马里亚尔瓦大使向这位年轻的女公爵保证，佩德罗王子和她一样，喜欢植物学和矿物学。事实上，当利奥波丁娜正全身心投入学习巴西的历史地理的时候，佩德罗却正被一位芭蕾舞演员迷得神魂颠倒。

1817年5月13日，利奥波丁娜的叔叔代替佩德罗王子出席婚礼盛宴，并完成了结婚仪式。梅特涅伯爵则亲自陪着这位新娘穿越意大利，来到海上出发点里窝那港。在佛罗伦萨，利奥波丁娜欣喜万分，因为自己就要和姐姐玛丽·路易莎，也就是当时的帕尔马女公爵团聚了。终于，在8月初，由女大公、随行人员以及（在舰船内的）由奥地利大使组成的小舰队终于启程。含泪与姐姐告别后，带着对未来的美好希冀，利奥波丁娜离开了意大利。

轮船上，利奥波丁娜的套房雕栏玉砌，金碧辉煌，套房内还配有一间华丽的洗手间。当轮船停靠在马代拉河岸时，人们欢呼雀跃，精心准备了很多庆祝活动，热烈欢迎他们的到来。这也是利奥波丁娜第一次踏上葡萄牙的疆土。

轮船缓缓前行，船上的管弦乐队不停地演奏着，以消磨漫长旅途中的无聊与乏味。乘客们则在船上打牌。当队伍抵达热带地区的时候，有人还策划起了木偶剧表演。还有一些无所事事的乘客会把海上的奴隶船误以为是海盗船。海上行程一切都很顺利，整个队伍到达了南半球，并成功穿越赤

道。而且万幸的是，86 天的漫长旅途中，这位"相貌威严的新娘"和她的队伍仅遇到过两次暴风雨。终于，在 1817 年 11 月 5 日，队伍抵达里约热内卢，利奥波丁娜却没有意识到这意味着她与奥地利从此诀别，再也不会相见了。

长期以来，欧洲科学家千方百计想要窥探巴西神秘的自然世界，这位奥地利女大公和葡萄牙王储的联姻，给他们提供了一个千载难逢的契机。借着这桩婚事，梅特涅以自己是科学研究组委会负责人的名义，陪着利奥波丁娜一路来到了巴西。

托斯卡纳王朝坚决要求让一位著名的植物学家加入委员会，而巴伐利亚国王两年来一直想把他手下的科学研究人员派到南美洲做研究。如今，借着奥地利这把保护伞，这位国王在和亲队伍里增加了两位来自慕尼黑科研院的专家，一位是动物学家冯·斯比克斯，另一位是植物学家冯·马修斯。他们此行的目的是探索巴西王国，研究动植物群和巴西的矿产资源，同时还要调查巴西的人文特点。

这位女大公的和亲队伍里人才济济，包括图书管理员、动物学家、皇家猎手、皇家园丁、昆虫学家、矿工，还有 3 位绘画老师以及一些植物绘图师。其中，最著名的还要数奥地利画家托马斯·安德。

另外，队伍里还包括总管、内臣、6 位匈牙利贵族成

员、6位奥地利近卫军卫士、来自各阶层的贵族、一位出色的社工、一位牧师,以及女大公的私人医生(兼博物学家)和4位精通葡萄牙语的侍女。如此浩大的队伍里,随行的还有葡萄牙王室男侍从和他们的妻儿,以及大量的官员。让人感到莫名其妙的是,这些人还带了大量的牲口,比如奶牛、小牛犊、猪、羊、4000只鸡、几百只鸭,还有四五百只金丝雀。难怪奥地利大使在给妻子的信中写道:"与若昂六世号比起来,诺亚方舟简直像是小孩子过家家。"大多数科学家在王室队伍出发前两个月就乘着两艘护卫舰出发了,一路上风平浪静,因此冯·斯比克斯和冯·马修斯二人通过一系列测量工具,比如晴雨表、温度计、液体比重计、湿度计还有静电计,对海上的风浪作了详尽的分析和注释。

巴西篇

1808年,葡萄牙王朝迁入巴西,自那以后,社会风俗发生了翻天覆地的变化。英国人成了受人尊敬的对象,不再被视为异教徒或者是"牲畜"而受到洒圣水的侮辱。以前,在过宗教节日时,按照传统要在教堂里跳舞,现在也被废止了。不仅如此,英国人还把诸如假牙、面包、啤酒这些新事物引进了巴西。

3个世纪以来,这个沉睡的国度一直处于相对孤立的状

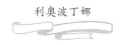

态。而当时已被挖掘的民族元素融入了高度的社会潮流之中。主仆之间，混血儿与亚洲人、摩尔人、非洲人带来的文化，在相互的碰撞融合之下，对巴西民族文化产生了一种极具东方特色而非葡萄牙风格的影响。红顶飞檐下，人们搭起了空中阳台，安上菱格形的窗户，还用彩砖点缀着房屋的正门，各家各户的院子里也开始出现喷泉和水井。

巴西女人们大都珠圆玉润，丰满迷人。外出时，贵妇千金们出门都会乘坐轿子，大多数女人都会蒙着一层面纱，只露出自己的双眼；在家里或教堂的时候，她们则会盘腿坐在地毯上，这些都是摩尔人带来的文化习俗。至于桌子上的瓷器，大都源自印度和中国澳门，床幔也是从东方引进的，许多菜肴及调味料也来自亚非国家。同样，巴西人还从那里引进了各种植物和果树，比如印度棕榈、芒果树、面包果树、丹迪棕榈以及无花果树等。

不管是房屋还是轿子，不管是女人的头巾还是男人的斗篷，鲜艳明亮的颜色充斥着整个巴西。红色、金色、猩红色装点着教堂里的一切；家具，尽管是用黄檀木做的，也都被粉刷上了红色或者白色。这些明丽的色彩给巴西带来了一种东方之美，给巴西带来了最深远的影响。而葡萄牙殖民地纳入了所有这些巴西的本土元素，因此，对欧洲人来说，这片土地充满了异域风情。

19世纪，巴西再一次向欧洲敞开了大门，大批新兴的从事资本主义工业、商业和机械制造业的中产阶级涌入巴西。这些初来乍到的新客人把自己城市里单调的黑灰色系带给了巴西人,燕尾服、靴子、礼帽、马车都是黑色的。这种独具欧洲文明的颜色,吞噬了巴西工人身上淳朴的东方色彩和非洲色彩。没过多久,巴西人便爱上了这种优雅精致的审美,他们开始盲目地去模仿这些欧洲"上流社会人士"的打扮,还采用他们的设计样式来制作抗寒衣物。曾经,每到炙热的酷暑,巴西人民都只身着轻衣绶带(小孩们也只套上一件亚麻外衣),而如今,男女老少都被欧洲繁冗的服饰打扮所折磨,甚至连一个5岁小女孩有必须要穿紧身的丝绸连衣裙,里面要套上两三层衬裙,再穿上一条长裤,头上要顶着用羽毛装饰的精致便帽,脚下还得踩着有跟式黑色童靴。

1817年,利奥波丁娜抵达里约热内卢(以下简称"里约"),而此时的葡萄牙王室已在巴西驻足了9年,上流社会的人们对自己在追求奢侈与便利生活上所获得的成果自命不凡,甚至认为已经远超过了在艺术科学领域上的发展。冯·斯比克斯幽默地评论道:"相比那些要付诸努力才能领略到的艺术乐趣,他们更喜欢享受唾手可得的好天气吧。"

欧洲的时事新闻传至巴西,既迅速又准确,令人惊讶。只可惜当时整个巴西王国仅有两家报刊。由于巴西没有大学,很多巴西人只好去葡萄牙的科英布拉大学完成自己的学

业。里约当时只有两家书店，不过贵族阶层的人会从国外购入许多法文书籍，相比其他的书，他们更钟爱法国文学，而德国文学（以及德语）在当时几乎鲜为人知。

当时整个社会的通用语言是葡萄牙语，只有男士才会讲法语和英语。妇女们在王室的庇护下过着安定的生活，不过她们也渐渐开始到剧院里欣赏戏剧了，这座宏伟壮丽的剧院是数年前建造的，并于佩德罗生日这天对外开放。剧院内部，王室包厢占据了整个舞台的正前方，剩下的几百个昏暗的包厢则留给了那些常去剧院的贵客。大多数观众都觉得管弦乐演奏尚可，不过戏剧表演就十分平淡无味了。

音乐是一种最大众化的娱乐方式。只有富贵人家才买得起钢琴，而让人们最喜闻乐见的乐器是吉他，因为它雅俗共赏，每个人都可以跟着吉他曲跳舞。佩德罗还组建了自己的乐队，由黑人和黑白混血人种组成，包含声乐部和器乐部，有时他也会亲自领导、指挥演奏（佩德罗还是一位天才作曲家，曾经在巴黎演奏过自己创作的交响乐）。

对于欧洲人，尤其像利奥波丁娜这样金发碧眼的白种人来说，巴西文化上的空白并不是他们在这里生活的最大障碍，问题的关键在于水土不服。巴西人对黄热病免疫，而欧洲人却因为黄热病饱受摧残。不仅如此，这些不幸的外国人还染上了梅毒、疟疾，以及肝病和黑死病。

船队抵达里约港的那一刻，利奥波丁娜的内心并没有担心这些重重的困难。如今,她踏上了另一个大洲,她脚下的这片土地将是她的新家,未来的某一天,这里的人都会成为她的子民。有一会儿,她看到了里约巍峨的面包山。现在轮船缓缓驶向港口的一个巨型露天剧场,当时的游客称这里是世界上最美丽的露天剧场。郁郁葱葱的树木让利奥波丁娜惊叹不已,茂密的群山好似这幅画的背景,而海边的绿岸上布满了白色的房子,还有大大小小的教堂和城堡。当轮船靠岸时,德国人闻到空气中弥漫着的芬芳,称它是"一种芬芳的香水"。随着轮船抛下锚,礼炮轰鸣,铜管乐声骤然响起。

在风景迷人的大理石码头上,人们在和亲队伍抵达的地方搭起了一个小亭子。当利奥波丁娜还在排练着她的欢迎演讲时,若昂六世就不由自主地和这位新儿媳高声地打了个招呼,而利奥波丁娜则用一口不流利的葡萄牙语结结巴巴地回应着国王。随后,佩德罗便跳上船问候自己的新娘,还塞给她一个珠宝盒。

利奥波丁娜心头一阵惊叹和喜悦,她的丈夫比画像上的还要英俊潇洒。在这如诗如画的地方,面对这样一个温暖热情的大家庭,还有一位理想中的翩翩少年就这样站在她的面前。她离家远航来到巴西,在整个世界看来,她是个万众瞩目的小姑娘,但即使是欣然接受了安排,她仍对自己的命运感到可悲。她曾说:"我承认,委曲求全远离家乡,可能这辈子没有比这更痛苦的了。但是联姻结盟能让我的父王高

兴，我也相信上帝会以它特殊的方式安排我们这些贵族的命运。顺从父母之命就是顺从天命，于是我接受了上帝的安排，这样想对我来说大概是一种慰藉吧。"国王对这位女大公的关心似乎还没有寻常百姓多。如今，佩德罗就站在她面前，穿着将军服，身上佩戴的勋章闪闪发光，刺绣的高领微微擦过他深红色的胡须。难怪这位相貌平平、矮矮实实的利奥波丁娜会对他一见钟情，无法自拔了。

马车缓缓驶过凯旋门，有的凯旋门是由柱子搭建而成，顶端安上了镀金的柱头，还有一些则是用花朵编制而成，散发出甜蜜的香气。彩旗和横幅在风中翩翩起舞，两侧的阳台上也挂满了五颜六色的丝锦绸缎。大街小巷，象征哈布斯堡和布拉干萨王国联姻结盟的徽章随处可见，妇人们锦衣华服，身上装点着钻石和羽毛，闪闪发光。她们从窗户中探出身子，摇着手帕欢呼。当这对新婚夫妇从楼下经过时，她们就会撒下纷飞的花瓣。利奥波丁娜如痴如醉，她穿着点缀了金银刺绣的白色婚纱，和自己的夫君坐在8匹大马拉着的马车里，马儿身上还披着丝绒挂银的挽具。王子不会说德语，利奥波丁娜的葡萄牙语又很不流利，因此，一路上他们偶尔只会用法语交流。在骑兵队的护送下，马车队伍抵达皇家小教堂，新人及婚礼团人员则在这里进行祈祷、颂歌。

皇宫在城市的中心广场上，离码头并不远。广场的一侧

远国的凤冠

建有教堂、加尔默罗会修道院，还设有一座图书馆（每天对外开放 6 小时）。另一侧则是皇宫，还有一些并排而建的私人住宅和鱼市，后门则面向大海。欧洲的科学家们看到这样的皇宫之后，大失所望，而事实上，大多数里约建筑都让他们大跌眼镜。皇宫只有两层楼那么高，南边有 24 扇窗户，北侧则只有 9 扇面朝大海的窗户。在他们眼里，这样的皇宫与欧洲宏伟华丽的宫殿大相径庭，也配不上这样一个日升王国。

在一间宽敞的接待室里，新人在这儿举办了隆重的婚礼盛宴。接待室内，四周挂满了法式丝绸，墙纸也用镀金线镶了边。楼下的广场上，人们欢呼雀跃，呐喊着想见一见佩德罗和利奥波丁娜。终于，这对新人走到阳台上接见了百姓。看到如此热烈的欢迎场面，利奥波丁娜明白这些百姓是打心眼儿里欢迎这位德国公主来到这个崭新的世界，成为他们的王妃。到了晚上，整座城镇灯火通明。为了庆祝皇室婚礼，这样的盛况将持续 3 天 3 夜。不过之后，一切又恢复了平静，里约城又回到了以前的样子，依旧是那么脏乱不堪。

扩建改造后的皇宫又重新亮相。宫殿内的利奥波丁娜有点想家，又有点儿腼腆，不过她很快就喜欢上了这个新家庭。她的新家人们赠予她优雅精致的珠宝作为见面礼。国王亲手给她戴上一条由 400 颗完美无瑕的珍珠串成的项链，王后则为她戴上一条由蓝宝石和钻石镶嵌而成的手链。各个公

主们还送给她耳环、手镯、一枚红玉胸针以及装饰精致的发钗，或是西班牙的发梳。利奥波丁娜喜欢上了她的新家人，对他们的友好深受感动。待夜幕降临，王室成员们便悄声前往附近的乡村宫殿——圣克里斯托弗宫。

里约城炎热喧嚣，环境潮湿。当海水退潮时，一些沼泽物就浮在海边，散发出令人作呕的恶臭。用花岗岩铺成的里约大街也十分狭窄，两边是凸起的平台，以供行人通行，但百姓们大都邋遢不堪，街上唯一的清洁工大概就是食腐肉的秃鹰了，也正因为如此，它们成了巴西的保护动物。

1740 年，巴西人挖了一条沟渠，将清澈的泉水引到城中的喷泉内，而主广场上最大的一座喷泉却是人畜共饮的，动物在泉池边饮水，奴隶也提着水桶从这里打水。喷泉附近则是一条水槽，洗衣服的妇女们在这里洗衣、扯闲话，紧挨着的就是一个奴隶贩卖摊。

尽管里约城给人的第一感觉像是座欧洲城，但里约的工人阶级大都是由一群黑人和黑白混血的人组成的，看到这些人穿着破旧肮脏的衣服，唱着怪诞的歌谣，在如牛负重之下挣扎着生活，游客们顿时心生黯然之感。破败不堪的二轮运货牛车穿越在大街小巷之中，车轮嘎吱作响；每到黄昏来临，蟋蟀、青蛙、癞蛤蟆就发出聒耳的鸣叫。为了庆祝一连串的宗教节日，里约城几乎每天大清早就会发射火筒，堡垒鸣炮。这也难怪王公贵族喜欢远离城区居住了,城市的喧嚣和恶臭实在是让人无法忍受。

由于若昂六世患有痛风,走水路又比走陆路更温和舒适,所以王室乘着小船启程。他们穿越海湾,星星点点的小船漂浮在海上,船上的灯火映照着海水,泛出湛湛的微光,空气中不时传来阵阵忧郁的奴隶之歌。水上路程很短,不一会儿,圣克里斯托弗宫便映入眼帘。

第二天,王室为外交使团举行了招待会和音乐会,音乐会上,佩德罗还亲自演唱了一小部分曲目。若昂六世想尽办法让自己这位新儿媳称心如意,他在利奥波丁娜的房间里放了一尊她父亲弗朗茨国王的半身像,还赠予她一本自己家人的画像册。在这里,国王的友好、乡村的美景、她的新家,还有丈夫的关心,所有的一切都在召唤她融入巴西的新生活。

乡村生活让利奥波丁娜称心如意。她会花一下午待在附近的森林里,收集像紫罗兰这样的奇花异草,满载而归,再将其制作成标本寄回给奥地利的父亲。因为父亲唯一的爱好就是园艺。有时,她又会花上数小时在蝶群中抓上一只蓝蝴蝶,或是静静地观察那些五颜六色的长尾鹦鹉或者树上活泼的小猴。她还会花很长时间收集长着斑纹的石头和石英石,然后把它们带回图书馆进行分类。她说:"除去高达88华氏度的炎热气温和蚊子的折磨,葡萄牙这片美洲大陆简直是人

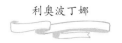

间天堂。"

这些来自奥地利和德国的科学家们,每当他们有了奇特的发现,就会把情况汇报给利奥波丁娜。她在给父亲的信中写道:"有一天,一位科学家给我带来了一只幼兽,那是狮子和美洲豹的杂交品种,他们还给我带来中国的珍稀鸟类,一只母骡和两只小马、一头公牛以及一头鞑靼的骆驼,还有许多其他的动物。我还见到就住在附近的一对印度菩托库多夫妇,而且我不想和他们分开。"没过多久,她就在岛上建了一座自己的动物园。之后,她又给欧洲的代理人写信,要求他带两只猎獾犬和一只会游泳的狗给她。当然,她的父亲也没能幸免,她要求父亲给她寄6匹特兰西瓦尼亚马来给她做培育研究。当她要给一位欧洲的朋友送礼物的时候,她在信中和父亲说:"一旦有机会,我就会给他寄一堆小猴子和一些野兽当作礼物。"

1741年1月便是利奥波丁娜的生日。为了给她庆生,里约城内举办了音乐会,军队游行,在剧院还上演了一场芭蕾盛宴。她不愿意去城镇,后来她写道:"尽管那儿有精彩的烟花表演和火炬游行,我更愿意和我的丈夫回到我们圣克里斯托弗宫美丽的家。"

当她第一次来到她乡村的家,其实这个地方不过如此,但其地理位置相当优越。重峦叠嶂,群山环绕,宫殿门前则

是连绵起伏的旷野,背靠青山,面朝大海。崇山峻岭之上,矗立着一座耶稣教士的营房,雄伟壮观,气势恢宏。不管从哪个角度观赏,景色都足以令人窒息。

圣克里斯托弗宫耸立在一片高地上。这座莫里斯科式的建筑曾经是个女修道院,它天然而未经雕饰,并不是那么精美,夜晚透过窗子望去,屋内的灯光给人一种工厂的即视感,没有一点皇宫的感觉。就连原本气派壮观的宫门(模仿塞恩府邸而建,是诺森伯兰克公爵赐予的礼物)也已遭弃置了。按照宗教节日的习俗,葡萄牙工匠建造的精铁栏杆上都挂上了节日残存下来的烟花。宫墙之外没有精心铺设的道路,只是保留了大地原本粗糙的模样。王宫正前方则是一片广场,没有草木,只有一片幽沙,给人以萧条悲怆之感。

但利奥波丁娜来到这儿不久后,一切都有了转机。来自英格兰的约翰逊先生是一位建造师,也是他建造了塞恩府邸的大门。国王下令让他负责圣克里斯托弗宫的大幅度扩建工程,约翰逊先生便留在了这里。没过几年,宫殿就变样了,墙壁被漆成了柔和的土黄色,窗户周围的线条也用白色加以点缀。如今的圣克里斯托弗宫,活像是一座18世纪奥地利的乡村城堡。整个庭院被精美的围屏和波特兰石门环绕着,院子里垂柳依依,宫墙背后建起了一座悉心看管的农场,还有一座示范小村庄,里面还设立了专供奴隶使用的教堂。

圣克里斯托弗宫附近,几条交错的林荫小道的尽头处,

国王在那里建了一座城堡式的小房子，房顶插了一根旗杆。屋内配备了舒适的椅子、沙发，地板上也铺上了印度凉席，佩德罗的府邸因为其简朴而散发着魅力。不仅如此，佩德罗还在圣克鲁兹有一栋府邸，位于一座小村附近的教会大学旧址上，房子的一侧一直伸到海边，而另外三面则被群山环绕。在那宽敞精致的套房和华丽的小教堂里，都配备了精美舒适的家具，房间内的墙壁也用优质的黏土粉上了一层奶白色。由于巴西环境潮湿，丝织帏幔都不适用，因此，墙壁和飞檐都选用颜料来装潢，房间内的墙壁被涂得美丽多彩，人们还融入了水果、花朵、鸟类以及乡间五彩缤纷的昆虫元素。还有一间房，仿佛被粉饰成了一座花园里的小亭子，用分散排列的柱子支撑着，让人能看到远处圣克鲁兹的曼妙景色。这样的风格是一种全新的尝试，大都出自那些自学成材的克里奥耳人、黑人、黑白混血儿之手。

而利奥波丁娜，现在只有一个心愿能填补她幸福的缺口。她在给姑母的信中写道："我现在唯一的愿望就是能当一位母亲，然后竭尽我所能去教育我的孩子，尤其是在这样一个文化落后的地方。"来到里约 14 个月后，她怀孕了。也正因如此，她那段时间没有骑马，每天读书绘画，有时乘着马车闲庭远步。不过，她饱受炎热之苦，每天早晨 9 点，湿热的环境让她无法待在室内，而且她本来也就在房间里待不住，因此，利奥波丁娜很早就会起床。

几个月后,利奥波丁娜顺利产下大女儿,小宝宝白白胖胖,十分健康。在一片空前的盛况下,伴着父亲佩德罗临时为她作的神圣赞歌,小宝宝接受了洗礼,得教名为玛丽亚·达·格洛丽亚。原本利奥波丁娜还因为没有生下一个小王子来继承王室而感到沮丧,但很快这种感觉就烟消云散了,就如她给姑母描述的那样:"当一位母亲的感觉真是太美妙了!"利奥波丁娜会花一整天的时间把玛丽亚·达·格洛丽亚抱在怀里,佩德罗也是对自己的女儿关怀备至,无时无刻不把女儿带在身边,时常爱不释手地亲吻她,有时还会抱着她出去远游。

利奥波丁娜写给家人的信件全是有关小宝宝的,她讨论小宝宝的近况,也会写上自己惬意的心情。她写道:"在这样偏远静谧的小天地里过着圆满快乐的生活,在这里,我能照顾宝宝,能和丈夫过二人世界,还能继续我的研究。我想我找到了自己的归宿。"为了与佩德罗增进感情,她再次跨上马背,但那年年底,她流产了。为了不再重蹈覆辙,她决意杜绝一切剧烈运动。她开始画油画,画一些婴儿的画像。可同样的事情又一次发生在她身上。虔心祈祷了一整年,终于在1821年3月,她得到了上帝的回应。布拉干萨的小若昂王子呱呱坠地,王室也因此有了继承人。

此时,尽管当时法军已从葡萄牙撤出很久,拿破仑也已被流放到圣赫勒拿岛,国王还是一直留驻巴西。葡萄牙议会

利奥波丁娜

一直要求他出席会议,但国王对葡萄牙朝廷的尔虞我诈丝毫不感兴趣,而且他也恐惧漫长的海上跋涉。但是,不顾朝政的他让葡萄牙子民越来越不满,而且葡萄牙本土人越来越眼红巴西的百姓。受到欧洲思潮的影响,人民纷纷起义,反对君主专制。葡萄牙的自由主义者们捆住了国王的手脚,他只有两个选择,要么回到葡萄牙,要么退位。若昂六世在巴西过得十分惬意,如今却不得不极不情愿地乘船回葡萄牙,留下佩德罗在巴西当摄政王。

葡萄牙王室在里约待了13年,这13年里,繁荣的贸易与文化交流给这个落后的殖民地带来了很多新的生活观念。巴西人民越来越反感被葡萄牙朝廷任意摆布,葡萄牙朝廷议会根本不关心巴西这些年来日新月异的变化,反葡萄牙革命蓄势待发。而此时的佩德罗正出访民间,利奥波丁娜就成了他的摄政大臣。

小王子夭折的噩耗让这对夫妻痛心疾首。而一个月后,利奥波丁娜又生下了一位小公主。为了让女儿接受良好的教育,利奥波丁娜还请了一位英国的家庭女教师格雷厄姆夫人。1823年,格雷厄姆夫人见到利奥波丁娜,她是这样描述的:"王妃当时穿着一身用紫色绸缎做的晨礼服,点缀着白色的装饰,雍容华贵,韵味十足。"她还提到,利奥波丁娜王妃平易近人,与人交谈起来温言细语,笑容也十分甜美,对格雷厄姆夫人也不例外。一次,当讨论到英国作家和苏格

兰文学的价值时，利奥波丁娜甚至还帮着她用葡萄牙语完成了授课。

佩德罗声称自己会顺应巴西人民的意愿。葡萄牙议会企图控制他的权力，但利奥波丁娜清楚地看到了当时的政治局势，她成功地说服佩德罗留在巴西。与里斯本公开决裂后，她深知已经没有退路了。她给姑母的信里写道："想要留在美洲，必须要接受这样的牺牲。"巴西独立的呼声日渐高涨。佩德罗想起了父亲在离别时的训诫："佩德罗，如果巴西注定要独立出来，我希望新王国的君主是你。相比那些名不见经传的乌合之众，我更相信你能统治好巴西。"

利奥波丁娜毫不掩饰自己希望巴西独立的意愿，她力劝自己的丈夫采取行动。她说："在你的带领下，巴西将会变成一个强大的帝国。"她还坚持认为："由你来当巴西的君王是民心所向。"为了让佩德罗更安心，她声称佩德罗得到了举国上下的支持，还鼓励道："佩德罗，这是你人生中最重要的一刻。"就这样，在妻子的力挺之下，佩德罗最后称帝，宣布自己为佩德罗一世，巴西民主帝国成立。1822 年 12 月 1 日，他和里奥波丁娜举行了加冕典礼，典礼仪式则仿效先贤拿破仑的加冕仪式筹办。

这位新皇帝身着一身颇似印度披风的绿色丝绒斗篷，外面用黄色包边，还镶上了金色的刺绣，肩上则又披了一件橘黄色的羽毛小斗篷，皇冠上也用颗颗晶莹剔透的钻石作点

缀。纯金权杖上，一条飞龙盘旋而上。佩德罗对拿破仑的尊敬，让欧洲人大为吃惊，因为拿破仑对当时的欧洲人来说就是苦难的根源。而这位新皇帝却对这样的看法置之不理。当然，他与欧洲离得太远，欧洲人对他也无暇顾及。

对佩德罗来说，利奥波丁娜确实是一笔巨大的财富，尤其是在初期阻力重重的时候，那个时候佩德罗仅仅控制了巴西南部地区。在国家大事上，她无疑是佩德罗忠实的合作伙伴。通过她父亲的关系，利奥波丁娜可以利用奥地利朝廷和政治圈，通过梅特涅，她可以影响整个欧洲。佩德罗很清楚，是通过妻子外界的关系网才得以让这个刚刚起步的帝国得到外界的认可。

利奥波丁娜对巴西独立的绝对支持让她深得民心。格雷厄姆夫人曾提到，利奥波丁娜的善行值得受到臣民的爱戴与拥护。她评论道："她不会拒绝任何一位穷苦百姓的求援，她的品行，不管是在公众面前还是私底下，都是值得百姓景仰的。"巴西人民经常称佩德罗为"我们的皇帝"，利奥波丁娜为"我们的皇后"，赞美之辞也广为传唱。直至今天，为了向这位来自奥地利的巴西的第一位皇后致敬，巴西的很多小镇还会以利奥波丁娜的名字来命名。

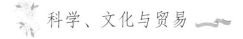

科学、文化与贸易

利奥波丁娜的这桩婚事了打开了巴西的大门，为科学探

索提供了新世界。动物学家冯·斯比克斯,以及身兼内科医生和植物学家的冯·马修斯就在这批科学家的行列之中,他们的队伍比利奥波丁娜的船队提前到达了里约。这次出访,不仅仅旨在进一步研究自己专门领域的学科,同时也要记录巴西的矿物学、历史学以及所谓的"哲学语言学"方面的发现。冯·马修斯就特别想研究巴西的三种主要人种:印第安人、黑人以及黑白混血人种。众所周知,他们和船上其他的科学家一样,在奥地利的保护下前往巴西,因此顺利过了海关。没过多久,他们就拿到了皇家安全通行证,批准可以自由出入整个巴西,期限为两年;又没过多长时间,通行证的期限又被延长了11个月。奥地利动物学家奈特尔甚至在巴西待了17年。这些科学家们在整个巴西范围内做科研,从北到南跋涉4000公里,由西到东则长达6500公里。其间,冯·马修斯采集记录了30万余种物种(其中包含有7000种植物),针对每一物种,马修斯都会在其原始栖息地绘制成图。

通过他们的研究报告和著作,尤其是像冯·斯比克斯和冯·马修斯这类科学家,讲德语的欧洲人能够第一次对巴西世界有了正确直观的认识(影响之一就是更多的欧洲移民涌入巴西)。冯·马修斯回到巴伐利亚后,讲授了关于巴西印度人部落的讲座,详细介绍了他们的身体素质、部落疾病以及当地的医学水平。26岁回国的他,在其他67位国内外植

利奥波丁娜

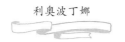

物学家的帮助下,又花了66年时间完成了一部不朽的巨著《巴西植物志》,该书修订成40卷对开本,包含3000幅版画,介绍了2万种巴西物种,其中有6000种是当时首次披露的。至于奈特尔,他则带着大量的自然历史采集史料回到维也纳,并把当地的部落语言分类汇编成60个专业术语集。

利奥波丁娜的远嫁,给巴西带来的不仅仅是文化,还有频繁的贸易往来。奥地利希望提高商品出口巴西的出口量,但在某种程度上并未奏效,因为大多数奥地利商品比英国的更为昂贵,不仅如此,除了英国和葡萄牙,从其他国家进口至巴西的商品都交25%的关税。不过,奥地利还是成功地将各种商品出口到了巴西,比如手表、钢琴、步枪、铁箍、鱼钩、小刀、砒霜、钉子、马梳、白蜂蜡和黄蜂蜡,还有卤砂。

这位奥地利公主的到来,无疑提升了巴西王室知识与文化上的格调,还让王室接触到了他们所缺的优雅气息。没有人会说她是时尚的领头羊,不过根据格拉厄姆夫人的描述,皇后的衣着总是体现着一种尊贵的王室风范。她曾回忆道:"皇后穿着一袭绣金白色礼服,头戴一顶用羽毛装饰的便帽,羽毛尖端以绿色渐变而下,看上去很是相配。她戴的钻石十分精美,她的头箍和耳环上还点缀着我闻所未闻的猫眼奇石。"出现在公众场合时,皇后总会戴着她来巴西的第一份礼物——那条以皇帝画像作为项坠的钻石项链,画像周围镶着一圈钻石,而那些钻石也是格拉厄姆夫人有史以来见过的最大的钻石。

皇后博览群书,也积累了很多好书,因此她的藏书阁成了巴西最好的图书馆。她寄给父亲的购书清单上,不仅包括历史、地理、纯文学、植物学和旅游类的书籍,还涉及像托马斯·马尔萨斯的《政治经济学原理》这类有争议的作品。利奥波丁娜给巴西人民带来了一种新思潮,这是否产生了政治上的影响,我们很难判定,但毋庸置疑的是,利奥波丁娜的存在,让巴西人民意识到自己是一个蓄势待发的独立国家。

爱情与婚姻

早年,利奥波丁娜与佩德罗过着闲情逸致的幸福生活。没过几个月,她就给姑母写信:"这种幸福无以言表,你知道的,和一个爱你的人一起过着静谧的田园生活是多么美妙啊。"

在她的眼中,丈夫是她"最可爱的朋友,他拥有许多过人之处"。这是利奥波丁娜的原话。尽管丈夫举止粗鲁,她并不在乎。自己的丈夫懂英法德三国语言,挥笔成诗,还包括对拉丁文的天赋(有时候丈夫会引用几句《埃涅伊德》)以及对音乐的热爱。一起弹钢琴时,利奥波丁娜就帮他伴奏。不仅如此,他们还都是骑马爱好者。看到这些,利奥波丁娜就感到十分欢喜。

利奥波丁娜

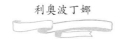

作为马背上的勇士，佩德罗经常会射箭打猎，他拥有超群的体能和耐力。而利奥波丁娜，为了和自己的夫君齐头并进，她陪着佩德罗骑马游历，领略田园风光，有时他们会到海边游泳，有时会去迪居甲登山，有时泛舟湖上，有时激流勇进。她觉得，只要在佩德罗身边，日子就十分幸福。利奥波丁娜会竭尽一切讨丈夫的欢心。知道他喜欢马，鉴于里约当时又没有好的畜种，她就写信给父亲帮忙。丈夫的马厩里也因此多出了很多博美犬和英国纯种赛马，还多了一位有经验的德国马夫克罗茨。

每当皇帝阅兵、骑马游行或是外出军事演习的时候，皇后总会骑着马伴随夫君左右。她穿着一件蓝色的龙骑士制服，脚上是高筒靴，还戴上了沉银马刺。公众场合的她通常是骑马亮相的，那友好随性的性格也深受百姓的爱戴。若昂六世把这位奥地利儿媳看作一个极具影响力的人，她无形之中不仅潜移默化地熏陶了整个"蛮人"贵族，还感化了他的儿子。但是，佩德罗并没有觉得这个女人让他变得更加成熟，不仅如此，他对爱情的渴望也并未在利奥波丁娜身上得到满足。他说："我敬重上帝，畏惧恶魔，但如果他们要在我追求爱情的时候阻挡我的话，那我一定会把他们甩到大街上去。"

利奥波丁娜对自己的丈夫从一开始的浪漫情怀到后来感情越来越深，即使如此，让一个文化背景优越的女人与一个

几乎没有受过任何教育、还没有自控能力的男人生活在一起，对她来说非常困难。对此，利奥波丁娜的解决方式就是将自己全心全意归于上帝。她写了一本小册子，里面写满了她的决心，还包括她的日常起居，望弥撒，满怀虔诚，诵经反省。她对自己施行了隐藏的禁欲，比如饮食节制，保持一段时间的沉默。她拒绝昂贵或不修边幅的衣着，也拒绝奢侈的装饰品，甚至对描写男欢女爱的书籍都一概拒之门外。她将自己的宗教信仰付诸行动，而非仅是默观生活。为了信守宗教条例，利奥波丁娜希望自己能完成世界上的一切使命。尽管利奥波丁娜拥有如此高尚的美德，她却缺乏女性的魅力，也没有窈窕的身姿，最终还是没能挽留住自己的丈夫。她还不屑于任何美容品，每天的发型也只梳成她初嫁里约时的样子。就这样，在利奥波丁娜 25 岁的时候，她看上去就像是一位人老珠黄的老太婆了。

1822 年，也就是加冕典礼那年，不管是对内还是对外，都是这对夫妻人生的转折点。宣布巴西独立的那一年，佩德罗遇到了多米蒂拉·桑托斯。多米蒂拉有着一头乌黑亮丽的头发，一双闪闪发光的吉普赛眼睛，白净的皮肤，高耸秀气的鼻子，性感的嘴唇，她的美丽让佩德罗无法抗拒。虽然和利奥波丁娜同岁，多米蒂拉却正值青春美貌的年华，她每天会花上几个小时精心打扮自己，不遗余力地去渲染自己的美丽。在巴西，爱社交的人都非常迷恋时装，多米蒂拉没有随

大流,她的穿着有自己独特的风格。这样一位诱惑女神,让佩德罗也成了她美貌的阶下囚,没过多久,他们便坠入了爱河。

皇帝从来没有对利奥波丁娜忠贞过,迄今为止,佩德罗对婚外情的保密工作都做得很严密,她的妻子也没有发现他们的蛛丝马迹。而另一边,他对多米蒂拉鬼迷心窍。起初,他们俩对这段感情还很保密,可没过多久就被爆出丑闻。利奥波丁娜辛辛苦苦十月怀胎,为他又诞了一位小公主,他却在外面与"蒂蒂拉"风流快活。当女王察觉到这件事之后,她却选择将这件事情小事化无。而国王则独宠情妇,福泽覆及多米蒂拉的整个家族,还赐予多米蒂拉女爵位。当他要求利奥波丁娜将多米蒂拉封为宫女时,皇后无能为力,只好接受。最后,多米蒂拉在皇帝的安排下,带着私生女住进了皇宫。

不过,佩德罗被这位红颜祸水迷得神魂颠倒的同时,仍然对自己的妻子有所依恋。于是,在同一个月里,佩德罗喜得二子,这回巴西的王位又后继有人了。时光飞逝,没过多久,佩德罗的庶子就和嫡子在幼儿园一起玩耍了。

利奥波丁娜英勇地承受了带给她的所有侮辱。1825年,王室出访巴伊亚,在此期间,一切发生了转变。丈夫在自己和大女儿面前肆无忌惮地和别的女人卿卿我我,看着这一幕,利奥波丁娜终于忍无可忍了。上尉看见佩德罗多次进入

多米蒂拉的舱房,误把多米蒂拉称呼为"皇后陛下",这样的委屈简直忍无可忍,也让利奥波丁娜终于坚定了自己的态度。不过,她的身体状况也日益衰退,她七年诞下七子,而长时间在里约这样湿热的环境下怀胎生子已让她的身体疲惫不堪。不仅如此,丈夫的不忠与丑闻给她带来的内心伤害以及外界的非议给她带来的压力,使她的身体恢复能力也急剧下降。1826年年底,利奥波丁娜再次怀孕,但由于她与丈夫的矛盾与争吵,几天后就流产了,她也因此得了产后败血症。佩德罗当时紧急出访民间,途中,他听到了不幸的消息。1826年12月11日,利奥波丁娜逝世,享年29岁。

尽管佩德罗从来没有爱过自己的妻子,他对妻子仍怀着依恋、感激、崇拜之情,这位妻子有时候对他也有着举足轻重的作用。哪怕是饱受流言蜚语,但显然可以看出,佩德罗对利奥波丁娜的死感到痛苦且懊悔,也留下了遗憾。作为一名忠心耿耿的参赞,利奥波丁娜一生都在为巴西人民的利益而奉献,并在巴西独立运动中起了至关重要的作用。她的奥地利出身给予了这个"立宪君主"威望,而她美好的品质,她的和蔼可亲、博爱善良,受到了人们深深的爱戴,也为皇帝赢得了民心。据说,利奥波丁娜死后,他的父亲给出了令人心酸而又赤裸裸的评论:"我的女婿现在需要的大概是一位美丽与才智并存的新娘吧。"这大概也是利奥波丁娜的悲剧所在吧。

欧仁妮

西班牙大公/法国皇后
(1826—1920)

一位年轻的女人,身骑一匹上等纯种马,疾驰进入林中空地。她喘着气,面颊微红,闪露出兴奋的神色。她是第一个到达的,猎物被杀时,现场只有她这一名狩猎聚会的成员。所有同伴都被她的勇气和精湛的骑术所折服。特别是聚会主人,更是痛快地将她身骑的马匹赠予了她。从那时起,人们都知道了,法国亲王兼总统路易·拿破仑疯狂地爱上了这位美丽的泰巴女伯爵欧仁妮。

西班牙篇

玛利亚·欧仁妮·伊格纳西·奥格斯蒂娜·古兹曼出生

于 1826 年 5 月 5 日，当时正值拿破仑·波拿巴去世 5 周年。她的父亲堂·西普里亚诺是一位西班牙大公，也是蒙蒂若家族的小儿子。他的祖先圣多米尼克是摩尔帝国时代半岛历史中的有名人物。而其他祖先则都曾在国家、军队和教堂担任着各种要职。堂·西普里亚诺是一位坚定的波拿巴主义者。他参与半岛战争，为拿破仑一世战斗。他为自由和进步奋斗的一腔热血与他在战场抛头颅的勇气不相上下。欧仁妮的母亲堂·马纽埃拉来自家境殷实的中产阶级家庭，生活的宽裕使他们一家崇尚苏格兰式的慢节奏生活。堂·马纽埃拉有着一半的苏格兰血统和四分之一的比利时血统。她的父亲威廉·克尔克帕特里克拥有美国国籍，在 1800 年时被任命为西班牙马拉加的美国领事，他也娶了一位比利时夫人。据说，他们的女儿国色天香，一笑倾城。堂·马纽埃拉活泼好动、志向远大，是一位聪慧的保守主义者，对音乐拥有极高的鉴赏力。婚后，她努力吸引各路政客和外交官们来家中小聚。对她而言，谈论政治即生活。

欧仁妮比她温柔美丽的姐姐帕卡小一岁。她们的童年生活自由自在，无拘无束。在欧仁妮最多就六七岁时，她父亲常带她长途跋涉去乡间郊野游玩，夜夜生着篝火，仰望头顶的星空。很快，格拉纳达的吉普赛人就认识了这个小女孩，他们都很喜欢她。欧仁妮爱马，也一样爱狗。她家位于卡拉万切尔乡间的房子周围都是大型看门犬。这些狗对她无比忠

诚。她的宠物犬和一只纽芬兰犬因为担心她溺水,总会在她洗澡时冲出来救她。欧仁妮精力充沛,喜爱体育运动,是一位胆大的女骑手,这也难怪她独自骑行的行为会引发人们的热议。每当她骑马疾驰进入山间,她那美丽的红头发就会在风中舞动,宛如瀑布倾泻。那时她常去吉普赛人聚居处玩耍,据说,在那儿有人曾预言,她将来会远嫁他国,成为一国之母。

尽管两个女孩并未被宠坏,但堂·西普里亚诺仍认为节俭和朴素才是女儿们成长的最佳基石。所以,当他们拜访富有的亲戚时,常常不乘坐马车,而是骑着马或骡子。甚至当他继承了蒙蒂若的遗产、全家搬入马德里的公馆时,他节俭育女的方式都丝毫没有改变。他会指责女儿们穿丝绸长袜的行为,认为这过于奢侈。他想要她们在冬天和夏天都身穿相同的裙装,依然不喜欢她们坐马车出行。不喜欢浪费和奢侈以及在涉及金钱时保持理智的头脑,是欧仁妮从父亲那儿继承的品质,并伴随了她漫长的一生。她聪慧热情,在政治上也追随她的父亲,成为一名热忱的波拿巴主义者。

欧仁妮是在国际化的氛围中成长的。她和父母之间主要是通过法语进行交流。尽管她常从母亲的访客那儿听见西班牙语、英语和法语,但她到12岁时才真正开始阅读西班牙语书籍。她接受的是法国教育。1834年到1838年间,她和姐姐帕卡在位于巴黎圣日耳曼郊区街道的圣心修道院学习。

这是那时非常流行的教育形式，具有浓厚的天主教色彩，这对欧仁妮影响很大。当她成为皇后以后，她被激进分子指控为在拿破仑三世宫殿里的天主教的极端代表。虽然这和她的西班牙出身有关，但她的天主教信仰更有可能是受圣心修道院修女的影响。

欧仁妮的宗教情感更倾向于精神上的而非教条式的。她天生非常情绪化，富有想象力，宗教对于她而言，慰藉多过启发。特别是在她后来充满悲剧的人生中，这是一种非常必要的慰藉。

对于女儿们的体育锻炼，堂·西普里亚诺坚持将她们送往一所男女混合学校。这所学校由一位强调体育的西班牙波拿巴上校管理。当欧仁妮11岁时，她和姐姐帕卡在靠近布里斯托的一所英语学校待了两个月。这段求学经历不太成功，欧仁妮试图逃走，最后她和英语家庭教师弗劳尔小姐一起回到了法国。弗劳尔小姐在之后的50年一直待在蒙蒂若，为该地区服务。

两位杰出的文人曾与这两名年轻女孩有过交集。一位是普罗斯佩·梅里美，他后来成为堂·马纽埃拉和欧仁妮的终生好友。梅里美后来将这两位女孩介绍给小说家司汤达。每当司汤达上门拜访时，堂·西普里亚都破例允许姐妹俩彻夜聆听M.贝尔（司汤达原名）的讲话。这是堂·马纽埃拉对欧仁妮最有成效的教育贡献。初识司汤达时，欧仁妮芳龄12

岁,司汤达很快对她着了迷。他口中的华丽辞藻,也宛如魔法般让欧仁妮和帕卡心醉神迷。这两位女孩常坐在司汤达和梅里美的脚边,用双眼重温历史。

当欧仁妮快 13 岁时,她深爱的父亲在马德里逝世,事发突然,她和姐姐帕卡没来得及从巴黎赶回。堂·西普里亚诺的离世标志着欧仁妮童年的结束。她所有的美好品质,她的价值观、她的激情和她的探险精神都来自她崇拜的父亲。在她漫长的人生中,大多时候她都用自己特有的坚强去面对那些挚爱的离世。

由于欧仁妮本身不易相处,她与母亲的关系不太和睦,她的母亲偏爱她温柔美丽的姐姐帕卡。所以虽然欧仁妮疯狂地爱着她们姐妹俩童年的伙伴——害羞谦逊但强大富有的阿尔瓦公爵,但堂·马纽埃拉却让姐姐帕卡嫁给了公爵,这让欧仁妮伤心欲绝。她给公爵写信道:"我对你有着极度的爱和恨,不知道是恨意大于爱意还是爱意大于恨意;心中各种情感混杂,十分糟糕但都极为强烈,我与它们斗争,最终却败下阵来。我的生命将终结,在激情、美德和愚蠢之间痛苦地迷失自我。"最初,她发誓要在修道院结束自己的生命。然而她却在西班牙闲逛了 5 年,骑着无鞍马在马德里的街道上穿梭,穿着引人注目的服饰现身斗牛场,游泳、击剑,甚至吸烟,轻蔑和鲁莽成为她生活的主旋律。此外,她还非常大度地将她对公爵的爱转移到了姐姐帕卡身上。帕卡成为她一生唯一真正的知己。

欧仁妮拥有迷人的个性,她骄傲、充满勇气、羞怯、自律、质朴、快乐且美好。她那令人窒息的美吸引了数不胜数的爱慕者,但他们往往总是被她强烈的情感吓跑。

她确实很漂亮。负责为她朗读的米·卡雷特曾做过描述,说她五官端正,轮廓精致,如旧时浮雕中的人物般美丽。她的长睫毛时常垂下,好似一片轻纱,遮盖住她明亮深邃的蓝眸,那双眸子"灵气逼人,饱含力量与甜美,令万物失色"。她拥有引以为傲的额头,富含贵族气息的鼻梁,配以精致雕琢的鼻孔。肌肤雪白通透,闪耀着光泽。这让米·卡雷特想到了旧时的西班牙贵族。她的嘴巴小巧可人,唇红齿白,魅人的一笑仿佛带来万物复苏之感。她身形圆润娇小,配以完美的双肩和天鹅般细长高贵的脖颈。她手指纤细,双足比12岁孩子都要小巧。画师和雕刻家们尝试过重现她的倾国容颜,但"皇后的身上有些他们无法'捕捉'的东西,那是一种拒绝被阐释的飘忽的活力"。

用米·卡雷特的话来说,只有两幅肖像捕捉到了些许欧仁妮美的本质。一副出自温特哈尔特,描绘的是她身穿一件呢斗篷(阿拉伯斗篷),脖间佩戴着珍珠项链,头发随意卷曲盘在后方的姿态。另一副画是1860年博兰格尔绘制的标准肖像,画像中的欧仁妮是女性农夫的装束,发髻编成埃及少女的样式,旁边是一只朱鹮,她眼中充满"神秘与朦

欧仁妮

胧"感。

欧仁妮 17 岁时,她的完美身段、纤纤细腰、冰肌玉肤、出众的蓝眸和红色泛金的长发愈发让人着迷。后来,全世界上流社会的女性都争相把头发染成她的发色。虽然被众多爱慕者簇拥着,她始终保持着对所有求婚不屑一顾的态度。她的无动于衷很快让她获得了"冰山美人"的称号。各种关于她失恋后自杀未遂的故事开始大肆流传。这些故事大多改编自公爵迎娶姐姐帕卡后,她绝望无助时吞服含磷火柴头毒药的事件。

人们开始猜测她的冷漠是早年失恋造成的。她拨云撩雨,她卖弄风情,她勇敢潇洒。她的追求者数不胜数,不乏王公贵族、英俊甚至是不名一文的官员,还有别国外交官和异乡慕名者。大仲马和小仲马都曾拜倒在她的石榴裙下。她的朋友普罗斯佩·梅里美对她不愿结婚的态度一直很头疼。她甚至策马飞奔,粗鲁地撞开人群,致使许多求爱者跌倒在道路两旁。梅里美发现,尽管她拒人于千里之外,大多数年轻人还是乐此不疲。

仿佛是为了不让自己内心动摇,欧仁妮开始不断做出一连串离谱的行为。一般斗牛的乐趣再也不能满足她。她时常脚蹬鲜红色皮靴出现,腰间像男人一样系着皮带,随身携带骇人的匕首和鞭子。而其他女士随身携带的一般都是扇子。更有流言说她公然和斗牛士调情。

在母亲的聚会上穿戴怪异只是一方面，在大庭广众之下穿上奇装异服往往更有挑衅意味。有一次，欧仁妮和她的女性好友装扮成吉普赛人去参加塞维利亚的复活节花卉盛会。她们甚至搭起了帐篷，相信无人可以识破。她们表演吉普赛的舞蹈，偶尔还停下来朝路人抛媚眼、送秋波。两名英国小伙子被吸引过来，完全对她们着了迷。他们用英语讨论这两位吉普赛女孩的魅力与优点以及是否要给点赏钱。最后，欧仁妮用她流利的英语说道："也许你们想知道我们是谁？"然后她做了自我介绍。当然，这两名男子也坠入了爱河。

另一次与此类似的夸张事件发生在托莱多。这一次，欧仁妮和她姐姐帕卡、侄子佩佩以及阿尔巴公爵一起乔装成卡拉布里亚的走私犯在街上行走，甚至公然进入托莱多大教堂！

她的母亲在卡拉万切尔乡间建造了一所小剧院，这熏陶了欧仁妮，让她骨子里萌发出戏剧性的特质。堂·马纽埃拉常会邀请自己的朋友参演她的戏剧和歌剧，欧仁妮喜欢这些作品。她热爱这所剧院。尽管她晚年承认自己并不擅长唱歌和表演，但她在轻喜剧中扮演的爱调情的女主角却总能让她的观众们开怀大笑。她完全不懂古典乐，但她喜欢吉普赛音乐和西班牙传统舞蹈的节奏。这在她的圈子里是众所周知的。

欧仁妮21岁时，她的母亲在西班牙王太后的王室担任

欧仁妮

着最高职务。这使得她可以将丈夫的一些头衔授予给自己的女儿们。于是，欧仁妮成为独自拥有两个大公头衔的西班牙女大公。泰巴女伯爵是她最广为人知的高级头衔。同年，她、帕卡和阿尔巴发现了位于法国比亚里茨的一个小渔村，它就在西班牙边境上。欧仁妮常在这片海域游泳，并乘渔船出门，风雨无阻。后来，她成为皇后之后，还会经常来到此处。由于女王的频繁造访，比亚里茨也因此成为一个时尚海滨度假胜地。那份宁静简单却不复存在了。

欧仁妮并未将政治热情抛弃，那是她从父亲堂·西普里亚诺那里继承的。那时的社会理论家查尔斯·傅立叶宣扬波拿巴主义带有社会主义的烙印。欧仁妮还在上学时就对社会主义很感兴趣，尤其是傅立叶的著作。但当她 25 岁时，她就不再相信理想主义了。由于她天生慷慨而感性，人们认为这位富有想象力、不同寻常的女孩应该积极献身于许多社会事业。有这样一则故事，欧仁妮曾说服她的社会主义法国导师切傅瑞释放他在古巴种植园中的奴隶，这座种植园和这些奴隶都是从他的家族继承下来的。切傅瑞照做了，让他们获得了自由。但是，因为奴隶们没有工作，他们走上了犯罪道路，给当地治安带来了威胁。切傅瑞恳求他们回到种植园，作为自由人为他工作。但奴隶们害怕这是陷阱，于是一把火烧了他的种植园，切傅瑞因此而破产。西班牙人也不允许欧仁妮忘记自己的仁慈带来的这场悲剧。

她不是一位传统的泰巴女伯爵,她喜欢震惊社会。她和男女演员们结伴出门吃饭,在马德里街道上骑着无鞍马,抽着雪茄(在西班牙,虽然女士一般不会在家中吸烟,但堂·马纽埃拉的宾客们可以在她家中抽烟)。欧仁妮23岁那年,第一次见到了波拿巴的妹妹、荷兰霍顿斯女王的儿子路易·拿破仑。欧仁妮和母亲应邀去巴黎同这位亲王共进晚餐。另一位在场的客人很快便安排路易国王和美若天仙的欧仁妮独处。但欧仁妮拒绝了亲王的搭讪,晚宴以失败告终。

1848年,路易·拿破仑被选为法兰西第二共和国总统。他的4年任期到1852年5月结束。帮助他参与连任的法案未在议会通过。尽管没有人认为路易·拿破仑会从此淡出政界,但他1851年发动的政变还是让很多人颇为震惊。

欧仁妮和她的母亲第二年9月又回到了巴黎。自上次与路易·拿破仑初次见面后,母女二人一直在四处奔波,参与各种时尚活动,从布鲁塞尔到1851年伦敦举行的万国工业博览会,到马德里,又到奥博内。当她们重回巴黎后,堂·马纽埃拉立即联络她以前的政界好友,重新举办沙龙,努力将她倾国倾城但令人生畏的女儿嫁出去。

当欧仁妮嫁给路易·拿破仑时,人们开始不停地传诵有关她狂野青春的故事。但八卦传闻经常忽略的是,事实可能比编造的故事更为有趣。其中最为著名的要数她多年后在英国流亡时亲自讲述的事件,这在她去世后才被传播开来。

欧仁妮

在一座大型西班牙城堡中，欧仁妮参加舞会至深夜，和侍女一起回房。就在她要脱衣就寝时，她突然从镜子的反射中发现床底藏着一个男人。这时她冷静地告诉女仆，自己将随身的折扇遗忘在大厅了。她递给女仆一张便条，吩咐她交给侍者，让他们帮她找回折扇。女仆拿着便条离开了。事实上，便条里说明了当时的紧急情况，请求支援。她知道这个男人很快就会被抓住，于是决定折磨他一下，她故意放慢脱衣的动作，还哼着小曲。她坐在床边，摇晃着自己裸露的大腿，时不时还拂过男人的脸颊。支援人员很快赶到，抓住了这个男人，他们发现他是一个有名的盗贼。男人告诉侍从，自己此次前来并不是为了偷盗财物，只是想一睹泰巴女伯爵的芳容。欧仁妮那双小巧可人的双脚在他眼前晃动时，他几近疯狂。他恳求欧仁妮允许自己亲吻她的双足。欧仁妮缓慢地一只一只伸出双脚，他抱着它们，热列地吻着。

这就是当时法国总统突然之间疯狂迷恋上的女人。

法国篇

1852年9月，当欧仁妮和母亲重回巴黎时，欧仁妮26岁，此时的她，成熟、美貌而自信。作为总统1851年12月发动政变的支持者，母女俩受邀参加了数场路易·拿破仑举办的宴会。尽管路易此时正忙于从总统称帝，他仍不忘抽出

时间向泰巴女伯爵示爱。这次他再也不会选用四人烛光晚餐的方式了!

1852年11月,狩猎晚会在亲王/总统位于贡比涅的乡间别苑举行。每个人都注意到路易国王的目光从未离开过欧仁妮。她仅仅赞美了一下带着露珠而晶莹剔透的三叶草叶子,路易亲王就送给她一只叶状的翡翠,上面镶嵌有钻石,璀璨夺目。在另一个类似的夜晚,路易给她戴上了紫罗兰花冠。

欧仁妮在狩猎晚会后写道:"就因为我接受了那匹该死的马,你都不知道人们在背后是如何议论我的。"但当法国人意识到这位传奇的泰巴女伯爵不可能成为路易·拿破仑的情妇时,那些爱说闲话的人们和冷嘲热讽的大臣只能给出一种解释:欧仁妮是一位工于心计、老谋深算的女人。她的目标是成为皇后。欧仁妮的母亲也说过,除非路易·拿破仑成功娶到她的女儿,否则欧仁妮是不可能和他暧昧不清的。

路易·拿破仑在追求女性方面很少有失败的,可以说是艳遇无数。现在人到中年,连他最为亲密的好友都不敢相信,他竟然深深地坠入了爱河。他发现自己不仅欣赏、尊重欧仁妮,而且还发现她怀着和自己一样的理想和野心——重振拿破仑帝国。

尽管如此,当他在1852年12月2日成为拿破仑三世时,他仍在考虑从欧洲王室寻找一位结婚对象。甚至当他亲手在贡比涅给欧仁妮戴上紫罗兰花冠时(紫罗兰象征着拿破

欧仁妮

仑一世），他还在打算迎娶德国朗根堡霍恩洛厄家族的阿德莱德公主。让他欣慰的是，他的道德观，他的宗教信仰，他的皇室身份以及过去 60 年内太多法国王后的悲惨命运都不允许他这样做。他很开心可以不受拘束，可以跟随自己的内心迎娶欧仁妮。

霍伯纳伯爵是一名奥地利大使，他也是贡比涅狩猎晚会到场的嘉宾。他见证了路易·拿破仑对欧仁妮逐步升温的感情。他对此无比审慎，并在发回国内的外交报告中分析了这位女伯爵的性格。他将她描述为反复无常、性格古怪的人，对新事物——美好的和未知的都无比狂热的人。在政治上，他将她定义为：先进的自由主义者，主张立宪主义，性格极其乖张。霍伯纳肯定了她的毅力和胆识，这在一般女性，甚至是女性代表身上也很罕见。在宗教信仰方面，霍伯纳认为她只是受到些许天主教的影响。他的判断基于欧仁妮在圣心大教堂的教育经历。

当谈到感情时，霍伯纳伯爵很满意，尽管她天生情感丰富，但从未误入歧途。他如此描述道："欧仁妮拥有恢宏的想象力和一颗易燃的心，这颗心已经体会过爱情的浪漫，尽管这份爱是青涩懵懂的。"宫廷中的其他人就没这么仁慈友好了。他们不断重复着有关她的各种丑闻，虽然这些都是来自胡编乱造。一些女士甚至通过公开斥责她来泄恨。

1853 年 1 月 15 日，法国皇帝正式向蒙蒂若伯爵夫人的

女儿欧仁妮求婚。3天后,法国人民首次知道了这位女士的存在,她将在两周内成为他们的皇后。这让证券交易市场恐慌,让西班牙媒体欢呼雀跃。那是自路易十四之后,首个即将迎娶西班牙女人的法国皇帝。

同年1月22日,皇帝通告参议院、国民议会和立法机关,他即将迎娶欧仁妮。大家的反应各有不同。在大多数人看来,皇帝结婚可以稳固他的帝国。然而,作为一个没有皇室血统的异国女人,似乎缺乏成为国母的资格。英国女王维多利亚认为路易·拿破仑在宣布婚事时的措辞太过不加修饰,因为他竟自称"暴发户"。约翰·罗素在给驻法英国大使考利勋爵的信中写道:这是一个错误的决定;和品行端正的法国女人结婚才符合政治策略,而让这样一位工于心计的女人坐上皇后,将是对帝国尊严的侮辱。

西班牙大使多诺索·科尔特斯是路易·拿破仑最亲密的知己。他列出了路易想要娶欧仁妮的三大理由:首先是他爱欧仁妮;其次是他想要以此来反抗那些不愿和政变后的波拿巴帝国平等相处的欧洲君主们;最后就是他那神秘而无法抗拒的心灵之光,一直指引他取得如今的举世成就。这是路易·拿破仑用皇位来做的最大赌注:在国内外对他新建的帝国发出一片质疑声时,宣布和欧仁妮结婚。

欧仁妮搬入了爱丽舍宫。她看起来容光焕发、心情激动。她并非完全不在意在她之前的历史上那些郁郁寡欢的皇

欧仁妮

后们，只是突然的责任感令她有些不知所措。路易大她18岁，所以人们都认为她不会像路易迷恋她一样深爱着路易。然而，她却被他的爱慕和浪漫骑士精神深深打动了。当路易邀请她一同为拿破仑帝国奉献时，她的精神对这一充满危险的挑战做出了回应。除非是神，否则无人能对法国皇后之位无动于衷。

1月29日的夜晚，拿破仑三世和欧仁妮在杜伊勒里宫举行了非宗教仪式的婚礼。次日，他们在巴黎圣母院大主教的见证下结为夫妇。这座古老的大教堂早已积满灰尘，所以内部满是印着西班牙和法国标志的旗帜和帷帐、波拿巴和蒙蒂若家族的铜牌以及法国城市和外省的盾牌等装饰。

皇帝45岁，皇后26岁。一位英国观察员描述这对新人在一起的画面是"史上最有爱的画面"。欧仁妮头戴一顶钻石皇冠，纤纤细腰上镶满钻石。礼服下摆上也同样缝着钻石。她的长裙摆款式的礼服由白色天鹅绒制成，上身裁剪为橙花的形状，镶满钻石和蓝宝石。"云朵状或透明薄雾般的蕾丝包裹着她，"奥古斯塔布鲁斯女士这样形容道。礼服下摆上同样布满蕾丝。而她泛金的红发上戴着的镶满玉石的王冠，是拿破仑一世皇后约瑟芬的加冕凤冠。

法兰西皇后

婚后，拿破仑和欧仁妮花了一周时间在维勒讷沃度蜜

月，参观了凡尔赛宫和小特里亚农宫。

他们的蜜月旅行其实是为欧仁妮日后的皇后生活做准备。法国君主每年都会轮流在杜伊勒里宫、圣克卢宫、比亚里茨王宫、贡比涅王宫和枫丹白露宫这五大王宫生活。奥古斯汀·菲隆是欧仁妮一生的挚友，同时也是她儿子的家庭教师。据他描述，这位皇后在不同场合的气场都有所差异。在富丽堂皇但交通不便的杜伊勒里宫，她给他的感觉是"一位尊贵且高大的女性"，全身心投入繁重的国家事务。而当她坐在四轮马车上，脸上蒙着厚厚的面纱，戴着眼镜，她的侍从则一身平民打扮。这是刚参加完慈善活动，乔装出行准备去慰问穷人的欧仁妮。每日午后4点乘马车出行前，是正在做公开讲话的她。夜幕降临后，在皇家舞会上，她居高临下地坐着，"身披华丽的皇室斗篷，眉毛周围用钻石点缀一圈，光彩夺目"。

圣克卢宫也是供盛大国事使用的场地。在杜伊勒里宫，欧仁妮负责主持大大小小的宫廷舞会。有时她会戴上面具，有时在节日音乐会。晚宴或晚会时会穿上华丽的服装。

1854年开始，通常在每年8月的夏季，拿破仑和欧仁妮都会去比亚里茨度假5～6周。普罗斯佩·梅里美经常会在此时拜访欧仁妮。他写道："放眼英国和法国，这是最让人无拘束、自由自在的城堡。它的女主人是那么和蔼可亲。我们到比利牛斯的山谷间远足，然后将诱人的美食带回家。"

欧仁妮

欧仁妮将大西洋海岸一个偏僻不起眼的小渔村变成了她自己的奥斯本。虽然后来拿破仑帝国没落后,欧仁妮在此处的住所也被大火摧毁了。在欧仁妮到来之前,由于地理位置偏远,比亚里茨像是一片被人遗忘的土地,人们将它描述为"世界那光秃秃的屋顶"。他们的到来彻底将这里变成了繁华的度假胜地。

这里是唯一可以让欧仁妮享受私人生活的住所。它非常偏远,在这里欧仁妮能够随心所欲,畅所欲言,见自己想见的人。在这有着一半西班牙风情的地方,她可以做回自己,政治被暂时抛入脑后。这里的宾客都是她熟知并喜爱的人。那些吹毛求疵、令人扫兴、拘泥于礼节、不解风情的人都早已被她遣散。这里的氛围是理想庄园和大型海滨酒店的组合。欧仁妮喜爱大海,她会在海上扬帆和游泳,尽管在他人特别是拿破仑看来,这种行为没有淑女风度,有失皇家风范。

10月刚到,欧仁妮和拿破仑就会离开比亚里茨。在拿破仑最爱的圣克卢宫小住一两周后,他们就会去往贡比涅度过秋季。在那里,欧仁妮又变回了那个光彩夺目、殷勤好客的皇后。她挑选自己的宾客,他们是来自各行各业的翘楚——政客、将军、外交官、作家、艺术家、尊贵的外国官员、王子以及欧洲各大家族来法国游玩的公主们。70多位宾客会在此访问一周左右,如果被邀请访问的时间更长或在月底再次

受到邀请，说明此人必然是受到特别优待了。

尽管有时欧仁妮的宾客邀请名单也会出现安排不周到的情况，但是，奥地利大使的妻子梅特涅公主认为，这些聚会中愉快放松的氛围只有深谙世故并成为皇后的女人才能营造出来。梅特涅公主评价道："真正拥有皇室血统的公主是不可能做到的。"皇家公主不具备欧仁妮这样的社交知识。

欧仁妮经常组织猎鹿骑射，受邀宾客需穿上路易十六时期的绿色制服。除了打猎，她还组织宾客们乘坐敞篷游览车去森林观光。夜幕降临，酒足饭饱后，宾客们可以欣赏戏剧表演，其中有专业演员也有部分宾客参与。为了达到栩栩如生的效果，表演者有时需要穿上华装丽服，这让那时优秀的服装设计师们得以脱颖而出。贡比涅笼罩在一片魅力的光环中，变得举世闻名。甚至在拿破仑帝国没落后，它仍能让人怀想起曾经的那份优雅和繁盛。

冬去春来，皇室往往会搬去枫丹白露，这时社交项目就变成了骑马、远足等运动。欧仁妮喜爱枫丹白露。和玛丽·安托瓦内特一样，她更愿意节假日在远离喧嚣的乡野度过，而不是过着拘谨的城市生活。她毫不费力地骑着一匹安达卢西亚灰马在枫丹白露打猎，这让奥地利大使惊叹不已。她常在湖上组织游船聚会，有时则是让她无比兴奋的远足，而她的随行人员往往会筋疲力尽。夜幕降临后，大家会聚在一起猜字谜，跳舞或者玩其他让人放松的小游戏。

欧仁妮

拿破仑三世有意将他的宫殿建造得雄伟壮丽。他这样说道:"君王的首要义务就是娱乐他的所有臣民,军队可以不强大,但宫殿不能太沉闷。"拿破仑对很多琐碎的社交事物亲力亲为,他还借鉴拿破仑一世时期的礼仪标准。欧仁妮的到来给他的宫殿带去了魅力与光辉。这让他的宫殿在辉煌程度上成为欧洲之最,甚至和俄罗斯圣彼得堡不相上下。一位法国评论家将其描述为有史以来最光彩夺目的宫殿。

欧仁妮成为法兰西第二帝国的象征,这是她对这个宫廷做出的看似有些抽象的成就。我们在太多描写这一时期的书籍上看到了她的身影,而1852—1870年的史书更是少不了对她的介绍。是她让法国成为欧洲的社交之都,是她让英国的服装设计师们能够引领全球潮流。她在人们对欧洲的想象上占有独一无二的地位。她帮助法国这个有些内敛的国度重新拥抱了旧时的荣耀。

杜伊勒里宫的国家舞会上,元帅大厅在100多盏水晶吊灯的映照下熠熠生光。"奢华的卫生间则闪耀着柔光,与周围和谐交融。到场人员有的身穿外交制服,有的身穿军队制服,有的则一身民用制服打扮,肩部的奇珍异石熠熠夺目。"没有穿戴制服的人们统一身穿蓝色上衣,搭配及膝的白色宫廷短裤。9点半时,皇帝会和皇后一同款款步入会场。路易斯·斯诺勒犹记得这样一个夜晚,欧仁妮身穿白色蕾丝露肩长裙出现。"她只佩戴了一条珍珠项链和一对珍珠耳环,美丽的双肩裸露着，一如时尚。"斯诺勒补充道："她还用典型的西班牙姿态手执一把白色扇子。"

尽管拿破仑和欧仁妮往往在午夜时分离开，但他们的离场并不意味着舞会的结束，正如拿破仑一世时期的那样。这种庆典一般都到次日凌晨4点才会散场。

皇后在星期一举办的是另一种舞会，它没有那么宏伟隆重，但却更受欢迎。首先，受邀嘉宾本人必须是拿破仑或欧仁妮的熟人，同时舞会邀请的总人数不会超过四五百。这个舞会更像是家庭聚会，因为大家会比较放松，不会过分拘泥于礼数。欧仁妮喜欢被打扮精致的女子们簇拥着，她很重视邀请那些在她看来是全巴黎最美的女子来参加舞会。而让她丈夫拿破仑更为担心的是，她对那些长相俊朗的男子也颇为欣赏。她曾亲口告诉奥地利大公马克西米利安一件趣事：某次，她坐在马车上时无意中发现街上一位极其帅气的小伙，她想让拿破仑调转马车，但拿破仑拒绝了。让拿破仑惊讶的是，几天后他发现这位小伙竟变成了他们的男仆。马克西米利安回家后写道："这位皇后天真活泼的个性并非总是令国王喜欢。"

仅仅把宫殿打造得金碧辉煌对拿破仑来说是不够的。由于欧洲其他国家的君主一致对他表现出不欢迎的态度，拿破仑三世渴望获得这些君主的认可。1855年出现了一个提升他个人地位的机会。他和欧仁妮一同去大不列颠进行了国事访

问,标志着两国在克里米亚战争期间结盟。

欧仁妮对自己首次以皇后的身份在异国会见异国皇室感到有些焦虑。维多利亚向来以看重血统而闻名。然而实际上,这次访问非常成功。欧仁妮赢得了维多利亚女王的好感,并和她成了终生好友。次年,为了参加在法国巴黎举办的世界博览会,英国王室赴巴黎进行国事访问。欧仁妮像欢迎巨星一样迎接了他们。

欧仁妮现在30岁了,是一位年轻的母亲。作为拿破仑三世的妻子,她支持拿破仑家族事业的首要任务就是为这个帝国诞下子嗣。任务虽然完成了,但过程十分艰辛。1853年她遭遇了流产,直到1856年3月15日才顺利诞下一名皇子。这位皇子的出生过程漫长而曲折:周五就开始接生了,但直到周六孩子才出生。她的宫缩非常剧烈而痛苦,以至于仆人们不得不在她抽搐时将她扶坐起来。绝望的医生甚至一度去问拿破仑要保大人还是小孩,拿破仑毫不犹豫地回答保大人。尽管如此,一名非常健康的男婴还是在周六诞生了。王子出生后,医生告诫欧仁妮千万不要再次怀孕,因为这可能会要了她的性命。

在结婚前,拿破仑就告诫过欧仁妮,他们的复兴大业危险重重。拿破仑遭遇过数次暗杀,其中最为大众熟知、最戏剧化的是奥尔西尼爆炸事件。1858年,在拿破仑和欧仁妮去往剧院的途中遇到了3次爆炸袭击,共造成8人死亡,156

人受伤。两匹拉马车的马被炸死。拿破仑的帽子被炸飞，而欧仁妮的左脸颊和眼睑都被碎玻璃划伤。拿破仑明显受到了惊吓，但欧仁妮却无比冷静。她指挥官员们快去照看伤者，不用担心她和拿破仑，并说道："我们如果被射杀，与你们无关。"拿破仑希望留下来抚慰伤者，但是欧仁妮认为可能会有第四次爆炸，劝他先离开。当他们俩走进剧院包厢时，她的白裙上满是血迹，观众们向他们欢呼。几周后，皇宫昭告世人，倘若他们的君主不幸身亡，则由皇后代表皇子主持政务。由于她在爆炸事件中展示出的非凡勇气，她的人气急剧上升。奥地利大使在他的日记中写道："这儿的人们对一张抱着婴儿的美丽女人画像表现得非常兴奋。这个女人在军队的帮助下拯救了法国。由于拿破仑那时随时有可能被炸身亡，所以他的存在变成了一个可以忽略的因素。"

事实上，欧仁妮第二年就开始摄政了。拿破仑因为意大利独立战争离开法国。她总共摄政3次：第二次是1865年，拿破仑去了阿尔及利亚一个月。第三次是普法战争期间。1870年9月4日，她逃离了杜伊勒里宫，标志着她第三次摄政的结束，也标志着法兰西第二帝国的灭亡。

有关欧仁妮对拿破仑政治的影响，历史学家们一直争论不休。结婚前她从她母亲那儿继承了对政治的兴趣，结婚后又从拿破仑那儿耳濡目染。她很高兴的是，拿破仑坚持让她出席内阁会议。而她总体上支持右翼和独裁主义政策的观点

也受到大家欢迎。她由于"干预"外交事务,一直受到强烈谴责。这通常是灾难性的,狂妄派还煽风点火。人们认为她的国籍会在政治上影响她,她的想法会受到她西班牙式教育的支配;人们还认为她作为一个西班牙天主教派,会竭尽全力保护圣座的权力。作为西班牙保皇党人,她听信那些期待墨西哥和欧洲王位挂钩的墨西哥人;她要对赶赴罗马支持罗马教皇的法国军队负责。她让奥地利大公马克西米利安成为墨西哥君主,但却带来了灾难性的后果,她为此备受责怪。更有甚者,有人称她曾说过"普法战争最终会是我的战争"——尽管她本人强烈否认这一点,而且据称是听她说这句话的那个人也否认了这一点。

所有这些控诉都是不公正的。其中只有马克西米利安的事件需要欧仁妮负些许责任。这也是她最近距离接触法兰西第二帝国外交政策的时候。她、拿破仑以及另外两名无足轻重的官员在比亚里茨开展了秘密会议,共同决议让马克西米利安前去统治墨西哥。这个欠缺考虑、难以执行的想法直接导致马克西米利安在墨西哥被捕、定罪,最终在克雷塔罗被活活烧死。据说,有位墨西哥官员凝视着马克西米利安的尸体暗自说道:"这都是法国的杰作。"听闻马克西米利安的死讯后,特别是当她想到这会给他的母亲索菲亚大公和他的哥哥奥匈帝国皇帝弗朗茨·约瑟夫带来多大的苦痛时,欧仁妮自责不已。她承认了自己的错误,忏悔道:"世界上最痛苦

的事莫过于我要面对一位悲痛欲绝的哥哥和母亲,而他们的苦痛却是我的教唆导致的。"虽然勇气可嘉,但这场悲剧并非源自她的鲁莽。她也不用为马克西米利安的无能负责。所以,随后的几年,拿破仑才仍会将摄政大权交予她。

她无论在肉体上还是政治上都完全忠于拿破仑。她一直被人称作"大自然的处子"。然而,拿破仑却是风流成性、欲求不满。欧仁妮对他的风流轶事总体上采取容忍的态度。因为她坚信他们之间感情深厚。同时,阻止他追求其他女人或让其他女人远离他都是不现实的。

只有两个事件影响了他们之间的关系。第一个发生在1860年。欧仁妮的姐姐帕卡去世时,欧仁妮和拿破仑正在法国的境外领地游玩。拿破仑认为最好是等他们回国后再告知她这一消息。得知帕卡去世的消息后,欧仁妮悲痛欲绝。更让她无法接受的是,她是最后得知这一消息的人。随后,拿破仑又出轨玛格丽特·贝朗格,这严重影响了她对他的忠诚。这位25岁的情人竟曾当过马戏团的演员和布伦港的旅馆服务员,这让她忍无可忍。拿破仑和欧仁妮的婚姻危机一度闹得沸沸扬扬。她绝望地抗议道:"他如此不知羞耻,我再也无法忍受了。"

尽管帕卡的离世和他丈夫一次又一次的不忠让她极度崩溃,但欧仁妮的坚定以及两人对儿子未来的信念总能让拿破仑悬崖勒马,回心转意。对欧仁妮来说,是忠诚和责任让自

已做到大度包容。

对政治、道德和文化的影响

不管他人如何看待欧仁妮,路易·拿破仑都认为她是完美的。他这样评价:"她出身高贵,接受的是法国教育。他的父亲为法兰西帝国大业抛洒过热血。作为一个西班牙人,她在法国没有家族,所以无需授予功勋,这是她的优势。"尽管她法语流利,但还是无法超越法国女子。她的法语带有轻微的口音,有人说更像英语。而她的爱慕者们则认为这是她特有的魅力。

欧仁妮确实魅力十足。奥古斯汀·菲隆见到她第一面时,就被她的与众不同深深吸引住了,在身体上、精神上和道德上都完全超越他的想象。那时的欧仁妮已经40岁了,面色开始暗沉。她站在比亚里茨别墅的阳台上,沐浴在如西班牙的阳光一样强烈的阳光下,她不戴帽子,也没有撑太阳伞。菲隆仍然记得那时她用戴着手套的手臂挡着眼睛:"这样她可以轻易遮住脸上那些细微难寻的印记,它们可能是源自身体或精神上的伤痕。但除了使用些许大米散粉,用铅笔描画眼线外,她几乎不会用化妆术来修饰自己的美。"当法兰西第二帝国在1870年没落、她要逃出巴黎时,她仍坚持画眼线,尽管这让她更容易被敌人发现,甚至被捕。正如菲隆说过的:"她不可能不画眼线,因为这会让她眼睛失去应

有的神色。"

让菲隆惊讶的是，欧仁妮比围绕在她身边的任何女人都要简单、不做作。她从不故作姿态："与其说她扮演着皇后的角色，还不如说她扮演的是一位漂亮的女人。"她说话温柔率直，让菲隆吃惊着迷。她让他印象深刻，不是因为她完美无缺，像精灵女王般统治国家，周身闪耀着光芒，而是因为，作为一个女人，她拥有智慧和丰富的情感，带着热情和忠诚，像鼓舞着她身边除拿破仑外的所有人一样鼓舞着他。

人们都知道的是，欧仁妮有时的行为举止让人觉得过于亲密，这让大家对她的道德感产生质疑。一方面，这里面涉及礼仪问题。一个广为流传的事件来自《泰晤士报》记者的描写："泰巴女伯爵的男性友人偶尔会直呼她的教名——欧仁妮。"这在西班牙完全合乎礼仪。一个西班牙家族的朋友可以直呼这个家族中任何成员的教名，甚至可以不加"先生"或"女士"。然而，这在法国和英国都无法被接受，从而无法让人不质疑她的道德素养。

另一方面，这位泰巴女伯爵虽然被认为离经叛道，但是她又似乎极其拘谨。当马蒂尔德·波拿巴公主在新年除夕午夜时分邀请她的绅士来宾亲吻在场女士的前额时，欧仁妮拒绝参与，她表示要坚守自己母国的风俗传统。在西班牙，男子虽可以直呼女子的教名，但他不能亲吻这名女子！欧仁妮自然随和的举止、对陌生人的率直，特别是她单纯的挑逗调

情在西班牙都是女士相当正常的行为。而法国人只能接受极其严苛虚伪的宫廷礼仪,任何的逾越都会被视为作风散漫。尽管如此,欧仁妮还是坚守着她母国的礼仪标准。

欧仁妮身上具有典型的西班牙式的骄傲和自在,这塑造了她宫廷的氛围,让那些怀有敌意的人感到困惑而为难。普罗斯佩·梅里美很早就写道,这位皇后从她少年时代就学会了如何在放松消遣和宫廷的贵妇礼节之间来回转换。她从不掩盖自己的个性,即使是皇家礼仪需要时也不例外。罗伯特·森考特是她唯一认可的传记作家。他曾记录道:"宫廷晚宴开始时大家都严格遵守着礼节,随后,特别是当拿破仑离场后,晚宴变成了老朋友间的聚会。最终,晚会像聚谈会般结束,宾客们都变得熟络起来。他们互相间直呼其名,无话不谈。"

然而,双方都存在误解。当拿破仑在场时,欧仁妮整体上会保持皇后的姿态。一旦拿破仑不在,森考特说:"她的演讲和举止都变得无比放松,像是在卖弄风情,虽然面部表情有细微差异,但还是引发了各种流言蜚语。"森考特承认欧仁妮可能永远不会真正理解法国人的观点。她的表达时常会让随从们感到震惊,然后她会微红着脸问道:"我说错什么了吗?"森考特承认:"那些对西班牙人和西班牙行事方式一无所知的人们,他们对这样的流言蜚语做出回应,是可以理解的。"

纵观欧仁妮的一生,她极其轻视性爱,并不是认为性爱邪恶,只是无足轻重、一文不值。当女士们坐在一起谈论不忠行为时,她常常表示不可置信地问道:"你意思是男人们都只对性爱感兴趣?"可能她对性爱的恐惧来自少年时的初恋和后来丈夫一次又一次的出轨。当暴徒们攻入杜伊勒里宫时,欧仁妮表示自己无惧死亡。她害怕的是性骚扰:"我害怕落入敌人之手后,他们会在弄死我之前羞辱、玷污我,我想象他们掀起我的裙子……"也许她的性欲不可避免地受到了极大压制。她渴望爱。而早期的激情消退后,拿破仑无法再给予她渴望的爱。她承认,宗教信仰帮助自己克制着到处求爱的诱惑。她说:"如果我不是信徒,那我会有很多情人。对于爱,这是唯一值得做的事。"

她对宗教信仰到什么程度?奥古斯汀·菲隆写道,因为她是一位西班牙人,法国人也认为她十分迷信:"她曾跪在古老大教堂石板路面上,边数念珠边祷告,神情恍惚地凝视着点燃的蜡烛。"菲隆指出,如果法国人了解她在巴黎度过的童年、她成长的自由氛围以及她对拿破仑一世传奇故事的记忆,那么这幅画面在他们眼中会变得完全不同。菲隆认为欧仁妮远没有她的丈夫迷信。如果说她过度虔诚,可能有些夸张。他这样总结道:"她的宗教行为适度、有节制,她一生从未让自己置身于一群牧师之中。她只是一位虔诚的天主教徒。除此之外,再无更多。"

欧仁妮

同样,她的西班牙背景也在她和法国人之间筑起了一道鸿沟。在拿破仑宣布和她结婚后,她和母亲直到婚礼后才搬进爱丽舍宫。很多人给她留下了卡片或在留言簿上留了言。但是根据西班牙传统,欧仁妮未做出回复,也没有接受邀请,甚至都没有在杜伊勒里宫的婚前舞会中露面。毫无疑问,很多人将此视为傲慢。这样的场合数不胜数,欧仁妮只是遵循着西班牙的风俗,却无意中冒犯了他人。有些人指控她要求仆人严格遵守西班牙礼节,然而,菲隆表示真相是:"她不注重礼节,所以经常会忽视,以至于拿破仑不断提醒她作为皇后需要注意的各种礼仪。"

屈膝礼是她一个广为人称道的礼节。人们将它比喻成花儿弯腰,接着又随风恢复原样。美国驻马德里大使形容说这个礼节让他无比着迷,西班牙女王去法国拜访时,欧仁妮的优雅甚至让这位女王黯然失色。当女王伊莎贝拉和大使动身离开时,伊莎贝拉给大使写道:"告别时全身都要有动作,点头要像任何一位市民的妻子般亲切。"然而,欧仁妮却是面向他们站着,带着她所有的高雅美丽,紧闭双腿,将上半身微微向后倾,随后向前弯曲。来回轻巧,动作优美,宛如天鹅般优雅。随后,她不转身,而是缓慢地退至大门处。她完美地复制了安达卢西亚舞者上半身那无人能效仿的动作。皇室习惯把这种单次鞠躬称为"弧形屈膝礼",其中包含展示给在场所有人的微笑。这是这位皇后的社交成就之一,总

能让人赞叹不绝。

欧仁妮是一个异国人,而且还不是皇室出身,这两个事实同样重要。路易·拿破仑在某种程度上是一名探险家。让他的大臣们失望的是,他挑选了一位来自异国他乡的女子,这位女子从各方面来看都像是一名女探险家。大臣们认为他需要一位皇室出身的妻子来巩固他的新帝国。尽管欧仁妮充满魅力,但她从未赢得巴黎人的心,当然,她也没有拿破仑那样对法国各省的控制力。虽然,无可否认,她给法兰西第二帝国带来了光辉,让它摆脱了庸庸碌碌的命运。路易·拿破仑喜爱炫耀自己的新贵身份,这和他个人气质无比般配。和欧仁妮结婚后,他们俩在国外宫廷赴宴时都要胜人一筹。

虽然维多利亚女王起初有些迟疑,但他们最终和女王成了朋友,并赢得了她的尊重。这段友谊令欧仁妮受益匪浅。在维多利亚的推荐下,欧仁妮开始委托温特哈尔特创作了许多她和她的女子宾客们的肖像。温特哈尔特用他寻常的笔触去描摹,但是却无法洞悉欧仁妮的性格特征。温特哈尔特1854年的一副著名画作描绘了欧仁妮和她的女性宾客们围坐在一起的景象,每个人物都惟妙惟肖。欧仁妮坐在中间,没有任何珠宝装饰,周围的女子们戴着手镯和珍珠项链,但她的美却超凡脱俗。她好像希望再现巴伐利亚·玛丽·安托瓦内特之子路易一世的美女画廊。欧仁妮有足够的自信挑选出法兰西最美的女子去参加她的宫廷舞会。

欧仁妮

在杜伊勒里宫著名的蓝色沙龙门口画着最受她喜爱的女子的肖像。其中的家具物品摆放都能展示出她的独特品位。"chic（时髦）"这一词在那时首度出现，被人们用来形容法兰西第二帝国，特别是当时的宫廷。le chic 是它在法语中的叫法。

维多利亚还将自己的裁缝查尔斯·克雷德推荐给了欧仁妮。欧仁妮非常喜欢他的设计，这使得他很快在巴黎开了分店。从时尚角度而言，能为欧仁妮服务他感到非常幸运，她是欧洲社交界万众瞩目的女子。法国时尚无处不在。在西班牙，据梅里美所说，人们几乎看不到蕾丝披纱了，取而代之的是欧仁妮的时髦小帽。伦敦、柏林和维也纳也是此派景象。在科隆和卡尔斯鲁厄，商店橱窗上展示的都是法兰西皇后的画像。

而斯图加特的人则开始崇尚法式生活，法语杂志随处可见，人们甚至在咖啡店内用法语交谈。所有女性都竭尽全力模仿她们的偶像——欧仁妮。

温特哈尔特让她尝试大帽子，这是罗姆尼和雷诺兹的画作中都使用过的元素。所以，在接下来的肖像画中，她头戴一顶由蓝色薄纱包裹的意大利式草帽，其中加入了西班牙风格的蕾丝。宽大的帽檐上别着的是帕尔马紫罗兰、蓝莓和罂粟花。这种装扮瞬间引起轰动。但是，欧仁妮明确表示这是自己的专属造型。因此时髦小帽又重新得势，人们开始尝试

各种随意佩戴的角度。尽管拿破仑和欧仁妮从未试图隐藏或忽视自己的出身,但温特哈尔特的画作让他们完美地融入了欧洲王室大家庭。

欧仁妮对时尚做出的最大贡献是她掀起了裙衬的风潮。虽然裙衬不是由她发明,她也并非首个在宫廷中使用裙衬之人。是梅特涅公主穿着的白纱宫廷服,上面镶嵌的雏菊吸引了欧仁妮的目光。她很快任用了她的设计师沃斯。能为全欧洲最优雅美丽的皇后设计服装让他名声大噪。自从欧仁妮在1867年第二届巴黎世界博览会上穿着他设计的裙装后,欧洲几乎所有皇后和公主们都成了他的顾客。

19世纪60年代初,里昂的丝绸商们纷纷找到欧仁妮,请求她帮助他们的产业重返时尚圈。那时他们几乎徘徊在破产边缘。但现在所有欧洲女性都穿着镶裙衬的大裙摆,里昂的丝绸行业开始复苏,并蓬勃发展起来。为了响应时尚的需求,里昂制造商们生产出了最为精致的材料:闪色塔夫绸和锦缎,暗影的、有斑点的、大理石花纹和格子花纹的,样式繁多,1码售价60法郎。这些丝绸商们还生产金银色的织锦和锦缎,以及各色波纹轧光条影丝织物。欧仁妮常将这些裙装叫作"政治"服。因为她是为了重振丝织产业才穿戴它们的。

和她的许多随行人员一样,她更喜欢轻薄织物,比如棉布、薄纱、蝉翼纱、踏勒丹薄纱、紧捻纱罗织物和薄棉布

等。但当马克西米利安在墨西哥被捕身亡后,整个法国宫廷都在默哀,于是,1867年的潮流季瞬间结束。欧仁妮再次现身时穿了一条更为庄重的裙装,裙子后部及地,并附上一截短拖裙,裙子前部则平直而紧凑。裙子完美地贴合了她的身材。差不多10年之后,这种款式完全取代了裙衬的设计。拖裙横扫社会各阶层,从欧洲宫廷舞会到大街小巷的工人阶级,人们都在使用它。

至于颜色,法国到处都是拿破仑一世的紫罗兰徽章。紫罗兰一直非常流行。尽管欧仁妮偏爱薰衣草的香味,但在法国盛行的却是紫罗兰香水,它遍布法兰西第二帝国,无论是上流社会还是暗娼阶层它都广受欢迎。欧仁妮从不穿亮色服装。她偏爱珠光灰、淡紫和玉米色。而在夜晚的舞会中,她只穿白色。她喜欢宝石蓝,有一种独特的蓝以她的名字来命名,叫作欧仁妮蓝。1869年,她侄子斐迪南·德·雷赛布开凿的苏伊士运河完工,她盛装出席运河开通仪式,惊艳了整个时尚界。欧仁妮为4天的舞会、宴席和招待会做了万全的准备,她的衣橱中甚至都准备了一套水手服。尼罗河水色成了全新的颜色,当代杂志将这种颜色描绘为"绿色和灰色的艺术性混合,闪耀着银色光泽"。这种颜色的丝绸被形容为"尼罗河在月光下泛起的道道涟漪"。

甚至在她成为法兰西皇后之前,她就注定会成为大家争相模仿的对象。她对男性化风格的喜爱(她在骑马射猎时喜爱男性装束）瞬间影响了潮流。她引入了立领和稍硬的袖口。法国女子迅速开始复制她在国王狩猎舞会上的高跟靴、收紧的皮带以及她常穿的西班牙式波列罗绣花马甲。随着克里米亚战争的爆发，约瑟芬皇后时期风靡一时的彩色佩里斯花纹羊绒披肩又再度流行起来。由于它们相当昂贵，法国制造商们立刻生产出了廉价的复制品。于是，很快大街上随处可见披着这种披肩的行人。披肩不仅时尚美观，还极为实用，因为那时的裙子普遍很宽，斗篷难以进行搭配。

女性甚至尝试模仿她那美丽泛金的红发。理发师们则将无数种染发剂混合，调出客户们满意的颜色。他们的橱窗内展示着各种假发，有披肩长发、发辫以及"欧仁妮卷发"，不论是公爵夫人还是挤奶工都会前来购买，销量成千上万。为了使发型不变形，人们发明了一种叫作"隐秘"的网眼织物。很快，使用这种网眼织物来固定发型变成了一种风尚，人们甚至将它作为礼物送人。为了模仿西班牙风格的发型，女性们还用西班牙长梳装饰自己的头发。

欧仁妮的卧室空荡荡的，不带任何个人特色。她的大床像是加高的宝座，四周挂满了厚重的刺绣帷幔。她将这个房间仅用作休息，而所有穿衣打扮都在隔壁的化妆室进行。化妆室配有大型旋转式镜子，这样她能从各个角度观察自己。四周墙上挂满了各式各色的裙子和外套。帽子、鞋靴、遮阳罩和防尘斗篷则在另一个单独的房间内。她仆人楼上的房间

欧仁妮

通过电梯和传音筒与欧仁妮的化妆室相连。房间内有欧仁妮的仿真模型，这些模型严格按照欧仁妮的身体比例制作完成。每天早晨，仆人们会将这些模型穿衣打扮好，然后送下去供欧仁妮挑选，由她决定今天的装扮。白天，她更喜爱样式简单的裙装。她会选择适合出行、适合在乡村生活的服饰。而到了晚上，她则会用华服和珠宝盛装打扮自己。大领口处会用丝带、褶带、蕾丝、绣花、羽毛以及任何你能想到的物品进行装饰。欧仁妮最让人惊艳的宽领设计采用了红宝石、蓝宝石、翡翠、绿松石、紫水晶、紫玛瑙、黄宝石和石榴石以及成白上千颗的王冠钻石①。

国外的政治事件总是会影响潮流走向。北京、阿尔及尔和塞瓦斯托波尔让颜色鲜艳的运动上衣、泛舟服和宽大的衬衫在宫廷内流行起来。当皇室慰问过驻扎在圣摩尔的非洲军队后，包头巾的呢斗篷开始变得火爆。欧仁妮将一半雨伞一半阳伞的 en-tout-cas 引入法国，她还兴起了彩色衬裙的风尚，尤其是红蓝色。这些都是她广为人知的成就。当欧仁妮

---

① 1887 年，法国王室的珠宝玉石被进行拍卖。很多欧仁妮最爱的首饰再度进入公众视野："著名的藤叶花冠，其中大大小小的钻石超过 3000 颗……由 208 颗大钻石构成的梳子……腰带上镶嵌着珍珠、红宝石、蓝宝石、绿翡翠和 2400 颗钻石……来自巴普斯特、克拉默河口、勒莫尼耶的精美钻石样品……她的王冠，美丽的俄罗斯风格凤冠，上面镶嵌有 1200 颗钻石……希腊式卷轴形珠宝以及和她无比般配的头饰等。"作者的祖先菲尔德·马修·福斯特·埃尔福瑞德·祖·温迪施 - 格里茨在拍卖会上购买了欧仁妮的珍珠，但欧仁妮的绝大多数珠宝都被一位印度王公购走。

访问过苏格兰后,她又将格子斗篷带回国,她甚至让王子也穿上了苏格兰裙。

沃斯还设计过一款更短的日常裙。不久之后,有人就看到皇后和她的三名女性宾客穿着这种短裙在布伦园林滑冰。

她们排成一排在冰面上平稳地滑行,戴着手套的手上都握着一只丝绒小棒。她们穿着几乎无法遮住膝盖的短裙,短裙在风中向上飘起。依稀可见下方的宽松丝绒衬裤。她们脚上穿着长筒橡胶靴,银色闪光的冰鞋绑在高跟靴上。身穿高腰短夹克,上面装饰有黑貂毛和栗鼠毛。而头上则戴着无边丝绒小帽。

她的影响力非常深远。她在时尚界的权威毋庸置疑,甚至在加利福尼亚和荒蛮的西部酒吧,两个月后,这里的女性也会复制她最新款的茶会礼服!

除了在时尚方面的地位,欧仁妮对女权运动也有着深远而持久的影响。1866 年摄政期间,她允许电报行业录用女性工作者,这也是公共服务业首个对女性开放的职位。

为了构建新贵族社交体系,同时让旧贵族服从新政权,拿破仑三世举办了很多宴会活动,欧仁妮自然总是这些活动中耀眼的核心人物。路易·拿破仑非常重视邀请旧政权的王公贵族们,但他们仍有意回避杜伊勒里宫和爱丽舍宫。也许

欧仁妮

是因为欧仁妮邀请的都是西班牙人、南美洲人、墨西哥人以及受她欢迎的英国人。这让他们感到愤怒。被一群外国人,特别是外国女性包围着,欧仁妮倍感安心。因为她相信这些外国人不太可能回应那些令她深感恐惧的流言蜚语和政治阴谋。

毫无疑问,是欧仁妮让巴黎成为欧洲的社交之都。法国宫廷尝试在传统政治和民主政治之间寻求折中,但无奈以失败告终,这让它一直备受诟病。无论是拿破仑三世还是欧仁妮,他们都不希望与先前的生活渐行渐远。他们不想让繁文缛节阻隔他们与外界的接触。所以,他们的宫廷是鲜活而充满生气的,这让其他欧洲宫廷显得更为呆板停滞。马克西米利安曾指责欧仁妮的宫廷是"极其滑稽"的。他嘲笑道:"整个宫廷里里外外都像是一群业余人士,办公人员更是对自己的工作没有把握。在这里没有好坏之分,因为压根连标准都没有。"他在给他哥哥弗兰茨·约瑟夫的信件中写道:"我祝愿直到我可以离开的那天,这个文明中心都一切安好。"然而,这个文明中心却一直无拘无束地发展着。

但欧仁妮始终对自己的宫廷感到万分焦虑,她开始对法兰西前皇后玛丽·安托瓦内特变得越发着迷。从蜜月旅行起,她就开始收集这位皇后的遗物。她购买纪念品,不遗余力地寻找家具和那些曾挂在小特里亚农宫里的画作。她将这些都收进了玛丽·安托瓦内特的博物馆。为了让公众再度关注这位皇后,她甚至举办了"玛丽·安托瓦内特季",用老派的方式佩戴假发。1867 年法国巴黎世博会期间,她决定公开展览玛丽·安托瓦内特的遗物,鼓励手中有相关藏品的人参与。展览会相当成功,她本人也拿出了珍藏的服装图册。玛丽·安托瓦内特曾在每天清晨通过它来决定自己一天的装扮。

尽管展览取得了成功,但欧仁妮对玛丽·安托瓦内特的关注让人觉得有些不祥。她位于圣克卢的私人住所已完全变成纪念这位逝世皇后的场所。除了收藏玛丽及其家人的肖像画外,她还拥有玛丽·安托瓦内特著名的书桌,上面装饰有两个镀铜的神兽,是家具用品中的杰出之作。路易·拿破仑则将两个华丽的钻石耳环作为结婚礼物赠予欧仁妮,这对耳环呈梨形,由两块大石头围住。它们曾一度属于玛丽·安托瓦内特。但奇怪的是,这对耳环却是梅特涅公主赠予玛丽的,上面是玛丽结婚前约 14 岁时在维也纳的一幅画像。她脖子上戴着一条细红丝带,好似预示了她被斩杀的命运。在欧仁妮和拿破仑结婚前,她的母亲就写道:"我禁不住问自己我的孩子是否最终会和玛丽一样的结局。"这份恐惧同时也折磨着欧仁妮:"每每想到她的命运,我就感到害怕。"这是她在结婚几个月后写下的。这样的恐惧是很有理由的:当她参观过苏伊士运河后,她开始减少公开露面的次数。她对普鲁士的计谋和外交姿态愈发感到惊慌。1870 年 7 月,法兰

欧仁妮

西对普鲁士宣战。尽管像大多数人一样,欧仁妮是这场战争的狂热支持者,但她不应受到谴责。同年9月1日,路易·拿破仑在色当投降,法兰西第二帝国灭亡。

作为摄政王,欧仁妮直到敌军破门而入、没有丝毫希望时,才最终决定离开杜伊勒里宫。在她美国牙医的帮助下,她成功逃往了英国。在那里,她见到了自己的儿子;6个月后,又成功地和拿破仑团聚。英国公众一直都非常喜爱欧仁妮,所以她受到了人们的热烈欢迎。人们对她的遭遇表示深切同情。他们一家接受了位于奇斯尔赫斯特的住所,自此开始,他们的生活就以儿子的教育为中心。而拿破仑因为肾病,在两年后逝世。

至此,波拿巴家族事业的所有希望都寄托在他们儿子身上了。欧仁妮非常喜欢他。即使是在巴黎王宫时,每晚她都会在晚餐前去他房间和他说一声晚安。那时门会开着,丝绸沙沙作响,手镯发出轻微的叮当声,她会温柔地轻吻他。她经常渴望能和儿子待在一起,而不是去参加欢快的舞会。她曾悲伤地和奥古斯汀·菲隆说道,她希望儿子也能和自己一样参加晚宴。

当他们开始流亡时,他们的儿子在各方面都表现得出类拔萃:帅气、聪明、风度翩翩,智力水平远超同龄人。拥护者们认为他夺回王位是早晚的事。

1879年,他被允许加入英国派往非洲去镇压祖鲁兰当地野蛮部落的军队。在那里,他遭遇了埋伏,不幸身亡。之后,欧仁妮搬去了法恩伯勒,在那里她建造了纪念路易·拿破仑的陵墓。次年,她前往南非,去到了当时儿子被害的地点,将儿子的尸首带回,和拿破仑安葬在了一起。她早已肝肠寸断,但精神尚未崩溃。她独自一人在英国隐居了40年后离世。

维姬

不列颠长公主/德意志皇后
(1840—1901)

1858年2月的一个严寒天,维多利亚·阿德莱德·玛丽·路易丝(昵称维姬),不列颠长公主,维多利亚王后和她的爱人阿尔伯特宠爱的大女儿到达柏林,成了普鲁士腓特烈王子的新娘。当时她只有18岁。之后,命运之神似乎很垂爱这位长公主。她算不上绝色,却有一双炯炯有神的大眼睛,让人过目不忘;她活泼好动,充满上进心;她仿佛有种魔力,让众人为之着迷。她拥有一个快乐的童年,成长在一个充满爱的大家庭,她在那里接受了自由主义的严格教育,那是19世纪50年代英国的主流思想,她也因此拥有了超常的智慧。她是个坚强的人,她与她英俊的丈夫十分恩爱。除了她个人的品质,她还带着世界强国之女的无上地位来到柏

林。不幸的是，德国皇室心胸狭窄、食古不化、嫉贤妒能，不仅如此，他们还对这位异国皇后充满了偏见。他们将皇后视作威胁，这让维姬的非凡才能无处施展。

英格兰篇

从一开始就有人反对这桩婚事，其中，态度最坚决的当属俾斯麦。他掌权后对维姬的所有政治主张都发起了无情的攻击。1856年，当副官长利奥波德·冯·格拉赫问俾斯麦对这桩"英国婚姻"的看法时，俾斯麦说，对于"婚姻"来说，这应该是成功的，"因为那位公主据说是一位智慧且有主张的女士"。但是，他十分不喜欢与"英国"联姻，他认为英国比德国拥有更强的民族感。

此外，德国人从政客、记者、运动员、地主和法官到普通农民都已经对英国展现出了近乎卑微的崇拜，俾斯麦认为，如果嫁到这里来的第一夫人是英国人的话，这种情况会更加严重。"如果她成功地摒弃英国身份而成为一个普鲁士人，那么她将是这个国家的福音。"他随后补充道："如果我们未来的王后但凡保留一点英国作风，我就能预感到我们的皇室臣服于英国的惨状。"

维姬的父亲阿尔伯特亲王也用反语对维姬的身份表示了同俾斯麦一样的担忧："英格兰长公主离开了自己的国家嫁

维 姬

给了普鲁士腓特烈·威廉王子,因此她不再是长公主,在世界上最美好的祝愿下,她会尽可能做一个德国人,但她的血脉永远无法改变。"如果俾斯麦知道维多利亚女王和阿尔伯特亲王将他们的女儿培养成他们派到普鲁士的传教士——将文明世界的启蒙思想传播到荒蛮的地方,他会对维姬更加严防死守。维姬是一个好学的学生。她刚到柏林一个月后写信给她的父亲:"您对我的地位分析得很到位,我也常常反思这个问题。如果我抛弃了我的英国头衔和尊严,忘记对您和祖国的责任,这将对我和我的丈夫造成极大的危害。"

维姬的母亲也让她的女儿不要忘记她应如何回报祖国。对维姬来说,英格兰永远是她的"家"。在维姬婚后收到的第一封信中,维多利亚女王命令她签名时先标明英国公主的身份再标明她的普鲁士身份——"维多利亚,长公主,普鲁士腓特烈·威廉王妃"——维姬也一直这样做,直到她成为德意志皇后才换了签名。维姬十分明确地将英国对普鲁士宫廷的影响视作自己前进的工具。对于阿尔伯特来说,他希望德国接受启蒙并得到统一,而维姬正是他实现这一梦想的工具。拥有这样的思想,维姬不可避免地在她的新家树敌无数。如果她闭口不提政治,她或许会幸免于难。但是,就像她和父亲说的那样:"我认为一个假装对时事一无所知,或对公共事务毫无兴趣或毫不注重培养对这些事的观点的公主(或任何女人)一定也会被看作是无法引起丈夫兴趣的人,

211

除非她们总是被卷入一些事件而因此忽略了自己的职责。"

维姬是一个非凡的公主,她继承了父亲对政治的敏感,母亲敏捷的思维和强烈的冲劲,还拥有对文学和艺术的热爱和理解。阿尔伯特很溺爱这个早熟、聪慧的女儿,也很尽心地指导她进步。在托儿所时期,她便开始嘟哝德语、法语和英语,同时她也展现出了在绘画方面的天赋。她7岁时就在课堂上表现出了对挑战的渴望和对学习的喜爱,她不仅喜欢像拉丁语、历史和数学这些常规课程,还对她天生擅长的政治很感兴趣。

维姬也被过于溺爱。尽管她很有魅力,但她的脾气十分不好,虽然后来她学会了控制,她的母亲称她为"狡猾的小淘气"。她聪明机敏,却也容易被感动并陷入深刻的情感。在她10岁的时候,她遇到了自己未来的丈夫。

1851年5月,20岁的弗里茨和父母,即普鲁士王子和普鲁士王妃一同参加万国工业博览会的开幕式。他的家庭环境和维姬的相比显得无比暗淡。他的父母互不相让,只要见面就会吵架,英国皇室阖家欢乐的场面让他出乎意料,水晶宫中展出的科技奇迹和阿尔伯特亲王主张的自由主义设想都让他深受启发。英国人和英国公主都给这位普鲁士王子留下了深刻印象。在接下来的4年里,他和维姬间歇有书信来往。尽管承受着克里米亚战争的压力,两人的母亲也依然保持着联系。在战争中,普鲁士持中立态度而非支持英国,这

维姬

让英国感到无比震惊和愤怒,两国的关系也降至冰点。

克里米亚战争结束后,维姬和父母一同去拜访了拿破仑三世皇帝和他迷人的皇后欧仁妮。在圣克卢宫中的一周让维姬对法国人追求的精致和品位大开眼界。

欧仁妮和拿破仑为维姬准备了一个和她同等身高、长相也一样的"人偶",并为其准备了全套行头,以确保维姬在来访期间有合适且时尚的衣服。他们为维姬准备了全新的衣装,还在圣克卢宫中为她准备了房间。维姬对所有东西都做了笔记——尤其是装饰品和绘画作品。她的房间可以通向一个专属于她的小型花园,里面有盆栽的橘子树,还可以很好地看到巴黎的景色。像着魔一样,维姬将这些都记在了她的素描本上。她很崇拜欧仁妮皇后,皇后将所有优雅迷人的事物展现在了年轻敏感的维姬面前。

1855年9月14日,弗里茨拜访了位于苏格兰的巴尔莫勒尔堡。他的母亲普鲁士公主和阿尔伯特亲王都认为他和维姬的婚姻会促进德国的自由和团结,因此他们都鼓励两人的结合。维姬在第一次见他的时候就爱上他了,弗里茨也很快爱上了维姬。这年维姬15岁,而他则24岁了。弗里茨向维姬求婚,维姬也接受了他的求婚。

由于维姬年纪尚小,双方决定将婚约保密。然而,这个决定并未如愿实现。这个秘密泄露后收到了很多负面反响。英国人仍在介意普鲁士在克里米亚战争中的中立态度,而普

远国的凤冠

鲁士也同样没有忘记英国人近期所表现出的敌意。两国的报纸都坦率地表达了他们对这桩联姻的反对。国内，国会要为维姬准备精致的嫁妆。普鲁士王后送给维姬的仆人都是德国的中老年妇女，这让维姬和她的皇室感到愤怒。维多利亚女王坚持在英国举办婚礼。最后她得偿所愿。此外，她还要求普鲁士指定两名和维姬年龄相近的德国女孩在婚礼前到温莎做女侍臣，以便了解维姬。这是一个明智的决定，普鲁士人也给出了很好的人选。沃尔布加·霍恩塔尔女伯爵（后来的佩吉特夫人）和玛丽·林恩女伯爵后来成了维姬一生的挚友。维姬在后来写道："我们3个磨合得很好，我们在一起很快乐，就好像只有我们3个才是真正爱彼此的人。"婚礼前，维多利亚女王第一次见沃丽（人们亲切地这样称呼沃尔布加）时说："公主17岁，她的伴娘18岁，她们未来的宫廷生活将多么顺利啊！"

同时，阿尔伯特亲王利用婚前的时间让维姬为她的新生活和即将扮演的新角色做准备。

每天晚上，他都会花两个小时为维姬辅导政治或是历史。他将统一德国的愿景展现给女儿，然后让维姬写一篇文章给他看（即使在婚后维姬依然保持这一习惯）。同样地，阿尔伯特将自己的理想传授给弗里茨，弗里茨很乐意地接受了这些思想。然而，维姬和弗里茨两个人谁更胜一筹是显而易见的。弗里茨的思想就他的年龄而言还不够成熟，两人的

维 姬

成长环境也有很明显的落差。"她(维姬)成长在一个宽阔、华丽且自由的环境中,而他(弗里茨)却从小接受着狭隘、落后且保守的思想教育。"佩吉特夫人说弗里茨已经清醒地意识到俩人间的差距,并且毫不避讳地与他的朋友谈起此事。

佩吉特夫人初次见到维姬时维姬17岁。她发现这位公主显得年轻,但她天生的高贵气质和友善令人着迷。"最打动我的是她的眼睛,"佩吉特夫人回忆道,"她拥有一双绿色的眼眸,像晴天下的大海,她的眼白闪烁着少见的微光,这使她的眼睛更加迷人;她微笑时会露出小巧美丽的牙齿,让每个接近她的人都为之神魂颠倒。她的鼻子很小,且微微上翘。她的皮肤泛着明显的红晕,可能对于如此年轻的少女来说过于红润,却很好地证明了她的健康和活力。"佩吉特夫人发现维姬说话的声音十分动听,说话时还会夹杂着外国口音(英语和德语口音)。如果说维姬的长相有什么不足,那就是她的"方脸"和"棱角分明的下巴"。

据佩吉特夫人说,维姬还有一个更致命的弱点,那就是"她对别人没什么判断力,这一直都未曾改善,因为她只坚持自己的观点"。她拥有极大的热忱,所以没有人敢反驳她。如果有人对她发出警告或批评,她的热情甚至会更加高涨。佩吉特夫人曾这样写道:"她总是由于其他人的判断而错把真正的朋友当作敌人,一个阿谀奉承的伪君子却能获得她的信任。她不明白骄傲或敏感是人的本性,她没有勇气告诉她的朋友自己不开心的原因,她不敢让朋友们知道他们让她感到心痛和失望。"

维姬和家人相互间的感情非常深厚而且彼此关爱,这是尽人皆知的(尤其对于家庭情感冷淡、疏离且总是一本正经的弗里茨来说更是明显),即使欢快的舞曲和精致的嫁妆也无法减轻她离开故乡的悲痛。佩吉特夫人——即维姬喜爱的沃丽——写信说:"……在她离开英格兰之前,我从未见过像她那样完全心系家乡和家人并真诚地感谢他们的人——这种感情在如此年轻的人身上更是少见。"一位美国的使者曾说维姬"拥有无与伦比的头脑"和"山一样宽厚的胸怀"。

1858年1月25日,婚礼被安排在圣詹姆斯宫的皇家礼拜堂中举行。在她最后一次身处巴尔莫勒尔堡时,维姬试图说服一位执拗的德国作家,以此来转移对"未知的"德国生活的深切恐惧!而弗里茨像往常一样温柔且贴心。前来参加婚礼的普鲁士人夹杂在外国皇室和外国来宾中,为英国人民和皇室的热情感到吃惊。

婚礼那天,维姬身穿由白色波纹绸缎制成并饰有霍尼顿蕾丝的婚纱,头戴用白色玫瑰装点的面纱,光滑的头发梳成德式发髻。虽然她从来不是一个时尚先锋,她的嫁妆却称得上是精心准备的。为了向爱尔兰致敬,她的嫁妆中有一条翠绿色的裙子,上面绣满了四叶草。她一些衣服的衣领和袖子

维 姬

上也有爱尔兰刺绣。婚礼结束一个月后,维多利亚女王写信说:"我听到了各地对你的裙子和妆容的盛赞,所以我也为我自己买了东西,作为我在你的衣服上花了那么多心血的回报。"(为女儿准备了如此精美的礼服的女王陛下却不怎么会打扮自己,比如1855年,在她访问圣克卢宫时,她竟然向众人炫耀她那绣着一只金色狮子狗的手提袋!)

这盛大的庆典和皇室令人吃惊的专心程度(有人说比对待维也纳的国会专心得多)让伦敦人民眼花缭乱。出生于德国的阿尔伯特脱掉了异国的外衣,成为英国的亲王,而他的女儿却又要努力融入德国宫廷。

弗里茨送给维姬一串巨大的珍珠作为结婚礼物,那些是维姬见过的最大的珍珠。女王和阿尔伯特亲王送给她一对引人注目的枝状大烛台。肯特公爵夫人送给她一件十分华丽的礼物,那是由黄金和珊瑚打造的化妆盒。皇帝拿破仑三世和皇后欧仁妮赠送给她许多珍贵的珠宝,普鲁士皇室也同样送了珠宝。普鲁士国王还命令柏林的皇家瓷窑烧造60件套的昂贵餐具作为给未来侄媳妇的礼物。

在家的时候,维姬便极力推崇英国瓷器,她也将瓷器作为礼物送给外国宫廷,因此瓷器也在国外流行开来。

在父母不安的注视下,维姬镇定且严肃地完成了这场饱含情感的结婚典礼。公众的热情十分高涨,伦敦社会话题将在近几天里只围绕这个婚礼展开,而那些不赞成这桩婚事的人也在这浓情一刻忘记了自己的不满,并欢送这对夫妻去享受为期两天的蜜月时光。

一周后,维姬满怀伤感地在格雷夫森德的码头与她敬爱的爸爸挥别,和弗里茨一同乘着"维多利亚和阿尔伯特"号穿过了英吉利海峡。

德国篇

19世纪中期的德国依旧是半封建社会,人们的思想十分守旧,他们将爱国主义倾注于王公贵族。在19世纪50年代,普鲁士的国内政治越来越缺乏自由,而德国的普通人逐渐放弃以奥地利为代表的旧传统,转而将希望寄托于那颗冉冉升起的新星——普鲁士。让这些小土邦远离平静的农耕生活的不是奥地利,而是普鲁士——它让这片诗歌和哲理的沃土快速工业化,让这个统一的国家在俾斯麦和皇帝威廉二世的带领下,受到欧洲其他国家的敬畏。

当维姬嫁给弗里茨时,弗里茨在普鲁士皇室还有4个有家室的哥哥。冬天,他们的住所邻近夫妻二人在柏林的宫殿;夏天,他们会搬去波茨坦的皇宫。普鲁士国王膝下无子,还患有动脉疾病,这对他的思维判断造成了影响。他的弟弟普鲁士亲王(即维姬的公公)尽管拥有权威,却是一个软弱的人。他的另外两个弟弟虽然出身贵族,却也不是可用

维 姬

之才:"查尔斯本应该被投入监狱,阿尔布雷希特有可能成为一个酒鬼。"他们文化程度低,只对军事感兴趣,而这些难缠的年长亲戚将参与到维姬的新生活中。这对出身于世界最大的君主国并且受到过良好教育的她来说可不是一个大展拳脚的好地方。

佩吉特夫人写了在前往柏林途中的一件事,这件事是她所遇到过的最失礼的事,而这件事也使维姬受到了伤害。在汉诺威,一个大型的宫廷晚宴正在等待着迎接他们的到来,而他们却惊恐地发现那张简朴的长桌上摆着年代久远的金色餐具,这些餐具和一些传家宝,曾引起维多利亚女王和汉诺威国王的一起诉讼,而英国的王室律师却将这些东西判给了汉诺威国王。公主立刻认出了这些餐具。"她非常伤心,但她在那里,像路途中的任何时候一样温柔、迷人、平易近人,她没有一刻放松自己,竭力想给别人留下最好的印象。"

不过,旅途中也有令人愉悦的时刻,比如菲尔德·马歇尔·弗兰格尔老先生,"普鲁士最无畏的开国将领",走进火车对这对皇室夫妇表达了敬意。威腾伯格市民将十分多汁的苹果馅饼作为礼物送给维姬,这是当地著名的点心,她随后将其放在了座位上,而弗兰格尔却重重地坐在了上面。"那个苹果馅饼牢牢地黏在了他的裤子上,"佩吉特夫人说,"而公主尖叫了一声,便试图用手帕和餐巾将那位老英雄从甜品

的怀抱中解救出来。"

一抵达新家,就有很多事惹怒了维姬。庞森比夫人(维多利亚女王婚礼时的伴娘)说维姬很难摒弃她的英式思维:"许多小事让她烦乱不已,比如德国皮靴、洗澡的欲望、轻薄的银碟,还有少得可怜的礼节。"

比这些小麻烦更糟糕的是,维姬未来的住所,坐落在波茨坦区外的巴贝尔斯堡还不能入住。她和弗里茨不得不住在旧宫里,那个皇宫很大却很昏暗,里面的烟囱十分呛人,窗户无法关紧,会发出咔哒咔哒的响声。那里面没有卫生用品,用石头建造的楼梯间也没有取暖设备,"无尽的黑暗走廊连接着巨大的神秘房间,其中还挂着巨幅的皇室人物的画像"。维姬发挥维多利亚式的发明创新才能,想努力将她的房间改造得舒适一些。但这并不容易,因为弗里茨的祖父在这里去世,他的"死亡房间"是不可触碰的,而要想从书房去到自己的卧室或更衣室,维姬不得不穿过这间屋子。

那个房间的门总会诡异地自己打开,尤其是在冬日的寒冷夜晚,而那个叫"白雪夫人"的鬼故事更让人为此紧张不安。在每年的腓特烈·威廉三世的忌日,维姬的房间都会被改造成一个陵墓,他们在那里举办家庭追悼仪式。几年后,她给母亲写信说她的房间又一次为举办追悼会而被"可怕的、发霉的旧家具填满",这令她非常生气。"我必须说,他们完全不顾及我的感受,"她这样告诉维多利亚女王,"而

维 姬

且,为了这个诡异的仪式,我们的东西都被糟蹋了,它们被搬下来,被移来移去,被拆成许多块。真的是时候废除这个野蛮的传统了。"维姬很讨厌一个人待在那座城堡里,弗里茨因为不再在军队服役,也很少离开她,但是不论维姬如何恳求,他都拒绝放弃每天晚上去街上独自散步一个小时的习惯。

维姬在柏林的下人却是很多的。1859年4月,在她的下人们都进行了圣餐礼后,她写信告知了母亲。她的下人包括侍从、马夫、佣人、女仆和伙夫一共42人。此外,维多利亚女王还将因诺森特夫人派去柏林作为她的护理,霍布斯(被称为霍布茜,据说她曾教威廉皇帝英语)夫人作为她的女仆。女王还将一位贴身侍女,即贝内特小姐派给维姬,她"非常安静且内敛,性格谦逊,给人装扮时熟练且迅速——她很擅长梳头,显然是一个非常有经验的贴身侍女"。

虽然维姬的下人众多,她的内务管理却并不顺利。由于她的年轻和缺乏经验,她的下人们总是打打闹闹、明争暗斗。他们的脾气并没有因为生活条件的改善而变好。那个老皇宫不方便、样式老旧、设备不全,这种情况在她母亲的城堡中是不会发生的,那里的下人也是经过很好地训练的。在手指长了冻疮后,维姬发现柏林人有个与自己不同的习惯,德国房间里的温度总是很高,而在英国,室内的温度永远不会那么高;因为维多利亚女王认为新鲜空气有益健康,所以

221

会经常开窗通风。在遥远的英国，维姬的母亲担心她，并在不久后写信给她，提醒她从暖气十足的房间走到冰冷的走廊是十分危险的："希望你没有忘记在去走廊的时候穿得暖和一点，不要以为你还在英国。出去的时候穿一件棉外衣或戴上厚围巾。"

维多利亚认为温度过高的房间是导致早死的因素之一。去柏林看望维姬的人在返回英国后时常向女王描述德国人是怎么烧火炉的，这使女王非常惊恐。维姬有次发表评论说："我们要在明天和周五各举办一次大型聚会，我对此感到很焦虑。为了防止房间过于憋闷——柏林的所有舞会厅和音乐厅都在 80～90 华氏度（26～33 摄氏度）——我将每扇窗的两大块窗格玻璃拆下来换成法兰绒，上面的窗玻璃做成可以用绳子拉下来的样式，这样我们就不会被憋死了。"

弗里茨自己的生活方式很简朴，但他从没想过改变维姬的豪华做派，并且很平静地接受了维姬的抱怨。其他人却不像他这样。维姬经常将德国的生活和英国的生活作比较，这引起很多人的不满。"在德国的生活远不如在她英国生活得舒适，但在那里的条件也不算艰苦，"佩吉特夫人这样写道。王子很喜欢他的妻子，于是便忘记了警告她这种行为会给她带来负面评价。佩吉特夫人作为一个由英国保姆和英国统治者抚养长大的德国人，她有着英式思维和偏见，她认为维姬的做法没什么错，她只想知道维姬身边的人什么时候才能不

维 姬

为她的真实表现而生气。

普鲁士人很难理解弗里茨和维姬之间的感情,就像他们无法理解为什么维姬认为和"很少表现出对彼此的感情"的普鲁士皇室成员见面是"非常痛苦"的。她为"夫妻之间、父母和孩子间不能表现出应有的感情而感到悲哀"。1860年4月之前,她就意识到她的新家人认为她在这方面的行为很奇怪,甚至很冒犯。她告诉她的母亲,夫妻同乘一辆封闭的马车被视为一种"过失",这是一个妻子最恶劣的行为。"所有的王子和他们的侍从一同乘坐一辆两匹马拉的马车,王妃们和她们的贴身侍女同乘一辆四马拉的马车。只有我们两个,乘车或走路都在一起。即使是教堂或火车站这些别人会分开去的地方,我们都一同前往。"维姬坚持这一"荒谬罕见"的行为,母亲的支持也让她的态度更加坚定。"我很高兴听到人们因为你们同时出现而盯着你们看!"维多利亚女王这样写道。

一开始,维姬对普鲁士的日常礼仪显得很有耐心。"我费尽苦心地记忆他们的名字、长相,尽量和他们交谈并记住他们的身份。"但即使如此,她还是被激怒了。"每天12点,我们都要接待从各个城镇来的代表团,接受各地发来的信函和礼物,这让人无比厌烦。每个来访的人都会发表长篇大论,可怜的弗里茨每次必须完美地做出回应。他语言组织能力很好,我从未听他有丝毫犹豫。"但她更喜欢远离这种场

合。"谈话一结束,"她继续说,"我们就驾车去城外散步,在那里,我们可以嬉戏追逐,忘记烦恼。"几年以后,维姬对此忍无可忍。"我要面对那么多女眷,还要在她们面前讲话,这是我知道的最无聊的事。"她写信告诉母亲。"谈论天气一类的事让我觉得自己很蠢,我心不在焉,面对那些女士,我几乎睡着了。她们大部分都很无趣,剩余的人只是在她们的衬托下显得比较有魅力。"

1858年春天,弗里茨和维姬去巡游了一些德国的小邦国,那里的一切看上去无比原始:"那意味着我们要像生活在一百年以前一样,因为那里条件有限。"他们只能在湖中沐浴,那里的地毯和写字桌也让这位英国公主大为震惊。"那里的床看上去很完美,但是在上面睡觉或是醒着躺在上面都是一件很可怕的事,因为那巨大的羽毛床容易让人窒息或让人不小心滚到床下。"当维多利亚得知维姬在魏玛的住所如此简陋时,她写信说:"住在那么糟糕的地方是多么令人恼怒啊!英国人做梦都不会想到会有这么差的生活条件。"在哥达,维姬给母亲写信说:"我必须告诉你他们给了我们一个巨大的机器,在英国被称为床浴,就是那个别人送给你而你却从没用过的东西。"

至于那座柏林宫殿,佩吉特夫人说,那个丑建筑物里没有一间像样的房间。维姬用"奥斯本庄园的风格"装潢那里,在她的认知里,奥斯本庄园是最华丽的庄园。为了生活

维 姬

得更加舒适,维姬决定改善她在柏林的房间。

她将席子和几件旧的东方地毯铺在地板上,还选了几件意大利、巴黎和德国的旧家具。"我尽可能地将它们收拾漂亮,"她告诉母亲。"这些家具、绘画作品和小摆件的数量和那些亲戚的相比差远了。你可能不会喜欢那个墙的颜色,我只用颜料涂了一层柔和的灰绿色,以此衬托几幅好看的画(大部分是旧的),窗帘也是纯绿色美利奴呢绒。"她还将房间里布满了鲜花。

但有些不足的方面无法改变。从房间里能够看到外面极脏的墙,因此维姬用老式的着色玻璃作为窗户的玻璃,从而遮挡那丑陋的窗景。那里十分吵闹,最糟糕的是,那里只有一个走廊可供人们在城堡中穿行。

同样悲哀的是,她能见到弗里茨,她深爱的丈夫的次数越来越少。刚结婚的时候,她用早上的时间画画并整理信件,用几乎一整天的时间给她的父母写信。只有在午宴前和下午的时候会和丈夫一同外出。她几乎不去戏剧院或歌剧院,也总是休息得很早。

两年后,她改变了她的日常作息,至少是对她的丈夫而言。"我在早餐的时候见他一面,然后一般到下午 5 点——我们的晚餐时间才能再见到他。我一般在 1 点的时候出门——而他直到 2 点才能忙完,除非偶尔他和我一同出门,虽然我们每天会去兜风,然后散散步,但我能见到他的时间非常

225

少。我们不去剧院或参加派对的晚上是非常美好快乐的，但是最近很少有这样的时光了。"

同年，维姬从新王宫寄给母亲的信中写道："我们只在这里停留一两天，但我依然去兜风并和弗里茨一起散步，因为在柏林，他很少有空闲陪我，更别提在老旧恐怖的蒂尔加腾公园一圈又一圈地散步，在那里散步需要一个侍女陪同，还有一些侍卫要紧随身后，以防成群结队的小脏男孩接近，那真的没有一点乐趣，而那将是我在来年5月或6月之前的命运。一想到这我就浑身发抖。"她曾经期盼的田园生活似乎已经消失："在柏林，我们很少见到对方，我们的房间也离得非常远，这就好像我们没有结婚一样。"她甚至不知道丈夫是否在家。维姬从未公开抱怨过，但她在给母亲写信的时候会有所怨言："弗里茨如今很少和我共进早餐，也不再像从前那样和我一起兜风、散步了。"

 宫殿、家庭生活和传闻

1858年5月，这对年轻的夫妇从柏林宫殿搬到了他们的避暑离宫巴贝尔斯堡，这是一个很漂亮的19世纪40年代的哥特式城堡，位于波茨坦外。虽然这个城堡很现代化，维姬也觉得它比旧皇宫好很多，但这还是不能让她有家的感觉，而且她的房间很闷热。

令她十分高兴的是她在这年夏天迎接来巴贝尔斯堡看望

维 姬

她的父母,她的父亲先独自前来过,8月份的时候,她的父母一同来看望她。

到目前为止,被分配给弗里茨和维姬的宫殿没有一座令人满意。但在波茨坦还有一处宫殿,却没有被人注意到过,直到阿尔伯特亲王到访了那座华丽的、长期被人忽视的、18世纪的杰作。将近100年前,在1763—1769年间,腓特烈大帝为了向他的军队证明自己的国库并没有因战争而完全耗尽,便建了一座大型的洛可可式皇宫。三位女神(据说她们分别代表玛丽亚·特蕾西亚、叶卡捷琳娜大帝和蓬帕杜夫人)在中间的圆顶上翩翩起舞;老鹰飞上周边的厢房,停落在那些圆顶的侧面;一组小巧精致、具有象征意义的军队雕像在矮护墙内向外看去;长着翅膀的小天使在有凹槽的壁柱上飞来飞去。虽然新宫殿里晦暗肮脏,城堡外无人料理的花圃也杂草丛生、脏乱不堪,但阿尔伯特亲王敏锐的双眼看出了它的优美。那些布局很好的房间和画着壁画的天花板可以被刷新和修复,这里可以成为适合腓特烈和维姬居住的宫殿。他的女儿对这座宫殿那并不符合时下审美的品质大加赞赏,并以极大的热情着手这一项艰巨的任务,且全身心地投入到这个工作中去。这座新宫殿在未来的30年里——在她剩余的全部婚后时光中,是她最喜爱的住所。几年后,一点点地,在花费了大量的个人积蓄(虽然都是皇家财产)后,维姬逐渐将这座皇宫恢复了原本的壮观华丽。她将那里的花

227

园打造成德国最好的花园之一,并将整个宫殿装潢得舒适精美。在弗里茨死后,她的儿子威廉十分垂涎这里,甚至几乎要立刻将她赶出这里。

直到弗里茨和维姬住进这座新宫殿,他的其他亲戚依旧欣赏不来腓特烈大帝的艺术品位。维姬关注到翻新工作的每一个细节,就像在之前所有的房子中做的那样。对花园的整理让她与英格兰有了另一种联系。她让母亲给她送些玫瑰之类的花,"因为这里的花很稀缺也很昂贵"。德国人没见过樱草花,而为了满足女儿的要求,维多利亚从奥斯本寄了一箱给女儿。她还送给女儿一些紫罗兰,可是它们没法在普鲁士的土壤中生长。她还给奥斯本的管家发电报,要他把她的奶锅寄来,她要用来制作奶制品,因为她觉得德国的牛奶和黄油都难以入口,她还决定用园丁的6头奶牛和自己的2头奶牛来提高这里的牛奶质量。她"为大大小小的孩子们造了一个秋千,一个跷跷板,一个旋转飞椅……"她还铺了"有卷叶式浮雕的(原文如此)地板"。

弗里茨将这个宫殿改名为弗雷德里希斯科隆,虽然在他去世后这里的名字又被改了回去。当他还是一个小男孩的时候,这里是他最喜欢的家,而当他成家后,这依然是他最喜欢的家,他也在这里去世。几年后,维姬鼓励女儿索菲处理在希腊遇到的问题,那是她在弗雷德里希斯科隆同样遇到过的问题。"我花了30年的时间和许多自己的积蓄才渐渐让这

维 姬

个旧皇宫正常运转,而后我又不得不离开。""让这座皇宫正常运转"的意思是让它变得更像维姬小时候在英国所见到的皇宫。"我被关在了我的客厅外面,"她写信告诉母亲,"因为一个来自英国的男人正在一个空的壁炉架上安装火炉和炉围——它们加在一起就相当于英国的壁炉。以后它也可以被当作装饰品。它们是按照伯蒂在马尔巴罗王府的壁炉样式打造的。"5年后,她问维多利亚女王:"在奥斯本和巴尔莫勒尔,如果我想要一个肉品储藏柜的图纸和测量数据(在户外)会被认为是轻率的吗?在这里不允许发生这种事,我简直不敢相信。"

罗纳德·高尔殿下和他的母亲在1864年来到波茨坦看望弗里茨和维姬,他描述了维姬对新宫的改造成果。他们的房间靠近门口,他的母亲睡在铺满羽毛的豪华大床上,王储就是在这张床上出生的。

所有的墙被黄色的丝绸覆盖,丝绸上面绣着中国风图案。他补充说,他的房间有一个半墙高的镀金架子,上面摆放着大力神赫拉克勒斯和翁法勒女王的瓷塑。这些瓷塑在房间里到处都是。罗纳德殿下说:"那里大概有24个赫拉克勒斯和翁法勒。"

他还描述了另一个他们拒绝了的房间,那个房间里的墙上覆盖着用金蕾丝装饰的蓝色丝绸。"吃过晚饭后我们去了女王储的起居室,那里的家具都盖着哥白林挂毯,那些挂毯

是欧仁妮皇后送给他们的礼物。还有一些公主自己画的画,最近刚完成,描绘了普鲁士的士兵。"至于窗格玻璃,它们都保持着原样,没有任何瑕疵。佩吉特夫人记得它们是"最美的淡紫水晶,没有任何两块是相像的"。她还记得他们以前常常在一个房间里用餐,那个房间是用"青瓷蓝嵌板和切宾代尔银器装饰的,这样的装饰能让人在炎热的夏天感到一丝清凉。"

然而,不管维姬翻新和重整弗雷德里希斯科隆的热情多么高涨,她还是向往一个远离柏林和普鲁士的乡间别墅,那里没有沉闷的宫廷生活,没有扰人的普鲁士亲戚。在那里,她可以做一个简单的乡野妇女,而和丈夫弗里茨享受愉快的二人世界。她最接近梦想的一次,是在伯恩施泰德的一个迷人却破败的农舍,那里有大片的空地,有一间教堂和一个村庄,几乎就在她波茨坦的家门口。那里的简朴打动了她,虽然那里的生活条件很差。她着手将那间农舍贴上白色的墙纸,并在里面布置了一些朴素的家具。"我觉得哪怕它不漂亮,也一定要清新整洁,"她说道,"我希望弗里茨回家以后给他一个惊喜。"她还注意到村庄里的破败景象。"这个学校不够体面,那个教堂也是,那个教堂墓地简直是耻辱,"她后来回想道,"所有的坟墓都被践踏,墓碑倒下或破损,那里还长满了杂草和荨麻,简直一团糟。我们又一次将那里整理干净。"

维 姬

伯恩施泰德为维姬和她的丈夫提供了一个简单生活的机会,在那里,他们远离国事的烦忧和宫廷的纷扰。"在那里,我们可以想吃饭的时候就吃饭,"她高兴地说,"也可以邀请一两位访客。"她需要逃离。

她一生都陷于舆论的中心。她活泼,富有魅力,率直天真,行事冲动而又待人慷慨。显赫的地位使她很容易成为许多人伤害和嫉妒的对象。尽管她后来从经验中汲取了教训,学会了保持沉默,但她还不够机智。她总是直言不讳地赞美英国,但那通常以贬低普鲁士为代价的,这无疑引起了普鲁士人对她的怨恨。虽然他们也认为贫民和那些出身低微的知识分子不值得一位王室公主的关注,但私下里他们仍对她怨声载道。普鲁士王室始终无法包容这位"近代史上最不平凡的英国公主"。他们从不去体谅她年龄尚小,也正因为如此,维姬终其一生都背负着她早年犯下的过错。

不久,她便意识到她需要逃离的不只是枯燥的闲谈,还有有组织的、密不透风的监视。她告诫自己绝不把内心想法告诉任何人。"在这儿,故事总是围绕着王室展开,人们也爱对王室成员评头论足,所以我必须非常谨慎。唉,现实就是如此残酷,有时甚至更加夸张。"她对她母亲说,"无心之言一旦被重复就定会被扭曲。"维姬告诉她吃惊的母亲,每个王子家里都有像间谍那样监视王子王妃的人,并且向外界披露他们的一言一行。她下决心在两个问题上保持沉默——

她的丈夫及公婆。这些并非维姬的妄想,正如腓多拉·霍恩洛厄·朗根贝格公主向朋友透露的那样:"王妃很年轻,涉世未深,但是柏林是滋生嫉妒、猜疑、阴谋和恶意欺诈的温床。"

即便如此,维姬的性格也绝不允许她萎靡不振。在被弗里茨一家的无知震惊后,她拥有了以自己为中心的新的交际圈,其中包括科学家、画家、历史学家和文学家。他们教她知识,作为回报,她设宴款待他们,浑然不知这种违背礼仪的行为让她与普鲁士亲戚们的关系进一步恶化。幸运的是,弗里茨理解并支持她对于知识的渴求。他安排了他之前的数学家教——舍尔巴赫教授来教她。她哭着向他致谢,"我喜欢数学、物理和化学。"她还告诉弗里茨她在英国向法拉第和霍夫曼学习的经历。通过舍尔巴赫,她结识了许多当时有学问的人,并和他们相处得很愉快。

除了学习,她还有孩子让她有些安慰和片刻分神。她很爱她的孩子,然而普鲁士人民却觉得她是一个不称职的母亲,因为出于政治原因,俾斯麦竭尽所能诋毁维姬,她对此感到很受伤。维姬觉得她婆婆干涉了孩子们的教育,她那执拗自负、反复无常的长子威廉就是一个例子。威廉的胳膊由于出生时难产而导致萎缩,他在接受治疗时饱受折磨。因此,他与母亲的关系一直不好。相比之下,维姬与她4个女儿夏洛特、维多利亚、索菲和玛格丽特的关系更好一些。

维 姬

维姬的英式思想与德国的风俗大相径庭。她认为这里的育儿观念太落后了,例如,对盘带肚兜的使用。他们冲击着她的英式原则,对于她而言,盘带肚兜和婴儿服、婴儿捆带一样都属于老古董,可怜的德国宝宝竟然要被塞到那个里面去。

更让人生气的是,她的医生认为海水会使人神经兴奋,所以拒绝让威廉及其他孩子在海里游泳(波罗的海含盐量很低,海水不含沙,也没有潮汐)。维姬曾带威廉去奥斯本游泳,她觉得这对孩子很有好处。"这确实让我很生气。"她说。她对医生的态度感到很难过,但她无法反驳他们。

就像她母亲一样,她也讨厌普鲁士关于洗礼的惯例。根据德国的传统,孩子在出生3周内接受洗礼,母亲不得出席洗礼仪式。维多利亚女王认为这很荒诞。"德国女人想怎么做都可以,但英国公主不能这样。"她怒喝道。但即使违背了她的意愿,维姬也不得不遵循传统。"如果一个嫁到英国的德国公主仍坚持以她家乡的风俗进行洗礼的话会显得很奇怪。"她解释道。当儿子亨利的洗礼被推迟时,荒诞的习俗彻底激怒了维姬,她出走两周,但是当这事发生后,她只不过再一次被当成了一个"耍脾气的产后妇女"。

慈善与苦难

维姬的4个儿子中,只有她的长子威廉和亨利存活了下

来。瓦尔德马（瓦尔迪）在 11 岁时患白喉去世。1866 年 6 月 19 日，她心爱的儿子西吉斯蒙德因脑膜炎夭折，当时他只有 20 个月大。这两个儿子的死给维姬造成了沉重的打击。在西吉死后，她几近崩溃。她曾将希望寄托在这个孩子身上，那是"我的骄傲，我的开心果，我的命"，她写信向母亲诉说她的悲痛。带着沉痛的心情，她凭借着记忆画下了她挚爱的西吉的画像，如今，那副画仍保存在弗雷德里希霍夫城堡，她的卧室中。在柏林，还有一些东西提醒着她的悲剧——一个锁着的保育室，还有她儿子房间里她亲手为其雕刻的雕像。13 年后，当瓦尔德马死于白喉时，她将所有悲伤转化为动力，试图找出那个疾病的科学解释。对她来说，哀悼是"关切所爱之人的最后证明"，她向母亲请教她可以戴多久黑绉纱。

对于像维姬这样善良的女人来说，将自己的悲伤转化为做善事的动力是她的第二天性。"我无法像这里的其他人一样懒懒散散地生活。"维姬对德国所做的最大贡献可能是在医疗方面。她从未忘记她婚前与弗罗伦斯·南丁格尔的会面。在 1868 年的圣诞节，弗罗伦斯·南丁格尔写道："我有一个新学徒，她是普鲁士的王妃，她为将来的伟大事业而学习卫生（和女性）管理的知识。她像一个 5 岁的小女孩一样，脱掉帽子和外套，拖着一公文包的计划，跪在我的床边修改它们。"

维 姬

1869年4月,维姬给母亲写信说:"如果人们持续战争并宣扬战争,那么人类所拥有的所有聪明才智都应该用来减轻人们的恐惧!人们应该付诸行动,刻不容缓。"之后的几年,普法战争爆发,她向南丁格尔培训过的护士寻求帮助。卓越的弗罗伦斯·利斯小姐被派去管理德国3所大型战争医院。在利斯小姐看来,"或许王妃殿下在这场战争中并未做出什么贡献——虽然她不知疲倦地来探望,用尽方法为那些病人和伤者提供帮助——她与德国医生的偏见做斗争,她认为应该给病人提供新鲜空气和营养餐,这两个要求渐渐被称为'英式做法'"。

一开始,她似乎落败了。护士和病人都不愿意执行王妃殿下的通风指令。在前线指挥第三军队的弗里茨在日记中悲伤地吐露道:"她付出了极大的努力,想要照料病人,但都被轻蔑地回绝了——大概是由于人们的反英思想。"然而,当她前往距前线不远的地方组织医疗救援时,大部分批判都消失了。1870年的早秋,她搬到了洪堡的旧宫居住,那里十分接近战场。她将那里的旧军营改成了现代的医院,还用自己的钱建立了新病房。她的丈夫高兴地看到她的努力被大家认可。

尽管支持维姬的计划让弗里茨不得民心,他依然忠实地支持维姬建立护士学校。1875年,维姬参观了利斯小姐于伦敦建立的护理学校,并被深深吸引了,她派了一名德国女士去接受培训，随后便建立了维多利亚学院（Victoria Haus），一所与之有相似运行机制的护士学校。那是一个"艰苦的工作"（她这样对女儿索菲说），但是她下定决心要在普鲁士创立优秀的护理学校。1883年，柏林人民为维多利亚学院筹集了18万马克（德国货币）作为送她的银婚礼物，此外，全德国还筹集了82万马克。维姬立刻将其中超过1/3的钱用来培训护士。柏林以外的德国医院她也不会置之不理，她还极力推广来自英国的计划，她称之为"最新计划"。

维姬还致力于提高普通家庭的生活水平，她是"促进家庭健康社团"的精神领袖，此社团于1875年创建于柏林。社团成员挨家挨户地拜访那些穷困家庭，在工业和清洁方面鼓励他们，并指导他们管理家务。很自然地，这个工作在她心爱的伯恩施泰德取得的成功让她尤为高兴，她和弗里茨提高了那里的人民的生活质量。1894年，他们在这里建立的小型幼儿园已经发展壮大，维姬于是又增设了一个侧厅。

1896年，她高兴地写道："我的伯恩施泰德幼儿园办得很好，现在，德国其他地区的人也将建立类似的幼儿园。""它符合托儿所和幼儿园的各种要求，对于那些被忙碌或需要外出工作的父母忽略的可怜孩子们来说，它是无价的。"妈妈们向维多利亚姐妹学习如何正确地清洗、打扮和照顾他们的孩子，虽然维姬对她们中的一些反对派感到绝望，因为她们"顽固且无知得可怕"。

维 姬

维姬的慈善事业也没有忽略教堂的建设。她渴望在柏林拥有一个完全由她（作为维多利亚女王的女儿）委派的英国教堂，并设法通过一些偏僻的渠道集资。得知一位名叫布莱希罗德的犹太人银行家在教堂基石奠定前就已经做出了"华丽的捐赠"并且他还有意进一步捐资时，维姬写信询问他是否确定捐款的金额，是否愿意捐赠教堂所需的风琴，是否愿意出资"给教堂加一匾额，用来对捐赠人表示感谢"。布莱希罗德仁慈地给予了帮助，于是教堂在维姬生日那天大张旗鼓地开放了。

维姬提高女性教育的决心同样"难以实现"。只要回想一下19世纪的德国女性的地位，就不难理解为什么她早期对柏林会是那么愤怒。那个国家不管是在社会还是政治方面都十分落后，大家普遍认为女性没有接受教育的必要，因为她们只需要管理好家务。富有创造力和天赋的女性是存在的，但她们只能通过艺术来释放才华，还会被社会视为怪人。直到19世纪末，德国的学校也只允许国外的女性在德国上大学。像维姬这样拥有智慧、接受过极好的教育并且乐于表达自己想法的女性在那时的德国是不存在的。

但是，她决定鼓励别人成为像她这样的人。她不仅相信女性需要得到更好的教育，她还意识到她特殊的地位对于实现这一目标的作用。她建立了3所为女孩子提供高等教育的学校。然而，这些学校不可避免地遭到了怨恨，最主要的原因是它们的校长是一个英国女人。

更糟糕的是维姬还鼓励学校的女生进行体育锻炼和户外活动。那简直不敢想象。普鲁士长久以来都禁止体操运动，甚至到了19世纪60年代，那对男孩来说都是不得体的。俾斯麦不可能让他自己的孩子们在学校参加此类活动。人们或许会看到那些（被一些人认为是衣着下流的）女孩进行户外运动，而这激怒了普鲁士社会，也使原本准备支持这位王妃的人对她疏远起来。

但维姬依然坚持本心。她想创立"一所真正的女子学院"，像纽纳姆、格顿或霍洛威学院那样。她告诉索菲她的信念："如果只将女性看作是上等仆人，那么那个国家一定会遭殃。"她继续说道："自私的男人认为无知的女人更容易践踏，这个想法太愚蠢了。"因此，她成了柏林裴斯塔洛奇－福禄贝尔学校的资助人，这所学校的创建者是福禄贝尔的侄孙女和他的一位关门弟子。女孩们在这里学习幼教方法和家政学，这里的老师也要为成为女家庭教师和家庭保姆而接受培训。这所学校获得了极高的声誉，其他各地的人，甚至是苏格兰人和英格兰人都慕名而来。

在柏林人眼中，这并不是维姬的功劳，因为这位王妃的多数行为都受英国影响，他们对此十分反感。有一次，她去英国游览，威尔士王子和王妃在桑德林汉姆建立了一所学校，那里的高等教育引起了维姬的兴趣。她被亚里山德拉的

维 姬

"小技术学校"吸引,"在那里,孩子们学习用木头、铁制品、黄铜和红铜制作有趣的物品"。她一回到德国便开始筹办类似的学校,教男孩子们学习木工手艺、雕刻、装订和其他手工。可以预见,她会向索菲描述这种学校。维姬说:"这种学校会有很好的反响,尽管一开始会遭到强烈的反对。"

维姬受英国鼓舞而制订的另一计划是建造一座博物馆和一所艺术及工业学校,这个灵感来源于位于南肯辛顿的阿尔伯特亲王的博物馆(现在是维多利亚-阿尔伯特博物馆)。不用说,这个计划又一次遭到了反对,但反对之声最终平息了下来,博物馆也在1868年1月开放。它旁边的学校进展缓慢,但女士商店和市场却获得了巨大成功。她写信向母亲寻求帮助:"如果你能给她们一个小小的订单,那就太好了,这对她们很有帮助——任何亚麻制品、布料、刺绣品或编织物——这些或许你想要赠送给别人的东西。我只要一个小订单,因为我认为向你要钱来支持一个外国的慈善机构对你的国民不公平,尽管那将是我自己的事业。"

尽管这样一位有远见的王妃激怒了一些顽固分子,但弗里茨非常开心地看到,维姬在医疗和慈善事业等方面做出的努力正在改变人们对她的偏见,有人开始赞成她的主张。"当我从各种渠道得知我的妻子参与了洪堡、法兰克福和莱茵省的医院建设并受到了人民的感谢,我十分高兴,而且那

些官员和医师说我妻子广泛的知识让他们感到震惊。当然，我本不该再寻求其他了，但是如果这个事实为众人所知，那我将获得无法形容的满足感，因为是时候让我的妻子得到她早该获得的认可了。"

弗里茨过于乐观了。虽然她的妻子凭借她的改革和创新在一些圈子里勉强赢得了一些尊重，但似乎只有当她成为皇后，她才能获得她早该拥有的认可。

悲剧的是，到了那时，弗里茨却已来日无多。1888年，他继承了皇位，却只活了3个多月，在医生看来，他的喉癌已经到了晚期，治疗将伴随着巨大的痛苦和毫无尊严的抗争。就在维姬和弗里茨终于有机会得到他们长久以来渴望的所有东西时，弗里茨离开了维姬。维姬用尽一切方法激励他，让他活下来。他一死，他们的儿子威廉就带领护卫包围了新宫，声称"防止重要文件遗失"。（事实上，新皇帝一无所获，一年前，弗里茨在和维姬去英国参加维多利亚女王登基50周年庆典时就将3箱文件放到了温莎妥善保存。）伤心欲绝的维姬离开了新宫，将那里让给了她的儿子。

寡居的皇后

弗里茨去世一年后，维姬在临近科伦贝格的陶努斯山买了350英亩地，那里距离法兰克福只有几英里。

宫廷建筑师伊内被委派去视察法国和英国所有著名的城

维 姬

堡。他为维姬建造了弗雷德里希霍夫堡,这座以他的丈夫命名并且为了纪念丈夫的城堡具有英国大部分城堡和许多乡间别墅都具有的"晚期哥特式"风格。有些地方是早期德国文艺复兴时的风格,其内部细节则借鉴威尼斯、意大利、荷兰和法国的风格。

弗雷德里希霍夫城堡宽敞舒适,且因为具有现代的特征而出名。维姬在10年前去巴黎参加了国际电器博览会。那些"不可思议的电话、照片和许多用电点亮的不同样品"让维姬深受鼓舞,她将许多新发明都用在了弗雷德里希霍夫城堡中。来访者一定会欣喜地评价那些由维姬安装的灯饰配件。像她的父亲一样,维姬对于细节有极大的热情,每一个细节都有她独特的个性印记,她对排水管和画室都付出了极大的精力。最后,她终于能够运用她通过多年学习得到的原创创意了。

弗雷德里希霍夫城堡是用陶努斯山上的黛青色石板建造而成,它的装饰线条、窗户、纹饰和转角件是由轻质砂岩做成。所有的墙面都没有涂灰泥或刷油漆,所有的门和支架的材料都保留了原本的颜色和纹理。尽管其中装点了精心挑选的古董和无数艺术珍品,这座新房子依然散发着"现代的舒适气息"。"我知道每一件家具,"她写道,"每一件对我来说都代表着历史,它们是我心之归属。"

她将这里变成了死去的丈夫的永久的纪念馆,就像她曾

为西吉做的那样。在弗雷德里希霍夫堡的图书馆里,她保留了弗里茨在不能发声时写下的所有纸条,维姬真正地将整座房子都用来纪念丈夫。

从10岁开始,维姬就用零花钱买书,这些书将她的图书馆填满。这里没有一本书是她没有读过或学习过的——那些都是政治学、经济学、政治史和传记等方面的具有影响力的作品——她还将它们谨慎保存,以免破损或落灰。她还拥有一个非凡的图书馆,那里存放着有关19世纪中期艺术的书籍。她甚至还在卡尔·马克思在世时就读过他的作品。难怪她对来访者说:"我对我的图书馆感到非常自豪。"

她在写给维多利亚女王的信中经常会讨论她的阅读心得,这在她的母亲看来是在炫耀学问,她也常常会要一些英国的书。女王将《爱丁堡评论》(期刊)和(1879年后出版的)《每日电讯》都给她寄了过去。除了书籍,维姬的图书馆还存放了她收藏的照片,共有300页,还有许多15世纪前著名人物的签名。她还在那里陈列了她收集的勋章、硬币还有一套有趣的关于系谱学的古籍。

弗雷德里希霍夫堡内总是摆满了鲜花,那些花通常是维姬自己摘的。她对植物和园艺十分了解,其中一部分知识来自她的父亲,这让她能够自己打理大部分的公园和花园。她非常喜爱玫瑰,因此她还建造了一个有平台的玫瑰园,并用红白玫瑰将围墙掩盖起来。每一个皇家访客都会被邀请种一

维 姬

棵树,通常是"具有高贵品格的松树"。那里有喷泉和山毛榉树林,高大的树木会投下一片绿荫,如果天气温暖宜人,维姬可以和客人在那里读书或画画来放松身心。

弗雷德里希霍夫堡的马厩也引入了新观念,那里设有浴室为马清洁,她还写信给英国寻求四轮马车和一些马厩的配件。那里有一间乳品厂,还有一个温室,里面种满了珍贵品种的兰花和水果树。

大家认为即使是在为弗里茨服丧之前,她也应该让自己变得更时尚一点。她的母亲在她出嫁时给她设计了很多衣服,这位公主也希望维多利亚女王能够在穿衣风格上与时俱进,向她详细叙述各位女士在参加盛大宫廷聚会时的穿着打扮。但女王多半时候并不赞同那样的穿着,因为她认为那是德国的风尚。在柏林,即使是与自己的姑妈共进晚餐,佩吉特夫人都从来不会不戴手套出席——"如果不穿瑞典皮革而是其他任何衣服,都是最粗鲁且愚蠢的行为,或者最糟糕的粗野举动,而只有在参加舞会或大型晚宴时才可以穿白色或黄色的小羊皮。"但她也回忆说,在英国人们不需要遵守类似的法则:"我现在说的是大陆习惯,英国女士遵崇的时尚与此大不相同。"

而英国的一些时尚也传入了德国。佩吉特夫人仍记得对"布朗夫人的帽子"的不满。——"所有年轻优雅的女士都戴着它们"。

那些帽子是黑色或棕色的，在帽子两边分别有两根长羽毛，帽檐是有蕾丝装饰的荷叶形。虽然英国在时尚方面整体落后于欧洲，但来自英格兰的红色衬裙却十分流行。在维姬的婚礼前，维多利亚女王让那些德国女士不要穿她们的衬架裙，因为那种裙子还没有在英国流行开来（事实上她错了，那种裙子在英国也很流行）。于是，外国女士都很看不起维多利亚女王宫廷的穿衣风格，连同整个英格兰女性都遭到了轻视。佩吉特夫人觉得她们根本不懂如何展现身形："英国的衣服都非常怪异，它们无法凸显身材和手脚的美。"

弗里茨死后，50岁刚出头的维姬放弃了颜色鲜亮的高级定制时装，并从那以后只穿非常朴素简洁的黑裙子。至于珠宝首饰，她最多会戴一条有弗里茨的袖珍画的金项链和两枚金戒指。那两枚金戒指一枚嵌有一颗红宝石，另一枚则由钻石环绕着一颗蓝宝石。她的眼镜用一根又细又长且缀有紫水晶的金链挂在脖子上。

尽管弗里茨死后她感到十分空虚，但她这样充满热情和活力的女性绝不会满足于安静的寡居生活。从小她便很喜欢骑马，不管是阳光炽热还是寒风呼啸，她都可以骑好几个小时且不知疲倦。成为寡妇以后，她依然每天早上从8点骑到10点。在马背上她从不感到畏惧，即使60岁她依然可以骑着她能找到的性格最烈、最难以驾驭的马越过栅栏和沟壑。

维姬和她的母亲一样非常喜爱猫，她们都会给她们的宠

维 姬

物戴一个印有皇家会标的项圈。有一次,她的儿子瓦尔迪的一只猫被她花园里的饲养员射杀了,那个人还将猫的鼻子割了下来,然后将它悬挂在树上。维姬悲痛欲绝,她还记得她的小猫咪和她一起享用早茶,躺在床上,一边发出咕噜咕噜的声音,一边用头蹭她的脸颊。"这里的人对可怜的狗特别野蛮,对猫更甚,"她向母亲这样抱怨,但她并没有得到大儿子的同情,威廉甚至表扬了饲养员尽职尽责,"因为猫可能会伤害雉鸡"。在对待宠物方面,或者说在任何别的方面,维姬似乎都没能影响到她的长子。

维姬和她妈妈不断地交换着动物。她们互换马匹,维姬甚至向英格兰要四轮马车。亨利1863年出生的时候,维姬问维多利亚女王要产奶的驴子,因为即使发了广告,她在德国也找不到,并且她觉得普鲁士牛奶糟糕透顶。当她在博尔恩斯特建农场的时候,她问母亲要了一头公猪、两头母猪、一头公羊、两头母羊。德国的羊肉,她写道,实在不怎么样,她还宣称自从离开英国就没见过像样的猪。维基提出以"不要太高"的价格从温莎买这些动物,但她母亲很乐意送给她当圣诞礼物。女王称它们为"美人",还说4位"女士"体型完美。几年后,轮到母亲向女儿索要一两只令人羡慕的红黑色达克斯猎狗,"因为我给过你一只羊和一只柯利牧羊犬"。维基立刻通过信使把小狗送往英国。她热爱达克斯猎狗——"它们是重要的看家狗"——因为它们会攻击那

245

些它们认为不应该出现在附近的衣衫褴褛或蓬头垢面的人，而对主人则特别喜爱，而且自从丈夫去世后，是它们给了她慰藉。

她也继续绘画，并在弗雷德里希霍夫堡建了一个工作室，有时拜访当地的一位画家。像她母亲一样，维姬有真正的绘画天赋，她缺乏想象力，但她的技巧和观察力可以弥补这个不足。除了风景，维姬在花卉、静物和儿童肖像方面也很成功。她喜欢在作画的时候有人陪伴，通常是在一边为她朗读。在弗雷德里希霍夫堡，她也没有忽略音乐。她最喜欢的作曲家是巴赫、汉德尔、格卢克和贝多芬，她觉得瓦格纳的曲子呆板、乏味且阴沉——听着让人疲惫。

维姬的房子总是宾朋满堂，但总是有各种各样的事引起她的抱怨。"天哪，客人们的仆人没几个能稍微爱惜点东西，他们的房间乱七八糟，"她哀叹。一些客人极度不整洁，她只好无奈地重贴墙纸，还有人完全毁掉了她从英国带回来的吸墨纸和墨水瓶。"我只能到处盯着，"她说，"我可以肯定地告诉你，这个房子有它的好处，但我也知道维护它是多么令人焦虑，我可以肯定地告你。"她写信告诉她母亲。

然而，如果她有抱怨的理由，她的客人也有。维姬只许客人在一个吸烟室抽烟。当弗兰克爵士和她待在一起的时候，他不仅得在自己的房间脱掉鞋，以免刮坏漂亮的镶木地板，而且想抽烟的时候他只能铺开一张《泰晤士》报纸，跪

维姬

在上面对着烟囱抽!

建造弗雷德里希霍夫堡花费了大笔资金。即便如此,维姬继续从容地掏腰包满足几乎无尽的各种需求,她非常善于为穷人筹措资金。她以军人遗属、遗孤和伤兵的名义组织了一个义卖活动,除去所有开销后共收入了85000泰勒。"在这个国家,你不处理事务,就永远无法了解,"维姬骄傲地说。冬天,维姬会在柏林待一段时间,一是管理她范围广泛的慈善社团,还有一个原因是她喜欢没有普鲁士皇室的社交圈子。她喜欢知识分子的智慧,她可以和他们平等地交谈,与艺术家们交换看法让她觉得受益颇深。跟他们在一起,她是一个同行画家,而不是一个皇家赞助人。

1898年秋天,维姬出了一场事故。她从马上摔了下来,马踩到了她的手。之后她就一直没有痊愈,并开始遭受腰痛的折磨,随后被确诊为脊髓癌。维姬平静地接受了这个消息,并一直隐瞒到最终无法隐瞒为止。她用极大的勇气面对可怕的、绵长的病痛,最终在1901年8月于弗雷德里希霍夫堡去世。她对于财产的处置和葬礼的心愿相对简单。按照她的意愿,她被葬在了波茨坦的弗雷德里希霍夫。她墓上的肖像是用精美的大理石雕刻的。

维基的悲剧在于她是一个来自异国的敌人——一个接受过良好教育,有文化、有智慧,却处在一个落后的(以英国为标准)社会的英国女人。刚结婚时,她写信给母亲说"我做最简单的事都会显得很英国范儿,因此与普鲁士很相左"。

从小到大,她都将自己视为绝对的英国人和自由主义者,而在婚姻中,她慢慢体会到两方面忠诚的冲突——一方面,她忠诚于母亲和英国;另一方面,她忠诚于弗里茨和德国。正如她向她的女儿、嫁给希腊王位继承人斯巴达公爵的索菲说的那样——她被憎恨、虐待和迫害。"因为老普鲁士保守党不想被主张自由的英国王后影响,于是在她每一次做决定时都持反对意见。"

说到政治,维基从来没有真正学会判断。在1898年她访问凡尔赛、圣克劳德和普法战争的战场时,她虽然掩藏了身份,但还是无可避免地引起了法国人在27年前败给普鲁士的痛苦回忆。在石勒苏益格-荷尔斯泰因事件中,她公开出来反对俾斯麦,她公然嘲讽他不是想当普鲁士国王,就是想建立一个普鲁士共和国。俾斯麦从一开始就不信任她,维姬说她觉得自己被他的铁蹄践踏了许多年,俾斯麦制造了许多阴谋来反对她,她觉得自己简直如同身处"炼狱"。

没人能预测到她丈夫会被威廉一世久久地隔绝在王位之外,维姬和弗里茨婚后几乎所有的时间都在幕后等待,他们的想法充满潜力,他们的改革方案很有建设性,但他们没有权力实施。维姬悲伤地说:"当我们真正能为这个国家做贡献的时候,死亡剥夺了一切。"弗里茨去世后,她对儿子威廉的影响很微弱,这令她很伤心,然而,她通过不断的努

维 姬

力,保持了自己和身边人的活力。她的热情和精力是一种激励。维姬的哲学很简单:"榜样胜于训诫,不做出示范,就不应该要求别人怎么做。"她告诫索菲:"如果你建立一个以自己为中心的小文明圈,并且做出良好的示范,那么文明就会传播开来。"

亚历山德拉和明妮

丹麦亚历山德拉公主/大不列颠王后
(1844—1925)
丹麦达格玛公主/俄罗斯玛丽·费奥多罗芙娜皇后
(1847—1928)

  英国举国上下正在悼念阿尔伯特亲王的逝世。维多利亚女王也深陷悲痛之中,整日只穿着悼念的黑色丧服。阿尔伯特还在世时,他对英国社会有些不满,英国社会也不太认可他。所以他和女王都从未占据过社交舞台的中心。但为了履行皇家职责,他们会不断露面,参与重大社交和慈善活动。但阿尔伯特亲王去世后,女王也不再履行此类琐碎的社交职责了。

  社会需要一位领导。阿尔伯特亲王突然逝世前的一段时

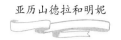

间,他和女王正在为威尔士亲王,也就是英国王储爱德华物色王妃的事烦恼。爱德华对漂亮女子有一定的鉴赏力,因此为促成婚姻,这位王妃必须要对爱德华有吸引力。由于候选人只有七八位欧洲公主,所以要让他对其中一人着迷可谓难上加难。

就政治而言,阿尔伯特和维多利亚都十分看好德国公主。但他们的大女儿、长公主维姬,也就是普鲁士的王妃给出了重要观点,她认为没有一位德国公主可以胜任。而她看中丹麦大公主,认为她魅力无限,温柔而且漂亮。但给英国王储挑选一位丹麦王妃,政治上可能会让人以为英国在石勒苏益格 - 荷尔斯泰因事件上与德国作对,因此他们认为从政治上看,丹麦公主亚历山德拉并不合适。

爱德华个人也存在问题。他很贪玩,桀骜不驯。他不在意父亲的指责和约束,让他母亲深感绝望。人们慢慢发现,迷人的丹麦公主亚历山德拉可能会让王子高兴。她美丽、善良、谦逊,是唯一符合皇室标准的公主。爱德华的开心才是最主要的政治考量:一位郁郁寡欢的继承人无法成为好国王,这样对国家不利,也会破坏欧洲的和平。尽管选择亚历山德拉公主与他们的那睿智政治判断相悖,但维姬和维多利亚女王一致认为她是最佳人选。

维多利亚邀请 17 岁的亚历山德拉公主来奥斯本和她单独见面。亚历山德拉公主几乎没有表现出明显的紧张或害

怕，完全超乎维多利亚的想象。这位令人敬畏的英国女王陷入了这个女孩魅力的魔咒中，并为之着迷。让大家欣慰的是，爱德华也对她很满意。婚期已定，英国将很快拥有一位威尔士王妃，她将成为英国史上最受人喜爱的女王之一。

丹麦篇

亚历山德拉还是婴儿的时候长得丑，小时候则胖墩墩的，甚至脾气还有些狂躁。1844年12月1日她出生时，她的父亲格吕克斯堡的克里斯蒂安王子看似还只是一位有些潦倒、没有前途的男子。和黑塞－卡塞尔的露易丝公主结婚，他继承了位于首都哥本哈根的黄色宫殿。听起来宏伟壮观，但其实只是比城中别墅稍大的寓所，房子前门还正对大街。

当小亚历山德拉8岁时，她的地位有了变化。丹麦王室此时没有直系王位继承人，亚历山德拉的妈妈露易丝公主是克里斯蒂安八世的侄女。克里斯蒂安八世在1848年去世后，他唯一的儿子弗雷德里克继承王位。可因为弗雷德里克没有子嗣，露易丝公主自然就成了王位继承人。1852年，欧洲列国——英格兰、法兰西、俄罗斯、奥地利、普鲁士和瑞典——共同签署协议，一致同意，由于弗雷德里克没有子嗣，丹麦王位将传给克里斯蒂安王子和露易丝公主。

克里斯蒂安王子将成为下一任丹麦国王的事实无疑会改

善他孩子们未来的婚姻，但这对他们稍显窘迫的经济状况几乎没有任何改善。由于没钱请家庭教师，亚历山德拉和她的5个弟弟妹妹都只能在家中接受教育，主要由他们父母教学。他们从英国护工以及在哥本哈根的英国牧师那里学习英语。尽管亚历山德拉的英语始终带有强烈的丹麦口音，但她说得非常流利。此外，她还学会了法语和德语。他们都继承了母亲对音乐的热爱。他们的母亲在宗教上给出了正确的引导。他们的父亲则教他们体操、运动和绘画。他们个个长相标致、外向活泼，尤其喜欢和父亲一起骑射。但是，在智力方面，他们的父亲却没有什么可以传授。作为一个正派、诚实、慈爱的父亲，他几乎没有受过教育，也并非聪明过人。尽管如此，他依然对孩子们要求严苛，强调学习的重要性。他们的母亲克里斯蒂安公主外向活泼，个性坚强，在家中占有主导地位。夫妻俩互相扶持，对整个家庭也是尽心尽职，无私奉献；孩子们也以他们为榜样。所以，他们家中总是充满着欢声笑语和孩子们的各种恶作剧。由于现在克里斯蒂安王子已正式成为丹麦亲王，他们一家搬去了18世纪丹麦皇室狩猎住所伯恩斯托夫，距离哥本哈根几英里远。这是一座经过粉饰、外形考究的公寓，它位于草木丛生的大公园内。对这群活泼欢快的孩子以及他们的马和狗来说，这都是一个理想的游乐场。

当亚历山德拉14岁时，她已出落成一个亭亭玉立的少

女。她肤若凝脂、面色粉嫩、纤纤细腰、身材高挑,一双紫罗兰的眼睛愈发深邃,一头棕发轻柔飘逸。这些让她成功地从丑小鸭蜕变成了白天鹅。几乎无人可以抵挡得住她的笑容和甜美。她性格友善、热情、诚实、真诚,有同情心,智力水平远超她的同龄人。尽管如此,她有些固执己见,性急易怒。此外,她还极其不守时,她的父母用尽各种办法都无力改变。

在她5个弟弟妹妹中,妹妹达格玛和她关系最为亲近,达格玛也叫明妮。亚历山德拉一直是家中的美女;明妮虽然身材不如姐姐高挑,但也十分漂亮,同时她也是家中唯一对书籍和文学稍感兴趣的孩子。她还具备亚历山德拉的幽默感和自信。因为她们儿时的住所空间狭小,所以姐妹俩住在一间房中。直到亚历山德拉16岁时,她才拥有了自己的房间,此外还有每年20镑的衣服津贴。

由于房子没有洗浴间,所以一家人只能一周泡一次澡来保持清洁。对孩子们的教育如果不是智力上的,但至少很实际。经济拮据和住房狭小导致仆人短缺。当夜晚佣人们离去后,孩子们要轮流帮忙布置餐桌、进厨房帮忙。女孩们学会了自己缝补衣服。如果没有贴身女仆的小姑娘不想花费几个小时清理裙边的泥土或是熨烫她的裙摆,她很快就得学会如何避开水坑,坐下时得挺直腰板来防止衣服变皱,脱下衣服后小心把它们叠整齐。即使在后来,当亚历山德拉拥有无数

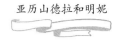

仆人时,她也依然保持极度的整洁。

孩子们很少在宫廷露面。由于他们的叔叔,也就是丹麦国王曾和一位当了他数年情妇的女演员结婚,所以大人们认为宫廷的氛围不太适合天真烂漫的公主们。社会外界相当排斥国王的这位妻子。克里斯蒂安夫妇俩也不待见她,从未上门拜访,也未邀请她。尽管孩子们听闻过宫廷的钩心斗角,但他们对宫廷生活知之甚少。克里斯蒂安公主非常担心女儿们会变得和自己的侄女玛丽一样妖媚轻佻,所以她警告她们,不能做轻浮的动作,否则会扇她们耳光。

这就是深得维多利亚的女儿维姬喜爱的少女的家庭背景。维姬在给母亲的信中写道:"她是我见过的最甜美可爱的公主。她的嗓音、她乘车和走路的方式,还有她的举止都是那么完美。她是我所见过最具女性气质和贵族气息的人。除了欧仁妮皇后,她是唯一让我印象如此深刻的女子。"尽管维姬个人也充满魅力,但作为汉诺威的女主人,人们更多地是赞赏她的聪明才智,而不是她美丽的外表。尽管亚历山德拉没有很高的知识素养,但这并不影响维姬对她的欣赏,她是那样善良、单纯而质朴。

在和亚历山德拉见面前,维多利亚就深信她是"一颗不容错过的珍珠"。在奥斯本和她见过面后,维多利亚在自己的日记中吐露,非常中意这位公主,她是那么漂亮,让人愿意和她一起生活。而维多利亚担心的是这位丹麦公主对自己

儿子是否满意。她发现爱德华面色泛黄、沉闷厌世,是"家中让人非常不愉快的存在"。虽然在人们看来身无分文的公主能嫁给英国王储是三生有幸,但维多利亚还是有理由担心亚历山德拉不能接受他。让维多利亚更为焦虑的是,和亚历山德拉见面后,爱德华极不情愿按照母亲的意愿向她求婚。很快,人们发现原来他爱上了一位叫作奈莉·克利夫登的女演员。

作为一个19岁的年轻军官,虽然爱德华的行为与他时髦的同龄人并无太大差别,但是这一消息还是让他父亲大为震惊。尽管他的母国(德国)宫廷是公认的道德缺失,但阿尔伯特面对这个问题时却完全是不能通融的。他严厉地责备了儿子。爱德华冷静下来后为自己屈从于欲望和诱惑而道歉,并向父亲保证不会再犯同样的错误。阿尔伯特亲王去牛津同儿子就此事进行了调解,回到伦敦后,他深感心力交瘁。几天后,亲王因为伤寒症倒下,两周内与世长辞。

维多利亚女王深陷悲痛之中,这让她无理由地将丈夫的死全部怪罪到爱德华头上。阿尔伯特亲王生前已同意了王子和丹麦公主亚历山德拉的婚事,维多利亚认为有必要继续推进。但她丈夫的突然离世将一切都打乱了。而另一边,克里斯蒂安王妃也得知了奈莉·克利夫登的事件,她担心婚约不再有效。此外,由于亚历山德拉的美貌和善良早已传遍欧洲各王室,俄罗斯王子也向她示爱了。虽然亚历山德拉各方面

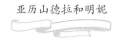

条件都极为出众,但依然有很多党派因为政治原因不支持这段婚姻。德国则由于石勒苏益格-荷尔斯泰因事件,不希望一位丹麦出身的威尔士王妃影响民意,对德国不利。所以这些反对者开始散布她的丑闻,比如,暗示她脖子上由于淋巴结核导致的疤痕可能会让她无法生育。尽管这非常离谱,但亚历山德拉还是将头发弄成长卷发来盖住疤痕。后来流行将头发束于头顶时,她依然会通过佩戴项链来遮饰。

无论如何,爱德华也被她深深吸引住了,并向她求了婚。他父亲的去世对他而言犹如晴天霹雳,他需要一段时间调整也很正常。现在他非常期待这桩婚姻,甚至已经开始为自己未来的妻子购买珠宝首饰了。他为她的美貌着迷,而她的关爱和温暖则填补了他心中的空缺。他为她娴熟的马术和钢铁般的意志所折服。当她弹着钢琴、用干净甜美的声音歌唱时,他像中了魔咒。

尽管亚历山德拉对自己的未来几乎没有话语权,但她也从未表示过抗议。实际上,很多女人会发现,只要爱德华王子想变得有吸引力,他的魅力是让人无法抵抗的。而且他还是高材生,亚历山德拉喜欢上他也不奇怪。但是她的善良和顺从不代表她没有独立的思想。维多利亚最大的忧虑是自己的儿子会支配他的妻子,强加他的想法,让她无法拥有自己的生活。所以,当克里斯蒂安亲王提及,亚历山德拉品行优良,虽没有聪明才智,但有想法时,维多利亚觉得十分

欣慰。

语言的问题对维多利亚女王而言非常重要。为了表示对阿尔伯特的尊重,她要求爱德华和亚历山德拉互相间用德语写信。亚历山德拉每天都非常恭敬顺从,她决定开始将英国的利益和考虑置于个人之前。但她永远不会让步的地方就是她对德国人以及任何与德国相关事物的厌恶。维多利亚女王出于对丈夫的尊重,强调德语很正常,但亚历山德拉从小是在强调英语的氛围中成长的。维多利亚女王和阿尔伯特亲王都非常讨厌丹麦语。所以,为防止亚历山德拉泄露机密,防止她用王子不懂的语言进行交谈,维多利亚不允许她带任何丹麦女仆或侍女入宫。亚历山德拉需要孤身一人前往英国,开始她全新的生活。这位待嫁新娘回到丹麦,和家人一起度过她18岁的生日,同时也要为3月10日的婚礼做些准备。牧师们反对在大斋期(基督教复活节前长达6周的封斋期)进行了一半时举行皇家婚礼,但维多利亚女王对此置若罔闻,她表示"婚礼无比神圣,不能和娱乐混为一谈"。此外,要爱德华等到6月才能结婚,她也不赞同。根据皇家的迷信,5月不适合办婚礼,而爱丽丝公主的头胎会在4月临盆。

亚历山德拉的婚礼派对从哥本哈根航行至德国汉堡,然后是布鲁塞尔。整个旅程像是一场皇室出巡。所到之处都是热烈欢迎的人群,他们朝这位威尔士王妃欢呼。当游艇到达格雷夫森德后,欣喜若狂的爱德华迅速登上舷梯,迎接他未来的妻子。

英国和俄罗斯篇

　　如果说爱德华的欢迎充满热情，那么人民的欢迎就有过之而无不及。她是海洋之王的女儿，横渡大洋来到此地。众所周知，她和蔼而亲切，传奇而美丽。最重要的是，她不是德国人。这是自大约7年前欧仁妮和她的丈夫来英国进行国事访问后，英国人民再度对一位外国公主如此地着迷。似乎半个国家的人都出来迎接她了。尽管1863年的3月寒冷无比，泰晤士河口还是停满了大大小小的船只，人们脸上都洋溢着笑容。街上也是此派景象。新建成的铁路网络使得英国各地的人都能前来观摩。印有她肖像的明信片更是售出了成千上万。除了她的美丽，人们还被她简单自然的行为举止，她的善良和温暖深深打动。由于从小生长的环境里没有繁文缛节，她对待各阶层的那种丹麦式独特的质朴是她一生都受到大众欢迎的根本原因。

　　由于皇室仍在悼念逝世的阿尔伯特亲王，人们已连续15个月穿着黑色丧服，没有任何节庆活动，因此这场婚礼的到来无疑让大众无比宽慰。但婚礼依然是小规模、较为私人的，在温莎的圣乔治教堂举行。不满足于照片的人们，都打算至少在亚历山德拉到达时一睹她的风采。虽然维多利亚女

王允许受邀来宾穿彩色服装，但皇室成员仍需要穿着半丧服悼念，只能稍作放松。亚历山德拉到达温莎城堡的两天后，在面临冷风嗖嗖、卫生间稀缺、下水道堵塞等各种问题的状况下，婚礼正式开始了。

亚历山德拉在格雷夫森德踏上英国领土的那刻起，赞赏和审视就是有关她的全部。她美丽外表带来的影响势不可挡，不仅让人赏心悦目，周身还自带魅力的光环。为了悼念阿尔伯特亲王，她身穿淡灰色和紫色半丧服，头戴的无边帽檐上有她自制的粉色玫瑰，脸上是一副天真烂漫，就好似狄更斯小说中的女主角。18岁的亚历山德拉直到订婚前还领着微薄的衣服津贴，所以她几乎无法形成自己的风格。但和她未来姑子们不一样的是，她体态轻盈，还有一位非常高雅的母亲。用维多利亚女王的话来说就是："身材扁平如甲板！"从第一天起，人们就开始赞赏、羡慕并模仿她的衣服。对她的服饰也有一些负面评价，但在哥本哈根本来就没几个好的裁缝，可供选择的时髦的衣料就更少了。维多利亚的叔叔，也就是利奥波德国王想要赠送她一条精美的布鲁塞尔蕾丝婚纱裙。但在最后一分钟，出于爱国考虑，亚历山德拉还是选择了一条英国人用银丝纱和小花纹花边制作的裙子。上面绣有玫瑰、三叶草和苏格兰国徽。裙子上的褶皱呈橘色花冠形状，头发上则是由更多鲜花和钻石进行装扮。亚历山德拉越是明艳动人，对比之下那8个伴娘就越显平庸！甚至维多利

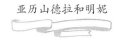

亚的女儿们也状态不佳。当她们听到父亲谱写的赞美诗时，个个都红着眼，小声啜泣。婚礼还展出了人们献上的精美礼物。欧洲皇室、她的丈夫和婆婆都送上了大量珠宝，虽然亚历山德拉从未拥有过如此多华美的首饰，但她依然保持自然的状态，没有表现出丝毫的喜不自胜。

简单质朴是她个人风格的关键。这毫无疑问源于她在丹麦稍显拮据的童年生活。亚历山德拉首次去奥斯本与维多利亚会面时，维多利亚对她穿的夹克做了评价："我喜欢它们。"然后亚历山德拉补充道："你会发现，夹克非常实用，你可以搭配不同的短裙。而且我没有什么礼服，都需要我自己动手制作。"在那时，穿着两条不同颜色的短裙算是一种创新，因为几个世纪以来，双色搭配都是男性气概的象征。她高挑而轻盈的体态让装扮更加简单。但处于对衣物细节比较挑剔的年龄，亚历山德拉总是依靠配色和线条取胜。她的高雅并非像大多数人一样来自后天，而是与生俱来。她端庄优雅，仪态万方，很快就与当时两大美女齐名。她们分别是奥地利皇后伊丽莎白和法兰西皇后欧仁妮。欧仁妮有时一条裙子只穿一次。而与她不同的是，亚历山德拉从未被人指责过铺张浪费。她没有忘却童年节衣缩食的生活，所以常让女仆修补她的长袜和手帕，而且桑德林汉姆府内几张沙发和椅子也都用她穿过的六条织锦裙子的布料翻新过。

威尔士王妃和欧仁妮不同，她不是一位时尚达人，她一

辈子的穿衣风格都相差无几。出于爱国原因，她只雇佣英国裁缝，但她偶尔也会去巴黎疯狂购物。和欧仁妮一样，亚历山德拉的妹妹明妮只在沃斯那里定做服装。虽然亚历山德拉也光临过，但她更喜欢英格兰和巴黎品种繁多的商店。她也进行过服装的创新，尤其是在运动服方面。她让硬草帽和迷人的水手出行服在考斯普及，让小无边帽斜在一边的戴法变得流行。此外，她更是掀起了民众穿运动衫的热潮。沃斯将她长束身衣和裙装的搭配称作"公主们的礼服"。她还让紧身夹克变成时尚，像轻骑兵一样扣上纽扣，系上饰带。女士西服在她的带动下也变成了舒适实用的大众装束。那男性化简单裁剪的服装看似不适合任何女性，但她穿上后显示的气质又让人难以抗拒，随之所有人都会追随她的脚步。很快，英国在典雅实用的定制运动服方面开始引领世界潮流。亚历山德拉还是少女时就已学会如何打扮得体地出现在不同场合，这种能力是她典雅端庄的秘诀。

在奥斯本度过短暂的蜜月后，威尔士亲王和王妃返回了伦敦，开始参加各种社交活动。人们从不追捧维多利亚女王和阿尔伯特亲王，认为他们令人敬重却并不时髦，而威尔士亲王夫妇却立刻受到追捧。他们大多数时间都待在伦敦，很少出席其他地方举办的活动。自从亲王去世后，维多利亚女王彻底变得足不出户了。亚历山德拉当了38年的威尔士王妃，她也一直以这个头衔自居。成为王后以后，她感到极不

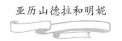

习惯，最终才允许自己的儿子和儿媳用"王后"来称呼自己。即使她从未接受加冕，她也是当之无愧的英国王后。这场婚姻让伦敦的社交季再度复苏。根据传统，英国的政治、经济和社交活动直接反映了王室的生活。如果社交圈阴郁而沉闷，这种气氛就会在社会各界弥漫，正如阿尔伯特亲王逝世、女王也完全从社交活动中退隐之后的情形那样——虽然亲王生前也未给社交圈带来活力。如果没有社交季，就不存在大型舞会。这导致成千上万的工匠们停止生产服装、珠宝首饰和食品。于是贵族们就不会来到伦敦消费，海外的游客也不会前来参观。亚历山德拉的到来让一切都发生了变化。英国日益繁荣，声望也在不断提升。社交生活的热情和壮观清晰地反映出英国人民不仅对王室而且对国家自身也感到万分自豪。

可怜的爱德华除了参加舞会，无事可做。他为舞会而生，为人民而生，为了娱乐和被娱乐而存在。他的妻子喜欢这种奢华的社交生活，她可以穿上漂亮的衣服，戴上华丽的珠宝；最重要的是，她能听到各种吹捧献媚。夜幕降临，女士们开始模仿她，仿照她的装扮，宾客们会站在接待处的椅子旁边等待，只为一睹她的风采。由于疾病以及第二个孩子的降临，她的一条腿变得僵硬，走路有些一瘸一拐。社交界的女士们竟然连她的这种走路姿势都要模仿，还学着她用一把精美的阳伞代替拐杖来保持身体平衡。

远国的凤冠

除了愉快的新生活，亚历山德拉也突然间有了两套新住所。它们是位于诺福克郡的桑德林汉姆府和位于伦敦的马尔巴罗宫。威尔士亲王18岁生日时，他拥有了马尔巴罗宫这座位于伦敦的宅邸。而亚历山德拉更是一眼便爱上了这里。这座壮丽的住宅是1709年为克里斯托弗·雷恩爵士建造的。它的装修风格是法式的白色和金色，室内丝绸窗帘和家具一律以深红色为主。法国古典房间设计注重简洁有致，而这里却是堆满各种家具和杂乱无章的物品。壁炉里摆放着棕榈盆栽，墙壁四处都挂满了装饰品和家人的相片。尽管接待室还有些高雅，但卧室和仆人的住处却是极度拥挤不堪。随着家庭不断壮大，威尔士亲王的佣人数也增加到了120个。所以佣人的住房很紧张。甚至连亲王的3个女儿在长大前都共用一间小卧室。由于家中定期会举办舞会和接待活动，所以家具一直都在移动，在过道和走廊上四处摆放。这些椅子、桌子、沙发和包装盒常常让过道难以通行。而更加贵重易碎的物品则需要储藏到马厩中（威尔士亲王竟然有60匹马!）。酒窖中不仅温度过高，还堆满杂物。这导致一瓶价值1500英镑的香槟不知是由于温度太高还是因为太潮湿最后变质了。但最糟糕的还是水管系统。由于供水受到污染，伤寒症开始在宅邸内肆虐，甚至波及到孩子们。下水道内满是老鼠，临时摆放家具的房间点着瓦斯灯，到处都是包装盒内的易燃废弃物，非常容易着火。

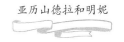

由于他们的住所既不算宫殿,也不算皇家会客处,所以除了议会同意投票讨论修缮费外,威尔士亲王需要自己承担开支。因为爱德华从康沃尔公爵那可以领到一大笔俸禄,政府不愿意增加皇家住所的支出。但是最终,议会做出让步,支付了修缮费。

尽管马尔巴罗宫内有一个 50 英尺宽、富丽堂皇的餐厅,但他们首创了在花园的条纹帐篷内用餐的时尚。用餐者坐在垫子上,垫子置于花园内的家具上,而这些家具下方则铺着东方地毯。侍者会给宾客供应自助餐,宾客们可以根据喜好自取。虽然那时人们用餐基本还是将所有菜品摆在中间的桌子上一起享用。

美丽的客厅呈白色和金色,其中还有几抹粉色。里面有两架大型钢琴,它们并排摆放着。这样,亚历山德拉可以和女儿一起弹奏二重奏。房间内全年都散发着甜美的气味,那是亚历山德拉最爱的乡间百合散发出的香味。这是专为她在温室内培育的花朵,每天都会有火车将花朵从桑德林汉姆运至伦敦。

为了住所实用舒适,对老旧的桑德林汉姆府进行了大范围的改造。里面的家具几乎全是现代风格,还有一些内嵌式家具。室内没有古董摆件,墙上挂着的也非一般皇室肖像,而是现代风格的图片。威尔士亲王总是喜欢在这里将自己想象成英国乡绅,虽然他给人的感觉更像是一位成功的工业

家。傍晚时分，三间朝西的会客厅会有阳光照射进来。内部的淡蓝、粉红和奶白色与涂成金色的木制品交相辉映。

亚历山德拉喜欢诺福克郡乡野间的单调生活，因为这会让她回想起丹麦。她在桑德林汉姆府自己的房间内放满了儿时的物件。每张桌子上、每个架子上，甚至每寸墙面挂的都是会让她回忆起过去幸福瞬间的相片、小雕像、信件、装着头发的小盒以及素描等。墙上还挂着皇宫和伯恩斯托夫的油画。她的丈夫则在自己房内摆满了旅行途中收藏的古玩和王室比赛中赢得的奖杯。

大厅里摆放着一个凶猛的填充狒狒作为保护神，它手中托着银盘，上面是名片。这个大厅总体而言是会客场所，家人可以在这里休息放松、写信、弹钢琴、品茶或随手阅览桌上的杂志报纸。尽管如此，台球室和保龄球馆才是这座宅邸的娱乐中心。它们整体呈半东方风格，配有柔软的垫子、东方的地毯和水烟袋等。内部都设有精美的吸烟室，但不曾开放。也许除了会客室稍显正式外，房子给人的整体感觉是精美舒适的。大量的闪光玻璃、富有光泽的枝形吊灯、嵌入镶板墙面的落地镜以及高高的玻璃柜，它内部的架子和后部都由玻璃制成，这所有的一切都创造了一种易碎感和仪式感。

作为一个在任何事物上都追求简单朴素的女人，亚历山德拉却钟爱装饰华丽的家居。她在桑德林汉姆府的卧室摆满了家人的相片和纪念品，显得杂乱无章。她一直将一个托尔

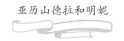

瓦森的基督雕像放在床边,因为这能让她回忆起母亲对自己的宗教启蒙。她的床帷上方是一只雕刻的小天使头像,与檐口相连,下方则是一个耶稣十字像。

亚历山德拉以丹麦最大的奶制品店"三叶草"为原型在桑德林汉姆也建造了一间乳品室。内部墙面上贴的是从印度带回的东方瓷砖。制作黄油的设备由白银和陶瓷打造。架子和桌子上摆满了小奶牛和牛犊的雕像,它们由白银、汉白玉和陶瓦制成。她将丹麦制作黄油的方式引进到这里,还常和朋友们来此处品茶。

桑德林汉姆府的花园也别具特色。就如她对服装颜色与设计的品位一样,亚历山德拉喜欢简单素净的花朵。由于园丁"不喜欢我那可怜无辜的廉价小花,而更偏爱艳丽的花坛上展示的鲜花",她还和园丁起过争执。

尽管桑德林汉姆府非常大,还拥有很多让室内明亮通透的飘窗,但是和马尔巴罗宫一样,它的卧室不大,所有卧室都非常窄小。亚历山德拉两个儿子的卧室和卫生间面积基本别无二致。

即使如此,威尔士亲王夫妇还是不断邀请宾客来家中。由于之前受邀前往贡比涅参加欧仁妮和拿破仑三世舞会的经历给他们留下了深刻的印象,爱德华会从各行各业仔细地挑选自己的宾客,有工业家、政客、外交人员,还有牧师等。除了贵族,他还会邀请音乐家一同前来。但是让人奇怪

是，除了雷顿爵士，他几乎从未邀请过任何艺术家或作家。亚历山德拉虽不算聪明伶俐，但她喜欢和智者相伴，对那些小有成就的人也表示敬重。

维多利亚女王去世后，亚历山德拉得以重新布置温莎城堡。让人惊讶的是，她非常享受这个过程。就像一位打开礼物盒的孩子，每当在阴暗角落发现精美家具时，她都会欢呼雀跃起来。同时，她在给儿子约克公爵的信中写道："我认为罗斯柴尔德家族都不会拥有如此珍贵的家具。"她身边的"杂物"还包含法贝热模仿各种农场动物制作的物件，其中甚至还有火鸡。

亚历山德拉心爱的妹妹明妮给她推荐了法贝热的作品。她们最爱的弟弟、18岁的威利被任命为希腊国王乔治一世。而在1866年，明妮成为俄罗斯大公夫人玛丽·费奥多罗芙娜。亚历山德拉结婚一年后，明妮和尼古拉斯王子订婚，但王子次年就患肺结核逝世。他死前将自己的未婚妻明妮托付给了自己的弟弟，并留下遗言："她值得你去爱，你要让她幸福。"一年后，他们结婚了。那时亚历山德拉正怀着第二个孩子，无法前往俄罗斯。但她渴望见证这对佳人的结合，于是她恳求丈夫爱德华代替她前去参加婚礼。

明妮对自己有些笨拙且熊头熊脑的丈夫似乎是满意的。

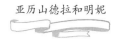

她鼓励他去提升受教育水平,改掉他有些粗野的举止,同时克服性格中的害羞和笨拙。不论是在私下里还是在公开场合,明妮穿着她那漂亮的裙装,戴着令人惊羡的珠宝首饰,举止投足间都尽显得体大方。当她30岁时已经有5个孩子。和她姐姐一样,她也是一位慈爱质朴的母亲。她几乎很少干预政治,除非牵扯到家人的利益,这一点也和亚历山德拉相同。她将全部身心奉献给家庭,投身公务。就像英国人喜爱亚历山德拉一般,俄罗斯人也很快爱上了这位瘦瘦小小、快乐活泼的女人。玛丽·费奥多罗芙娜诙谐机智,非常健谈,和亚历山德拉不同,她不会让人感到片刻的无聊。她还具备她姐姐的魅力和善良品质。她对任何人或事都充满兴趣,她对公职的投入不比她对日益壮大的家庭、她的丈夫、聚会和跳舞的投入少。姐妹俩都喜爱跳舞。尽管亚历山德拉后期因为生病和怀孕而听力下降,腿部也变得僵硬,但她依然尝试伴着音乐翩翩起舞来获取些微的乐趣。

英国社会舆论反对俄罗斯的独裁政体,尤其是他们对待犹太人的方式。尽管姐妹俩在英国土地上的相聚与政治无关,但明妮和她的丈夫还是在1873年去英国拜访了亚历山德拉和爱德华。英国社会很高兴看到两姐妹同框。无论是清晨在海德公园散步,还是夜晚出席舞会,她们经常会故意以一身相同的打扮出现。这种情况下,宾客们通常会在惊叹姐姐的倾城容貌之余被妹妹所戴的珠宝那令人窒息的尺寸而震撼。即使俩姐妹还是孩童时，明妮就一直被认为是俩人中较活泼的那个，而亚历山德拉则是较可爱的那个。但两人都像孩子般十分喜欢恶作剧。

1881年，沙皇亚历山大二世遭到暗杀身亡。明妮和她丈夫随即被加冕。新沙皇亚历山大三世和他妻子一样十分爱家，但他个人公众角色的转变却不尽理想。一位英国大使写道："新沙皇有些不爱出门，他喜爱音乐，忠于妻子……人们对他所知甚少。也许是他本身就没有太多信息。"

明妮的丈夫作为世界上最富有的人之一，却总是尝试削减开支。他减少了官方举办的娱乐活动，坚持关灯来节约用电。对妻子花费12000英镑购买貂皮大衣的行为感到震惊。一小段时间内，他成功削减了200万英镑的公共开支。对他而言，最大的奢侈就是每年赠送明妮一款由法贝热打造的复活节彩蛋。

彩蛋中包含母鸡以及"惊喜"，这并非法贝热的首创。丹麦皇家典藏早在1743年就已有相关记录。也许这赋予了沙皇皇后灵感。法贝热每年的珠宝设计款式都超越沙皇去年购入的，于是法贝热彩蛋也变得愈发精致。亚历山德拉在1886年赠送了妹妹明妮第一颗彩蛋。往后，直至俄国革命发生，明妮每年都会收到来自姐姐的彩蛋礼物。

沙皇亚历山大三世和他的儿子尼古拉斯二世都是法贝热的老主顾。但根据法贝热在伦敦多佛街48号的代理商班布

里奇所言,法贝热在欧洲"唯一各种款式供其任意挑选的只有英国王后亚历山德拉"。班布里奇主要是用金子、珐琅等打造珍贵物件:箱子、烟盒,用金子或珐琅制成的铅笔、珐琅材质放大镜和观剧望远镜以及玉制手柄等。法贝热的工人尤其擅长雕琢玉器。他们会将富有光泽的西伯利亚玉石雕刻成小碗、裁纸刀、印章和阳伞手柄、有盖或无盖的小壶以及精美的玩具。中低档的宝石则被用来雕刻成动物的形状,红宝石或绿宝石装饰它们的眼睛。有时工人还会将这类宝石打造成农民的模型,通过两种不同颜色的玉石来仿造他们的服装。

王室珠宝篇

亚历山德拉从不渴望收到奢华的礼物。而且根据传统,人们也不能将珠宝首饰作为礼物送给王后。由于礼品相对而言比较便宜,一般在15～50英镑,所以,最让她开心的莫过于在生日时收到一只由法贝热雕刻的小动物、一个看似装有水的水晶花瓶或一束表层镀着珐琅的金花朵。一旦法贝热的新品运达班布里奇的商店,国王都坚持第一个前去挑选赠予妻子的礼物;而她为了给国王挑选礼品,也坚持第一个前往。她的朋友们则争先恐后前去购买她未见过的奇珍异物送给她。1907年,部分法贝热的工匠为王室打造动物,专门来到桑德林汉姆府,从国王在德比赢得比赛的赛马佩西蒙到他最爱的猎狗再到农场的猪和火鸡,品种繁多。国王和王后会在乳品房检查它们的蜡像模型,随后,这些模型会被送至圣彼得堡用作玉石雕刻的参照物。

明妮和亚历山德拉都十分喜爱各自的衣服和珠宝。她们拥有非常优美的斜肩。亚历山德拉的长脖颈极其适合佩戴宝石项链,这种穿搭也因为她而一度非常流行。姐妹俩在之后的50年内都一直处于时尚前沿。大多数女士往往会为搭配珠宝首饰而定做服装。但亚历山德拉却偏爱用珠宝来搭配自己的服饰。后来,她甚至会去巴黎购买大量人造宝石,在国会开幕大典上佩戴。

亚历山德拉对服装和珠宝的品位自信而果断。在决定她的加冕礼服时,她声称:"我比女帽设计师和收藏家们都更专业。应该按照我的喜好来穿搭,我的女儿们也是如此。"传统上,英国王后的加冕礼服一般是紫罗兰带点深红。亚历山德拉最终选择了浅紫色(露易丝公主将这种颜色叫作"牵牛花色"),而她的女儿则是紫罗兰色。她还坚持将所有皇室徽章绣在礼服上,虽然她并无权这么要求。亚历山德拉十分注重自己加冕仪式的宗教方面。她让大主教直接将油点在她的额间,这再次打破了传统。一般的做法是用油触碰她用来充当刘海的假发。很多皇室亲朋给她送来作为结婚礼物的珠宝,其中不仅有不少常见的珍贵首饰,还有来自印度王公的奇珍异宝。1904年，卡地亚采用印度钻石为亚历山德拉打造了一款项链，堪称史上最美项链之一。

人们常见肖像画或照片上的亚历山德拉身上佩戴着串串珍珠，裙子上则别满各种胸针，有时胸针甚至装饰到了裙角。但实际上，亚历山德拉白天几乎不佩戴任何珠宝。她最爱的首饰是一个蛇形金手镯，常常缠绕在她手臂上。她十分喜欢欧仁妮皇后的珠宝，把欧仁妮皇后的钻石镶进白金之中，使这些钻石更透亮，也更适合时下流行的精致面料。除了脖间的项链，亚历山德拉还在她那颀长而优雅的脖子上搭配了8排珍珠和钻石项链。她让很多搭配方式变得流行起来。比如，佩戴及腰项链，或配上悬垂的项链长绳，或将胸针别在紧身胸衣正中。

妹妹明妮华丽的珠宝玉器大多来自西伯利亚的矿井。她的钻石尺寸都非常大，其中一条宝石项链仅中部的钻石就重达32克拉。明妮非常敬重姐姐，常给亚历山德拉送去一些红宝石、珍珠和蓝宝石作为礼物。爱德华去世后，明妮鼓励姐姐将珠宝变为个人物品，而不是把它们当作皇室财产传给后人。这在之后引发了争议。

玛丽·费奥多罗芙娜皇后

1883年，沙皇亚历山大三世加冕。各种金银玉器、制服、检阅军队和庆典让这位瘦瘦小小的皇后筋疲力尽。在长袍礼服的遮盖下，因为她的脚肿胀得厉害，无法穿进任何码数正常的鞋子，她甚至穿着拖鞋。一位英国人说道："穿着那身貂皮大衣，戴着几磅重的钻石站几小时，真不是开玩笑的。甚至连意志坚定的主教们都开始动摇，他们曳脚而行，蜡烛在他们手中晃动；他们扔掉焚香，开始大吼。"亚历山德拉和爱德华也参加了加冕典礼。当沙皇为明妮摘掉先前的王冠，为她换上另一顶上方镶嵌着大蓝宝石的王冠时，亚历山德拉看到了两人间温柔的目光，她颇为感动。明妮带着她那惯有的高贵，缓缓起身，礼仪开始时便热情地拥抱亲吻她的丈夫。

亚历山德拉和明妮的婚姻都十分幸福美满。明妮虽无法将丹麦那种无拘无束的皇室生活带去俄罗斯王宫，但她的家庭生活却远离所有浮华与喧嚣，带着资产阶级的舒适与安逸。尽管俄罗斯皇室和丹麦皇室间存在很多差异，明妮还是很顺利地完成了角色的转变。根据传统，丹麦王室在观点和态度上都十分民主，他们会与民众随意郊游。因此，丹麦人从未感到王室遥不可及。相反，俄罗斯的皇室生活带着军事般的精确性，正式而程式化。

然而，明妮一直保持着她的纯真个性。她居住的安尼赤科夫宫装修得和马尔巴罗宫及桑德林汉姆府一样舒适安逸，同时也一样杂乱无章。但和她姐姐不同的是，她是一位高效、有条不紊的家庭主妇。她会自己去整理橱柜和仆人的房

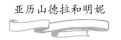

间，坚持开窗通风。

政治上，她的态度基于偏见而不是有理有据的判断。大多数时候，她不会尝试影响丈夫的决策。但和亚历山德拉一样，她也成功地让俄国与普鲁士对立。

克里斯蒂安国王的所有孩子都十分讨厌普鲁士。石勒苏益格-荷尔斯泰因事件发生时，亚历山德拉年仅22岁，但她从未忘记俾斯麦给丹麦以及她家族带去的羞辱，并且一直心怀怨恨。一次她前往威斯巴登寻求治疗腿部风湿病痛的疗法，普鲁士国王给她发了一封电报，表明想在她方便时上门拜访。她直接口述了一封措辞无礼的回绝信，令她的秘书弗朗西斯·诺利斯认为这样的话最好还是不要写下来。爱德华则坚持双方会面，不管她乐意与否。当亚历山德拉到达会面地点后，她依然拄着拐杖。诺利斯发现她面色惨白，询问她是否感冒了。她回复道，如果她面色惨白，"那不是因为感冒，而是因为不得不与普鲁士国王见面而愤怒"。

结婚后，亚历山德拉就决定将英国的利益放在丹麦之前。但她无论如何都没法减少自己对德国人的不信任感。尽管维多利亚女王是支持德国的，但英国公众深爱着他们的王妃，所以也逐渐开始站在德国的对立面。爱德华则与妻子保持同一立场。这激怒了维多利亚女王。维姬也认为亚历山德拉的行为既不明智也不友好。但每当维多利亚见到自己的这位媳妇时，又会被她的甜美和魅力深深打动。于是，在给维姬的信中，对亚历山德拉还是同往常一样的赞美之词。

"一战"开始时，丹麦国王克里斯蒂安的后代已遍布欧洲各国王室，包括比利时、英国、丹麦、希腊、挪威、罗马尼亚、俄罗斯和西班牙。这时的德国被想要为石勒苏益格-荷尔斯泰因事件复仇的丹麦皇室团团包围。俄罗斯和英国能在1914年结盟，很大程度上在于两国的太后是关系亲密的姐妹。

白堡

亚历山德拉每年都会回到丹麦和家人团聚。甚至爱德华也喜欢一同前往，和妻子的兄弟姐妹们聚在一起总能让他回忆起年少时无忧无虑的日子。当克里斯蒂安国王去世后，亚历山德拉和明妮为了不继续打扰弟媳，决定在丹麦购置一套属于她们自己的房子。而她们父母的家永远都为她们敞开大门，现在她们需要的是一处远离尘世压力的地方。

她们购买了白堡，这是一座位于哥本哈根北部去往赫尔辛格路上的白色意式风情别墅。在这里可以俯瞰大海，瑞典那道白色的海岸线清晰可见。亚历山德拉写道："内部具备英式住宅所有的舒适与美感，外部看起来像是意式别墅。整栋房子有两个迷人的大阳台，而我卧室前面是一个种满花朵的小阳台。"大厅内白色与金色交相辉映，双层楼梯、镀金的扶手、巨大的方柱以及立有圆柱的走廊都让它成为整幢别

亚历山德拉和明妮

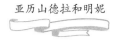

墅最豪华的地方。

姐妹俩先通过抛掷银币来选择自己的房间，然后再着手将各自的房间尽可能装扮得舒适而简洁。她们都喜欢杂乱无章，因此共用一个客厅，其中设有双人写字桌、双人椅、双人书架以及两个摆放照片的角落。更多的照片则通过法贝热的相框和丹麦的瓷器一同散落在房子各处。别墅还设有台球室，姐妹俩会在有格子架的美丽花园用餐。和她们各自居住的宫殿相比，这里的一切都更为和谐简单。正如明妮说的："要俄罗斯那 400 个房间有什么用？我从未使用超过两间。"她们各自有 3 名女仆，共用一位男侍从。

当姐妹俩开始重新装修白堡时，明妮生病了，于是装修的重担大多都落到了亚历山德拉肩上。会客室内的水泥涂抹得非常精细，粉刷的是轻柔的淡色。用亚历山德拉自己的话来说，她将房子打造得"明亮而活泼，我们的卧室使用的全都是印花棉布，而楼下的画室则采用了一些丝绸"。白堡带有一个花园，她们还在房子地下修筑了一条通往海滩的小隧道。为改造海边这两英亩地，将它们变成绿草带和玫瑰园，亚历山德拉专门从伦敦请来了托马斯·莫森。她发现这里最终变成了讨人喜爱的地方。"花园里满是品种优良的老果树，树上结着大量的梨和苹果。我们坐在这儿，沐浴在阳光下。"直接可以跑去海边，一路都是花朵的芬芳。

当白堡所有装修全部完工时，爱德华已经成了国王。他曾来白堡待过一晚，但第二天他就搬去了宾馆！尽管如此，为了讨妻子开心，他还是找人在海边修建了一座凉亭。

1910年，亚历山德拉的丈夫去世，随后她回到了白堡，在这里多待了3年。但是"一战"后，她感觉自己变得有些虚弱，难以再前往丹麦。俄国革命发生两年后，明妮最终被成功地劝说离开了克里米亚，而白堡则变成了她在外流亡的居所。在这里，她会坐在照片中间，难以置信地看着相框中她那被谋杀的儿子全家。她成功地将自己的珠宝首饰带了出来，放在床下的一个小皮箱中。明妮开始大量消耗她丹麦家族的金钱，在爱德华王子慷慨赠予她一笔可观的补贴前，丹麦家族的成员都强烈要求她卖掉部分珠宝。当她1928年逝世后，英国玛丽王后购买了许多她生前佩戴过的漂亮的珠宝首饰，其中部分直到1968年才付钱！白堡后来被明妮的女儿出售，现在是一家疗养院。

由于亚历山大不赞同他父亲的自由主义政策，所以和英国国王爱德华一样，他对俄罗斯政府也几乎没有任何实权。在家族中人们称他为"萨沙"，他身份尊贵但有些愚蠢。明妮仅比他稍微聪慧一点，所以她对国家大事基本没有兴趣。和亚历山德拉的婚姻不同，萨沙无私地为家庭奉献，完全忠于妻子，所以明妮的婚姻非常成功。由于俄罗斯的生活永远都充满了繁文缛节，而且森严戒备，亚历山大非常享受一家人去丹麦度假的日子。他们的旅行可谓声势浩大，随行仆从和宠物都过百,他们的行李甚至要占用 20 节火车车厢!

在那些旅行的日子里,亚历山大那些优良品质完全显现了出来。他是到目前为止最受欢迎的叔叔。他会和侄子侄女还有他的孩子们打闹成一片,一起砍树,一起铲雪。让明妮惊恐的是,为了展示自己如传说般力大无穷,他还会尝试折断马蹄铁和银盘,仿佛那些都是橡胶材质。在这样的氛围下,他的孩子们得以茁壮成长。明妮从小就拥有幸福的家庭生活,她也成功地让儿子尼古拉斯的童年变得快乐无忧。

亚历山德拉和爱德华

1864 年,亚历山德拉的第一个孩子小爱德华王子降生。接下来的 5 年内,又有 4 个孩子先后出生。爱德华自己的童年枯燥而严苛,所以他决定让孩子们可以在幸福快乐、无忧无虑的环境下成长。维多利亚女王却不以为然,她大声说道:"爱德华需要明白,我完全有权插手对孩子们的管理。"亚历山德拉则无视这一切,依然放纵孩子们尽情地玩耍,就像她童年在丹麦时一样。于是孩子们变得幸福而快乐,他们继承了亚历山德拉的幽默感以及对恶作剧的喜爱。当然,他们也几乎同样不爱学习。他们将亚历山德拉称作"亲爱的母亲",而亚历山德拉则和他们打成一片,甚至还加入儿子们的苏打水战斗游戏,这都源于她的天性。随着耳聋日益严重,她几乎不再参加社交活动,更多的是在家陪伴孩子们,这让她好像回到了儿时的童年生活。

不幸的是,小爱德华和乔治身体都有些虚弱,无精打采。明妮的儿子尼古拉斯也是如此。小爱德华在1892年订婚,次年不幸去世。圣诞节后,小爱德华和父亲一起去桑德林汉姆府打猎,回来后就开始发抖不止。流感转成急性肺炎,于1月13日逝世,当时,亚历山德拉绝望地为他擦着脸上和脖子上的汗水。爱德华在给维多利亚的信中写道:"要是能把我的生命给他该有多好。"

爱德华和他妻子的关系不尽理想。他们不够成熟理智,除了都喜欢衣服和花钱外,几乎没有其他共同点。亚历山德拉喜欢与见多识广、聪明伶俐的人交谈,以此来弥补自己教育的缺失。但她日益加重的耳疾让这些无以为继,于是她开始退向那些让她感到舒服的地方:她的孩子们、她的家庭、她的狗和她的马儿。爱德华的不忠是促使她隐退的另一个原因。由于爱德华在政府不担任实质性的职务,无论如何他都排遣不了自己的百无聊赖,随着亚历山德拉越来越少在公众露面,他开始出轨,流连于各种女人。

爱德华生性急躁易怒,但公众只看到了这种性格无害的一面,他绝对不能算是易于相处的男子。尽管如此,他对待亚历山德拉还是礼貌友好的。所以,即使亚历山德拉常常感到被忽视,被爱德华的不忠羞辱,但从未有过抱怨。亚历山德拉对嫉妒表示不屑,所以每当见到爱德华的情妇时,她都

亚历山大德拉和明妮

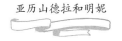

表现得彬彬有礼。但一些流传下来的奇闻趣事却揭露了她内心的真实感受。她私下把和她丈夫调情的美国美女张伯伦叫作"马桶"。一次,她透过桑德林汉姆府的窗子看见自己丈夫正和丰满的凯珀尔女士在一起,当他们经过时,亚历山德拉邀请自己的侍女一起嘲笑这对肥胖的情人。

动物比人忠诚得多,亚历山德拉和明妮都十分喜爱动物。明妮将自己的狗"美丽"一同带去了俄罗斯。而亚历山德拉来到英国时却只带了两只儿时饲养的白色斑鸠。她第一次访问爱尔兰时,爱尔兰王后送了她一只白色鸽子,亚历山德拉珍爱了很多年。当外界都知晓亚历山德拉喜爱动物时,人们纷纷前来送礼,各种猴子、老虎、鹦鹉和熊等,以至于桑德林汉姆府很快变成小型动物乐园,最终,数量多到只能送去当地的动物园。其中有一只叫作考奇的鹦鹉活了100多年。这只鹦鹉被训练得会从她嘴中取走糖,还会模仿人说"天佑女王"。她的另一只宠物是她去埃及旅行时带回的长尾黑公羊。当他们一行人在尼罗河上扬帆而行时,这只公羊正被绑在甲板上等待宰杀。但它咬断了绳子,看到亚历山德拉坐在甲板上,它走过去将头靠在了她的腿上,它因此而免于一死。

当桑德林汉姆宫的动物都被送走后,亚历山德拉渐渐开始对狗和马儿着迷。她在室内和室外都养着狗。她非常爱它们。当然,它们也很爱她。在室内,她最开始养的是哈巴狗，接着是日本猎犬和小狮子狗。这些小狗和她睡在一起。每晚她都会在卧室门口放上一份三明治，为的是晚上悄悄给狗狗们喂食。室外，她养着圣伯纳德犬、纽芬兰犬、爱斯基摩雪橇犬、巴吉度猎犬、松狮和达克斯狗等。她有只叫作杰科的白色北极犬更是那时英国人从未见过的品种。她还养有一只威武漂亮的蓝灰色猎鹿犬。亚历山德拉是英国养犬俱乐部的赞助人之一，她常带着自己的狗前去参展，总是屡屡获胜。她不仅让法贝热为她的狗雕刻一些小物件，让油画家们为自己的狗作画，甚至还找人以狗为模型制作填充玩具。很多狗死后都被埋在了马尔巴罗宫和桑德林汉姆府的花园中。人们经常看见亚历山德拉出门遛狗，10多只狗围绕着她跳跃欢腾，每一只都对她唯命是从。

同样，她对马儿也有着相似的震慑力。她到达伦敦后，人们开始筹备她和亲王的婚礼，在去往她住所的路上，一匹马儿突然受惊，蹄子四处乱踢，一只后腿不小心卡到了车轮子里。亚历山德拉没有表现出丝毫的恐惧，她将身体探出窗外，用手把马蹄子取了出来。

亚历山德拉的父亲是一位骑马高手，他的孩子们在他指导下也个个骑术超群。亚历山德拉刚结婚时，她常和爱德华骑马去诺福克狩猎。这让维多利亚女王十分担忧。甚至在她腿变僵硬后，她依然会骑马，将前鞍放置到一侧，然后人朝另一侧骑在马上。她是一个无畏的骑手，喜欢骑马跳跃。爱

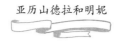

德华则是尽力避免马起跳。亚历山德拉有许多喜爱的马：一只叫作"紫罗兰"的棕色公马，一只叫作"亚瑟王"的马，还有她深爱的维瓦，一直养了20多年。维瓦死去时已经28岁了，她将它的耳朵和鬃毛放在一个盒子中珍藏起来。

她还是一位出色的驾马人，尽管有时相当鲁莽，甚至还有些危险。她拥有一对利比扎马，这在那时的英国非常罕见。她可以用它们熟练地驾驶一辆轻型四轮马车。爱德华去印度时赠送了她4匹匈牙利小马。她还有一对枣红色的马，叫作米特和帕费，她喜欢让它们一前一后拉动马车。她喜欢让贝纳、贝欧和贝拉并驱拉动一辆小型法式马车。她喜欢让玛丽·安提柯独自拉着马车。亚历山德拉还喜欢给自己的马儿们起名。她偏爱栗色和枣红色的马，时常给它们戴上棕色或黄铜色的马具。有的马儿天生没有飘逸神气的马尾，她还会给它们戴上人造尾巴。有关亚历山德拉和动物的故事数不甚数，但她让人们逐渐意识到了动物悲惨的生存环境，这是其中最大的影响。

在运动方面，亚历山德拉从童年时就开始钓鱼、玩槌球，甚至当她成为祖母后，她还和小爱德华王子一起玩槌球。因为气候原因，滑冰是她童年在丹麦时冬季唯一的运动项目，也是她最爱的消遣活动，她常常会在冰面上滑行好几个小时。国王有一辆专为她准备的双人汽车，但亚历山德拉几乎很少开车出门。和奥地利伊丽莎白王后一样，亚历山德

远国的凤冠

拉通过童年时父亲教授的体操来保持身材。所以，在她加冕时，尽管她已经 57 岁了，但她仍拥有 23 寸的纤纤细腰。她还尝试打高尔夫，但对网球却毫无兴趣，因此她将桑德林汉姆府的网球场改造成了一座玫瑰园。

亚历山德拉和明妮都是狂热的业余摄影爱好者。她们父亲在她们童年时就教她们绘画，但是无论是她们的父亲还是她们俩都不具备维多利亚女王和她孩子们那般的绘画天赋。且如亚历山德拉所说，她还是会"浅尝"油画和蜡笔画，但她的摄像作品似乎更具艺术感。她不知疲倦地给家人以及狗拍照，不断和明妮交换照片，甚至她拍摄的照片还在一本销量不错的慈善系列圣诞礼品书上出版了。

让维多利亚女王绝望的是，她的这位媳妇"从不阅读"。但她很喜欢坦尼森的诗作和鲁德亚德·吉卜林的小说。当她和坦尼森第一次见面时，这位威尔士王妃要求坦尼森大声朗读《欢迎颂》，这是他专为她婚礼创作的诗篇。她聚精会神地听了一会，然后开始打量这位诗人的眼睛，两人都忍不住笑出了声。她最爱的小说家似乎一直是威廉·勒·克斯，他将威廉－麦克高尼加尔对苏格兰诗篇的影响写成了散文。丹麦的文化复兴似乎未对亚历山德拉产生任何影响，这虽令人遗憾，却是事实。尽管如此，她对漂亮的瓷器却极具鉴赏力，包括塞夫勒珍藏系列、麦森瓷器和伍斯特瓷器等。这些连同她收藏的精美水晶制品一起陈列在桑德林汉姆府。

亚历山德拉和明妮

除了她的美丽和高雅，让英国人印象最深刻的还是她的仁慈。她严厉责备了鞭打男孩的伊顿校长，她也同样斥责了虐待马儿的司机。从维多利亚女王身上就能看到她甜美和慈爱的力量。女王在这位儿媳的影响下，逐渐变得温柔起来，从一位隐士变成了一位面带微笑、亲切友好的老太太。

亚历山德拉是一位极其勇敢的女人，这点对于扶助19世纪英国的弱势群体而言是有意义的。她常常在"自己"伦敦东区的医院内巡视，对患者的病情表现出极大的关心。她认识所有的护士，患者手术时她也会在场。她去丹麦时，丹麦人给她展示了水银灯，这可以用来治疗溃疡性皮肤发炎或狼疮。但回到英国后，她发现医院的医务人员并未对此表现出太大的兴趣。于是固执的她努力说服医院派遣了两名护士和一名医生前往哥本哈根亲眼见证这种灯的功效。最终，伦敦引进了这种灯，在未来的20年中，它每天都能帮助治疗100名患者。

每天清晨，她的秘书都会拿来一个放满求援信的托盘。她会按照具体情况具体处理，然后拨出救济金，这份慷慨让她的财务顾问感到绝望。她对待"象人"——约翰·梅里克的善良是其中最为感人的故事。梅里克由于头部严重畸形被马戏团带往欧洲各地巡回展出。当他病情恶化、无法继续巡展后，有人将他送回了伦敦。梅里克到达帕丁顿车站后，感到无助而失落，蜷缩在候车室一个黑暗的角落里。看到他的

人都惊声尖叫着跑开,于是他只能逃走。在伦敦大街上,他被人像动物一样追逐着,最终被送往了亚历山德拉的医院。这个可怜的人被隔离了起来,年轻的护士不敢靠近他。当亚历山德拉知道他的存在后,坚持立即去医院探视。她坐在他身边和他说话,直视他的脸庞。亚历山德拉的这一举动给他找回了些许自信。后来,直到他去世为止,每年圣诞他都会收到来自亚历山德拉的祝福。

1886年,亚历山德拉成立了士兵和海军家属协会,也就是如今陆海空军三军士兵家属协会(SSAFA)的前身。它的存在是为了给那些在战争中牺牲的士兵的家属们提供经济援助。她对慈善事业做出的另一大贡献是在1913年设立了"亚历山德拉玫瑰日",宗旨是为伦敦医院募集资金。亚历山德拉驾着马车,载着一群身穿白衣的女子,在马尔巴罗宫和市长官邸之间来回兜转,出售由残疾人制作的手工玫瑰花。这位孀居王后的举动引起了轰动,成千上万的伦敦人聚集起来向她欢呼致敬。截至1920年,"亚历山德拉玫瑰日"累计已筹集了75万英镑。

她对慈善事业的热情可谓无穷无尽。1897年,为庆祝维多利亚女王登基60周年,亚历山德拉宴请了4万名穷人。1902年,她创建了亚历山德拉王后帝国军队护理服务队,也就是现在的亚历山德拉王后皇家陆军护理队。她加冕的当日,一万名普通女仆都可以在伦敦各场馆免费品尝加冕礼

茶,由她埋单。她拜访了所有场馆,每个盘子旁都有一枚写着"来自王后"的胸针。1906年,在她的号召下,人们为失业工人募集的救济金达25万英镑。

虽然亚历山德拉的传记作家们添加了很多煽情的成分,但她泛滥的善良却是货真价实的。然而,她也是极其自私的。尽管她深爱着自己的孩子们,但却从未努力为女儿们寻觅如意夫君,反而故意将维多利亚公主留在身边,就像她的表妹奥尔加大公夫人形容的那样,把公主当作了"高等女仆"。甚至和她尤为亲近的儿子乔治也认为她是全世界他所知道的最自私的女人。她是一个矛盾综合体。尽管她十分关心穷人以及像梅里克一样不幸的人,但想象力的贫乏让她无法站在他人的角度思考。正如弗朗西斯·诺利斯曾评价的:"她对人性知之甚少。"

1925年,她在桑德林汉姆府去世,享年80岁。此时,她深受所有人的爱戴。

参考文献

叶卡捷琳娜大帝 (Catherine the Great)

BARTLETT, R., *Human Capital: The Settlement of Foreigners in Russia*, 1762-1804 (Cambridge, 1979)

BILLINGTON, JAMES H., *The Icon and the Axe: An Interpretative Study of Russian Culture* (London, 1966)

CASTERA. J H., *The Life of Catherine II, Empress of Russia*, translated by W. Tooke (London, 1800)

CATHERINE II, *Memoirs*, edited by Dominique Maroger with an Introduction by G. P. Gooch, translated by Moura Budberg (London, 1955)

CRONIN, VINCENT, *Catherine: Empress of All the Russias* (London, 1978)

CROSS, ANTHONY (ed.), *Russia under Western Eyes* (London, 1971)

DASHKOVA, PRINCESS, *The Memoirs of Princess Dashkova*,

edited by Kyril Fitzlyon (London, 1958)

DRAGE, C. L., *Russian Literature in the Eighteenth Century* (London, 1978)

EVANS, JOAN, *History of Jewellery* 1100-1870 (London, 1953)

GARRARD, J. G. (ed.), *The Eighteenth Century in Russia* (Oxford, 1973)

GIP, BERNARD, *The Passions and Lechery of Catherine the Great* (Edinburgh, 1971)

GREY, IAN, *Catherine the Great, Autocrat and Empress of all Russia* (London, 1961)

HAMILTON, GEORGE HEARD, *The Art and Architecture of Russia* (London, 1975)

HASLIP, JOAN, *Catherine the Great* (London, 1977)

HORN, D. B., *Sir Charles Hanbury-Williams and European Diplomacy, 1747-1758* (London, 1930)

HYDE, H. M., (ed.), *The Russian Journals of Martha and Catherine Wilmot, 1803-1808* (London, 1934)

KOCHAN, MIRIAM, *Life in Russia under Catherine the Great* (London and New York, 1969)

MADARIAGA, ISABEL DE, *Russia in the Age of Catherine the Great* (London, 1981)

MARSDEN, CHRISTOPHER, *Palmyra of the North* (London,

1942)

MASSIE, R. K., *Nicholas and Alexandra* (London, 1968)

MASSON, C. F. *Secret Memoirs of the Court of St Petersburg*, translated from the French (London, 1801-2)

MOLLY, FITZGERALD, *The Russian Court in the Eighteenth Century* (London, 1905)

OLDENBOURG, ZOE, *Catherine the Great* (London, 1972)

OLIVA, L. JAY, *Catherine the Great* (New Jersey, 1971)

OSBORNE HAROLD (ed.), *The Oxford Companion to the Decorative Arts* (Oxford, 1975)

POLOVTSOFF, ALEXANDER, *The Favourites of Catherine the Great* (London, 1940)

RAEFF, M., *Catherine II: A Profile* (New York, 1972)

RICHARDSON, WILLIAM, *Anecdotes of the Russian Empire: In a Series of Letters, written, a few years ago, from St Petersburg* (London, 1784)

ROGGER, HANS, *National Consciousness in Eighteenth-Century Russia* (Cambridge, 1960)

SHCHERBATOV, PRINCE M. M., *On the Corruption of Morals in Russia*, edited and translated with an introduction and notes by A. Lentin (Cambridge, 1969)

TWINING, EDWARD, *History of the Crown Jewels of Europe*

参考文献

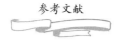

(London, 1960)

VARNEKE, B. V., *History of the Russian Theatre* (New York, 1951)

WALISZEWSKI, R., *The Romance of an Empress: Catherine II of Russia* (London, 1894)

WREN, MELVIN C., *The Western Impact upon Tsarist Russia* (Chicago, 1971)

玛丽·安托瓦内特(MARIE ANTOINETTE)

ADAMS, WILLIAM HOWARD, *The French Garden*, 1500-1800 (London, 1979)

ARNETH, ALFRED, and GEFFROY, M. A., *Marie Antoinette: Correspondance secrète entre Marie-Thérèse et le Comte de Mercy-Argenteu*, 3 vols (Paris, 1875)

ASQUITH, ANNUNZIATA, *Marie Antoinette* (London, 1974)

BELLOC, HILAIRE, *Marie Antoinette* (London, 1909)

BLAIKIE, THOMAS, *Diary of a Scotch Gardener at the French Court at the end of the Eighteenth Century* (London, 1931)

CAMPAN, JEANNE LOUISE HENRIETTE, *The Private Life of Marie Antoinette*, (London, 1957)

CASTERLOT, ANDRE, *Marie Antoinette*, translated by Denise Folliot (London, 1957)

COBBAN, ALFRED, *A History of Modern France*, *Volume I*: 1715-1799 (London, 1981)

CRANKSHAW, EDWARD, *Maria Theresa* (London, 1983)

CRONIN. VINCENT, *Louis and Antoinette* (London, 1974)

DEMUTH, NORMAN, *French Opera: Its Development to the Revolution* (Sussex, 1963)

GENDERS, ROY, *A History of Scent* (London, 1972)

GOOCH. G. P., *Louis XV. The Monarchy in Decline* (London, 1956)

HEARSEY, JOHN E. N., *Marie Antoinette* (London, 1972)

LONEY, W. B., *French Porcelain* (London, 1950)

HONOUR, P. H., *Cabinet Makers and Furniture Designers* (London, 1969)

D' HUNOLSTEIN, LE COMTE PAUL VOGT, *Correspondance inedite de Marie Antoinette*, 3rd edn (Paris, 1864)

HUTH, HANS, *Roentgen Furniture* (London, 1974)

LANDAIS, HUBERT, *French Porcelain* (London, 1961)

LOUGH, JOHN, *An Introduction to Eighteenth-Century France* (London 1960)

MOULTON MAYER, *The Tragic Queen: Marie Antoinette* (London, 1968)

DE NOLHAC, PIERRE, *Marie-Antoinette Dauphine* (Paris,

1906)

OSBORNE, HAROLD, (ed.), *The Oxford Companion to the Decorative Arts* (Oxford, 1975)

REAU, LOUIS, *L'europe francaise au siecle des lumieres* (Paris, 1938)

ROHDE, ELEANOUR SINCLAIR, *The Story of the Garden* (London, 1932)

SAVAGE, GEORGE, *Seventeenth and Eighteenth Century French Porcelain* (London, 1961)

SAVAGE, GEORGE, *French Decorative Art*, 1638-1793 (London, 1969)

SEWARD, DESMOND, *Marie Antoinette* (London, 1981)

SMOLLETT. TOBIAS, *Travels Through France and Italy*, edited by Frank Felsenstein (Oxford, 1979)

SMYTH, LILIAN C., *The Guardian of Marie Antoinette: Letters from the Comte de Mercy d'Argenteau, Austrian Ambassador to the Court of Versailles, to Marie Therese, Empress of Austria*, 1770-1780 (London, 1902)

THRALE, MRS, *The French Journals of Mrs Thrale and Doctor Johnson*, edited by Moses Tyson and Henry Guppy (Manchester, 1932)

VERLET, PIERRE, *French Royal Furniture* (London, 1963)

VERLET, PIERRE, *French Furniture and Interior Decoration of the Eighteenth Century* (London, 1967)

WEISS, GUSTAV, *The Book of Porcelain* (London, 1971)

WRAXALL, N. WILLIAM, *Memoirs of the Courts of Berlin, Dresden, Warsaw, and Vienna*, vol ii (London, 1806)

ZWEIG, STEFAN, *Marie Antoinette: The Portrait of an Average Woman* (London, 1933)

玛丽亚·卡洛琳娜 (MARIA CAROLINA)

ACTON, HAROLD, *The Bourbons of Naples*, 1734-1825 (London, 1956)

BEARNE, MRS, *A Sister of Marie Antoinette: The Life-Story of Maria Carolina, Queen of Naples* (London, 1907)

COLLETTA, PIETRO, *History of the Kingdom of Naples* (London, 1858)

COLLISON-MORLEY, LACY, *Naples through the Ages* (London, 1925)

CORTI, EGON CAESAR, *Ich, eine Tochter Maria Theresias* (Munich 1950) HERSEY, GEORGE L., *Architecture, Poetry, and Number in the Royal Palace at Caserta* (Massachusetts, 1983)

JEAFFRESON, JOHN CORDY, *The Queen of Naples and Lord*

Nelson, 2 vols. (London, 1899)

JOHNSTON, R. M. (ed.), *Mémoire de Marie Caroline, Reine de Naples* (Harvard and London, 1912)

MILLAR, ANNE, LADY, *Letters from Italy*, vol. ii (London, 1776)

NOVOTNY, FRITZ, *Painting and Sculpture in Europe* 1780-1880 (London, 1961)

SEWARD, DESMOND, *Naples, A Travellers' Companion* (London, 1984)

TRESOLDI, LUCIA, *La Biblioteca privata di Maria Carolina d'Austria Regina di Napoli* (Rome, 1972)

WILMOT, CATHERINE, *An Irish Peer on the Continent, 1801-1803*, edited by Thomas U. Sadleir (London, 1924)

WOOLFE, STUART, *A History of Italy*, 1700-1860 (London, 1979)

利奥波丁娜 (LEOPOLDINA)

AZEVEDO, FERNANDO DE, *Brazilian Culture* (New York, 1950)

BRADFORD BURNS, E., *Perspectives on Brazilian History* (New York and London, 1967)

BRADFORD BURNS, E., *History of Brazil* (New York, 1970)

CALOGERAS, JOÃO PAUDIÁ, *A History of Brazil* (North Carolina, 1939)

COSTA, SERGIO CORREA DA, *Every Inch a King: Dom Pedro I, First Emperor of Brazil* (New York, 1950)

DALBIAN, DENYSE, *Dam Pedro, empereur du Brésil, roi du Portugal* (Paris, 1959)

FERREZ, GILBERTO, *O Veilho Rio de Janeiro Através das Gravuras de Thomas Ender* (São Paolo, 1968)

FREYRE, GILBERTO, *The Mansions and the Shanties* (New York, 1963)

GRAHAM, MARIA, *Journal of a Voyage to Brazil and Residence There during 1821-3* (London, 1824)

Grande Enciclopédia portuguesa e brasiliera, vol. XVI

GUIMARAES, ARANJO, *A Corte no Brazil* (São Paolo, 1825)

HARDING, BERTITA, *Amazon Throne, the Braganzas of Brail* (New York, 1941)

HARING, C. H., *Empire in Brazil: A New World Experiment with Monarchy* (Massachusetts, 1969)

LUCCOCK, JOHN, *Notes on Rio de Janeiro and the Southern Parts of Brazil* (London, 1820)

MARTIUS, (*C*) F. PHIL. VON, and SPIX, J. (*B*) VON, *Travels in Brazil in the Years 1817-20*. 2 vols. (London,

1824)

OBERACKER, KARL HEINRICH, *La imperatriz Leopoldina* (Rio de Janeiro, 1975)

TURNBULL, PATRICK, *Napoleon's Second Empress* (London, 1971)

WILLIAMS, M. W., *Dom Pedro the Magnanimous* (London, 1937)

WORCESTER, DONALD E., *Brazil: From Colony to World Power* (New York, 1973)

欧仁妮(EUGENIE)

BAC, FERDINAND, *Intimites du Second Empire*, 3 vols. (Paris, 1931)

BAC, FERDINAND, *La Cour des Tuileries* (Paris, 1934)

BARTHEZ. E., *The Empress Eugenie and Her Circle* (London, 1912)

BELLESORT, A., *La Societe francaise sous Napoleon* (Paris, 1932)

BERTAVT. J., *L'imperatrice Eugenie et son Temps* (Paris)

BURY, J. P. T., *Napoleon III and the Second Empire* (London)

CORLEY, T. A. B., *Democratic Despot: A Life of Napoleon III* (London, 1961)

FILON, AUGUSTIN, *Recollections of the Empress Eugenie* (London, 1920)

FISCHEL, OSKAR and MAX VON BOEHN, *Modes and Manners of the Nineteenth Century* (London, 1927)

FLEURY, COMTE and SONOLET, LOUIS, *La Societe du Second Empire*, 4 vols. (Paris)

GOOCH, G. P., *The Second Empire* (London, 1960)

DE LA GORCE, PIERRE, *Histoire du Second Empire*, vol. i (Paris, 1935)

GREGORIETTI, GIULIO, *Jewellery through the Ages* (London, 1976)

GUERIOT, PAUL, *Napoleon III* (Paris, 1934)

GUEST, IVOR, *The Ballet of the Second Empire* (London, 1974)

JERROLD, BLANCHARD, *The Life of Napoleon III*, vol iii (London, 1877)

KURTZ, HAROLD, *The Empress Eugenie, 1826-1920* (London, 1964)

PALEOLOGUE, MAURICE, *The Tragic Empress: Intimate Conversations with the Empress Eugenie* (London, 1928)

PRAZ, MARIO, *An Illustrated History of Interior Design* (London, 1964)

参考文献

RIDLEY, JASPER, *Napoleon III and Euginie* (London, 1979)

SENCOURT, ROBERT, *The Life of the Empress Eugenie* (London, 1931)

SIMPSON, F. A., Louis-Napoleon and the Recovery of France (London, 1931)

DE TAISEY-CHATENOY, MARQUISE, *A la Cour de Napoleon III*, 3 vols. (Paris)

维姬 (VICKY)

An Anecdotal Memoir of Her Royal Highness the Princess Royal of England from her Birth to her Marriage, By A Lady (London, 1858)

BALFOUR, MICHAEL, *The Kaiser and His Times* (London, 1964)

BARKELEY, RICHARD, *The Empress Frederick* (London, 1956)

BENNETT, DAPHNE, *The Kaiser and His Times* (London, 1964)

BENNETT, DAPHNE, *Vicky, Princess Royal of England and German Empress* (London, 1983)

VON BUNSEN, MARIE, *The World I Used to Know*, edited and translated Oakley Williams (London, 1930)

CARR, WILLIAM, *A History of Germany, 1815-1945* (London, 1969)

CORTI, COUNT EGON CAESAR, *The English Empress* (London, 1957)

CRAIG, GORDON A., *Germany 1866-1945* (Oxford, 1978)

DACRE CRAVEN, MRS, *Servants of the Sick Poor* (London, 1885)

DACRE CRAVEN, MRS, *A Guide to District Nurses and Home Nursing* (London, 1889)

DACRE CRAVEN, MRS, see also LEES, FLORENCE

DUFF, DAVID, *Alexandra: Princess and Queen* (London, 1980)

EYCK, ERIC, *Bismarck and the German Empire* (London, 1950)

FISCHEL, DR OSKAR, and BOEHN. MAX VON, *Modes and Manners of the Nineteenth Century*, 4 vols. (London, 1927)

FULFORD, ROGER (ed.), *Dearest Child: Letters between Queen Victoria and the Princess Royal 1858-1861* (London, 1964)

FULFORD, ROGER (ed.), *Dearest Mama: Letters between Queen Victoria and the Crown Princess of Prussia 1861-1864* (London, 1968)

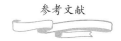

参考文献

FULFORD, ROGER (ed.), *Your Dear Letter: Private Correspondence of Queen Victoria and the Crown Princess of Prussia 1865-1871* (London, 1971)

FULFORD, ROGER (ed.), *Darling Child. Private Correspondence of Queen Victoria and the Crown Princess of Prussia, 1871-1878* (London, 1976)

FULFORD, ROGER (ed.), *Beloved Mama: Private Correspondence of Queen Victoria and the German Crown Princess, 1878-1885* (London, 1981)

GOULD LEE, ARTHUR (ed.), *The Empress Frederick Writes to Sophie* (London, 1955)

GOWER, LORD RONALD, *My Reminiscences* (London, 1895)

VAN DER KISTE, JOHN, *Frederick III: German Emperor 1888* (Gloucester, 1981)

LEES, FLORENCE, 'The Crown Princess's Lazareth for the Wounded' and 'In a Fever Hospital before Metz', *Good Words* (London, 1873)

LEINHAAS, G. A., *Reminiscences of Victoria, Empress Frederick* (Mainz, 1902)

HRH PRINCESS MARIE LOUISE, *My Memories of Sir Reigns* (London, 1956)

PAGET, WALBURGA, LADY, *Scenes and Memories* (London,

1912)

PAGET, WALBURGA, LADY, *Embassies of Other Days* (London, 1923)

PAGET, WALBURGA, LADY, *The Linings of Life* (London, 1930)

PONSONBY, MAGDALEN (ed.), *Mary Ponsonby: A Memoir, Some Letters and a Journal* (London, 1927)

VON REISCHACH, HUGO, *Under Three Emperors* (London, 1927)

ROHL, JOHN G., and SOMBART, NICHOLAUS (eds.), *Kaiser Wilhelm II: New Interpretations* (Cambridge, 1982

RUSSELL, GEORGE W. E. (ed.), *Letters of Matthew Arnold 1848-1888*, vols. 1 and 2 (London, 1901)

SAGARRA, EDA, *A Social History of Germany, 1648-1914* (London, 1977)

SEAMAN, W. A. L., and SEWELL, J. R. (eds.), *The Russian Journal of Lady Londonderry 1836-7* (London, 1973)

STERN. FRITZ, *Gold and Iron: Bismarck, Bleichroder, and the Building of the German Empire* (London, 1977)

WOODHAM-SMITH, CECIL, *Florence Nightingale* (London, 1976)

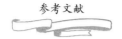

亚历山德拉和明妮 (ALEXANDRA AND MINNIE)

ANDREW, CHRISTOPHER, *Secret Service* (London, 1985)

ANRONSON, THEO, *A Family of Kings* (London, 1976)

BAINBRIDGE, H. C., *Peter Carl Faberge* (London, 1949)

BATTISCOMBE, GEORGINA, *Queen Alexandra* (London, 1969)

BEATON, CECIL, *The Glass of Fashion* (London, 1954)

BROOKE, IRIS, and LAVER, JAMES, *English Costume of the Nineteenth Century* (London, 1964)

BUCHANAN, MERIEL, *Victorian Gallery* (London, 1956)

BURDETT, H. C., *Prince, Princess, and People, 1863-89* (London, 1889)

CHELWOOD, VISCOUNT CECIL OF, *Queen Alexandra: A Pictorial Biography, 1884-1925* (London, 1925)

COOPER, NICHOLAS, *The Opulent Eye: Late Victorian and Edwardian Taste in Interior Design* (London, 1976)

CRAWFORD, T. S., *A History of the Umbrella* (London. 1970)

CUNNINGTON. C. W., *The Art of English Costume* (London, 1948)

CUNNINGTON, C. W., *The Perfect Lady* (London, 1948)

Dictionary of National Biography, 1922-1930 (London, 1937)

DOWNS, BRIAN W., 'Anglo-Danish Literary Relations 1867-

1900', *Modern Language Review*, vol xxxix, no. 3 (Cambridge, 1944)

DUFF, DAVID, *Alexandra, Princess and Queen* (London, 1980)

FARR, DENNIS, *Oxford History of English Art 1870-1940* (Oxford)

FLOWER, MARGARET, *Victorian Jewellery* (London, 1951)

FORSYTH, ALASTAIR, 'Royal Hvidore', *World of Interiors* (London, December 1983)

FOSTER, VANDA, *A Visual History of Costume in the Nineteenth Century* (London, 1984)

HARTNELL, NORMAN, *Royal Courts of Fashion* (London, 1971)

JUDD, DENIS, *Edward VII, A Pictorial Biography* (London, 1975)

JULLIAN, PHILLIPE, trans. PETER DAWNAY, *Edward and the Edwardian* (London, 1967)

LAVER, J., *The Age of Optimism: Manners and Morals 1848-1914* (London, 1966)

LAVER, J., *A Concise History of Costume* (London, 1969)

MADOL, HANS ROGER, *The Private Life of Queen Alexandra* (London, 1940)

参考文献

MAGNUS, PHILIP, *King Edward the Seventh* (London, 1964)

DE MARLY, DIANA, *The History of Haute Couture* (London, 1980)

MASSIE, ROBERT K., *Nicholas and Alexandra* (London, 1968)

MIDDLEMAS, KEITH, *The Life and Times of Edward VII* (London, 1972)

NOWELL-SMITH, SIMON, (ed.), *Edwardian England* (1901-1914)

ROWE, JOHN G., *Queen Alexandra the Beloved* (London, 1925)

ST AUBYN, GILES, *Edward VII Prince and King* (London, 1979)

SAUNDERS, EDITH, *The Age of Worth* (London, 1954)

SNOWMAN, A. KENNETH, *Fabergé 1846-1920 Silver Jubilee Catalogue* (London, 1977)

SNOWMAN, A. KENNETH, 'Carl Fabergé in London', *Nineteenth Century*, Summer 1977, pp 50-5.

TISDALL, E. E. P., *Unpredictable Queen: The Intimate Life of Queen Alexandra* (London, 1953)

TROWBRIDGE, W. R. H., *Queen Alexandra* (London, 1921)

VILLIERS, ELIZABETH, *Queen Alexandra* (London, 1925)

WAKEFORD, GEOFFREY, *Three Consort Queens* (London, 1971)

WATERFIELD, HERMIONE, and FORBES, CHRISTOPHER, *Fabergé: Imperial Eggs and Other Fantasies* (London, 1978)

WILLIAMSON, DAVID, *Queen Alexandra* (London, 1926)

WILLIAMSON. DAVID, *Queen Alexandra: A Biography* (Edinburg, 1919)